总主编 方剑乔

浙江中医
临床名家

盛丽先

朱永琴 主编

科学出版社

北 京

内 容 简 介

本书是"浙江中医临床名家"丛书之一，介绍了浙江名医盛丽先。盛丽先教授是第五批全国老中医药专家学术经验继承工作指导老师，国家中医临床研究基地中医儿科学术带头人。全书内容共分六章：中医萌芽、名师指引、声名鹊起、高超医术、学术成就、桃李天下。重点介绍了盛丽先教授治疗小儿疾病的学术成就、学术思想及临床经验，全书涉及呼吸系统疾病、消化系统疾病及泌尿系统疾病等多个领域，结合具体病例展现了中医药在儿童疾病治疗中的特色和优势；特别是小儿肾系疾病的中医治疗技术效验尤，如提出"肾病治脾"治疗小儿难治性肾病的学术观点，创立"固元汤"；率先提出"辨病辨证、精选主方"治疗紫癜性肾炎的策略，结合现代医学的临床分型、病理类型诊治。

本书可供中医临床、科研工作者及在校学生阅读使用，也可供中医爱好者参考。

图书在版编目（CIP）数据

浙江中医临床名家·盛丽先 / 方剑乔总主编；朱永琴主编. —北京：科学出版社，2019.8

ISBN 978-7-03-062073-6

Ⅰ.①浙… Ⅱ.①方… ②朱… Ⅲ.①盛丽先—生平事迹 ②中医儿科学—中医临床—经验—中国—现代 Ⅳ.①K826.2②R272

中国版本图书馆CIP数据核字(2019)第179149号

责任编辑：郭海燕 刘 亚 白会想 /责任校对：王晓茜
责任印制：徐晓晨 /封面设计：黄华斌

科学出版社 出版

北京东黄城根北街 16 号
邮政编码：100717
http://www.sciencep.com

北京捷迅佳彩印刷有限公司 印刷
科学出版社发行 各地新华书店经销

*

2019 年 8 月第 一 版 开本：720×1000 B5
2019 年 8 月第一次印刷 印张：12 3/4 插页：2
字数：199 000

定价：**68.00 元**
（如有印装质量问题，我社负责调换）

与国医大师何任及其夫人合影

临诊看病

毕业后老师同学再相聚

本书编委合照

浙江中医临床名家

丛书编委会

主　编　方剑乔

副主编　郭　清　　李俊伟　　张光霁　　赵　峰
　　　　陈　华　　梁　宜　　温成平　　徐光星

编　委（按姓氏笔画排序）

丁月平	马红珍	马睿杰	王　艳
王彬彬	王新华	王新昌	牛永宁
方剑乔	朱飞叶	朱永琴	庄海峰
刘振东	许　丽	寿迪文	杜红根
李　岚	李俊伟	杨　珺	杨珺超
连暐暐	余　勤	谷建钟	沃立科
宋文蔚	宋欣伟	张　婷	张光霁
张丽萍	张俊杰	陈　华	陈　芳
陈　晔	武利强	范军芬	林咸明
周云逸	周国庆	郑小伟	赵　峰
宣晓波	姚晓天	夏永良	徐　珊
徐光星	高文仓	郭　清	唐旭霞
曹　毅	曹灵勇	梁　宜	葛蓓芬
智屹惠	童培建	温成平	谢冠群
虞彬艳	裴　君	魏佳平	

浙江中医临床名家·盛丽先

编 委 会

总　序

中华医药，博大精深，源远流长。灵兰秘典，阴阳应象，穷万物造化之妙；《金匮》真言，药石施用，极疴疾辨治之方。诚夷夏百姓之瑰宝，中华文明之荣光。

浙派中医，守正出新，名家纷扬。丹溪景岳，《格致》《类经》，释阴阳虚实之论；桐山葛岭，《采药》《肘后》，载吴越岐黄之央。固钟灵毓秀之胜地，至道徽音之华章。

浙中医大，创业惟艰，持志以亢。忆保俶山下，庠序进修，克艰启幔；贴沙河干，省立学府，历难扬帆；钱塘江畔，名更大学，梦圆字响。望滨文南北，富春秋冬，三区鼎足，一校华光；惟天惟时，其命维新，一德以持，六艺互襄；部省共建，重校启航，黾勉奋发，踵武增华。

甲子校庆，名医辈出，几代芳华。值此浙江中医药大学建校六十周年之际，特辑撰"浙江中医临床名家"丛书，以五十二位浙江中医药大学及直属附属医院名医为体，以中医萌芽、名师指引、声名鹊起、高超医术、学术成就、桃李天下为纲，叙名家成长成才之历程，探名家学术经验之幽微，期有益于同仁之鉴法、德艺之精进。

时己亥初夏

目　　录

浙江中医临床名家·盛丽先

浙江中医临床名家·盛丽先

第
一
章

中 医 萌 芽

第一节　西子湖畔医学梦

　　杭州，这个古老的历史文化名城，可当之无愧地被冠上"人杰地灵"之名，"游观须知此地佳，纷纷人物敌京华"，正如王安石的感叹，此地人物风华，代代相承，不输京华之地，也孕育了诸多著名医家，如明清时名医张志聪，其创立钱塘医派后，就曾将其书院——侣山堂构建于浙江钱塘胥山（今杭州吴山）脚下，此地亦是当时钱塘医家进行医学活动的主要场所，其学术影响了一大批古今医家。

　　在很多杭州人眼里，今天的十五奎巷是一条美食街，巷子不长，从头走到尾只有几百米，一眼就能望到底。这条巷子东起中山南路，西至城隍牌楼巷，接丁衙巷，一头连着中山路，一头连着吴山。从鼓楼那头数过来，一路全是餐馆，每到饭点就人满为患。据说明朝时候，这巷子里习武之风颇盛，曾出过 10 位"武状元"，因此这条巷子被称为"十武魁巷"，后来喊着喊着就成了"十五奎巷"。故事的真假不必细究。

　　也就是在吴山脚下的这条小小街巷里，1944 年，抗日战争胜利前夕，一户普普通通的盛姓人家迎来了新的成员——盛丽先。虽然没有煊赫优渥的家世，但父亲勤恳踏实，母亲勤俭善操持，因此姐妹兄弟五人也度过了无忧无虑、温饱幸福的童年。小小家庭诚实宽厚、善良节俭的家风深深地烙在盛丽先的心中，并影响了她的一生。

　　1950 年，即新中国诞生后第一年，盛丽先进入十五奎巷小学，并在那里度过了 6 年小学时光。现在 60 余年风雨过去，当年的小小学堂已在历史风烟中化为尘埃，当年的小小孩童，已披挂上岁月的痕迹，却老当益壮，仍奋斗在临床的第一线。

1956～1962年，在杭州市第五中学，盛丽先度过3年初中、3年高中时光，就此完成12年的基础教育，是在新中国的教育制度、教学方法下接受教育的第一代人。

西子湖畔的市井生活，并不如文人豪客长久吟诵的"灯火家家市，笙歌处处楼"那般充满浪漫主义的迷幻，不过是一家七口，柴米油盐酱醋茶，日复一日，日升月落，伴着城隍阁的钟声，静静成长的小儿女，渐渐老去的父亲母亲。来不及叹一声"寂寞山城人老也"，垂髫小儿已到了考大学的年纪。

第二节　懵懵懂懂入岐黄

1962年，盛丽先高中毕业参加高考，阴差阳错地进入浙江中医药大学的前身——浙江医科大学中医学院学习。当时报考浙江医科大学医疗系的她却收到了中医学院的录取通知书，当年的高考招生目录中没有中医学院，那么这份录取通知书从何而来呢？原来，1960年起，当时的浙江中医学院（现浙江中医药大学）首次并入浙江医科大学，成为浙江医科大学的一个学院，名为浙江医科大学中医学院，校址就在庆春街原浙江大学的旧址，其生源是从当年浙江医科大学医疗系录取的300名新生中临时抽调的，考虑到中医学习中需要较好的国学功底，择语文成绩较好的20名学生组成了当时那一届的中医学生。就这样，在懵懂中，她踏进了中医大门——日后并为之倾注毕生精力的事业。在此后的50余年里，从陌生到了解，从初识到热爱，从继承到发扬，中医事业的薪火在她手中传递，就像无数中医人曾做的那样。

大学的校园是一片新的天地，初次邂逅中医的她在这里学习中国传统医药知识，从此与中医结下不解之缘。一位位良师为她传道授业解惑，这些老师由两部分组成。

一部分是浙江省杭州市各地的名医，由省政府下令上调任教。首批国医大师、浙江中医药大学的老校长何任教授就是其中之一。何任教授出自杭州市的中医世家，父亲何公旦老医师在杭州市享有盛誉。1940年，何任教授从上海新中国医学院毕业后又随父行医，因此他既接受了当时的新式教育，又有中医传统的师带徒模式的学习经验，成长为兼容并蓄的一代国医，并将科学与传统相结合的教育方式引入校园，影响了一代又一代浙江中医人。当时中国的高等中医教育尚未找到合适的模式，亦无较完整的经验可供借鉴，但以往单纯的师带徒模式培养出的中医，因为没有系统完备的基础理论知识，已然不能适应新中国新的社会环境的要求，正是何任教授这样一大批专家学者筚路蓝缕，在实践中摸索教学计划，尝试编写新式教材，安排学生临床实践，逐渐建立起现代中医教育模式的雏形。他讲授的金匮要略、中医各家学说、内妇科医案选讲等课程最受学子们喜爱，盖因其言谈不疾不徐，解释文义条分缕析，往往微言大义，寥寥数语解经年之惑，令人有茅塞顿开之感。他时常告诫后学临床实践中必审证求因，从因论治，切忌先入为主，其或能解一时之厄而非治本之道。

主讲黄帝内经和中医基础理论的徐荣斋老先生是绍兴地区一代名医。他对《黄帝内经》尤为精善，非我辈能及。他在课堂上能将深奥的《黄帝内经》原文字字句句阐明说透，常引经据典，经文信手拈来。当时学子们无数次目睹这位满头白发的瘦削老人，因有腿疾而不良于行，却每每于课堂上侃侃而谈，所谓精神上的巨人，不过如此。其功底之扎实，其学术造诣之深厚，其为人之谦和，其敬业之精神，其治学态度之严谨，是为当代中医学子之楷模。

潘国贤老先生主讲中药学，他是识别中草药的专家，亦出身中医世家，其父亲潘松泉、兄长潘国钧均为名医。其本人肄业于上海国医学院，曾受到章太炎、陆渊雷等名家指点，家学渊源兼以名师指导，使他眼界开阔，时有高屋建瓴之论。潘老身材高大，十分魁梧，讲课时声若洪钟，且并不自持身段，与学生们谈笑风生，十分风趣。潘老曾游历全国，对于民间草药如数家珍，讲解中药药性深入浅出，旁征博引，更能联系临床，配以病例，使学生们印象深刻。学生们曾笑谈："常言春困秋乏，然潘老师的课绝无瞌睡之虞"。潘老认为，学习中药若仅仅依赖书本理论知识是远远无法应对临床需求的，倘使一位患者拿着一包其他地方配来的"偏方"询问可否服用，将中药学倒背如流的中医师面对这包根、茎、草、果却一头雾水，全不知何方何药，岂非贻笑大方？即使不能如本草学家般精研生药，鉴明药材，常用中药的生药与药材的识别是中医的基础，是中医研习不可或缺的部分。于是潘老想方设法领学生们采药、识药，那时的中医学院校园里有很大一片百草园，人工种植了许多药用植物，就是为学生们认识生药而设的。潘老还心心念念要领学子们寻找野生药材，那个年代交通不便，没有条件到远一些的地方实地调研，所幸杭州本就多山多水，植被丰富，城市周围就有不少绿植分布。江浙一带气候本就适宜草药生长，并非名贵品种的野生草药又乏人问津，寻常山水间也不难发现草药的踪迹。潘老便常常组织学生们往灵隐山、吴山、玉皇山等学校附近的山林间寻觅药草，再眼拙的也能发现几株藏在山间枯枝落叶与杂草间的紫花地丁、菖蒲、厚朴、苍耳子、艾草、龙葵、白茅之类常见野生药材，对于初入中医门径的学子来说，这是一种前所未有的新奇体验，每发现一株草药都如获至宝。那些寻常的草药不少都被学生们带回去风干制作成标本，夹在中药课本里，印刻下宝贵的回忆。

中医内科学由罗鸣岐老师讲授。罗鸣岐老师年少时曾拜杭州名医陈绍裘为师，16岁时即随先师临证观摩，临证经验颇丰。罗老师临床中精于辨证，治疗时能融会前人学术经验，善用成方化裁，用药精准。他讲授诸病辨证论治时并不拘泥于课本，往往举临床所遇病例解析，使学生们能跳出课本局限而着眼于临床，这为走向临床岗位打下基础。罗老师看诊也很有特点，学生跟师抄方时常见其问诊片刻，诊脉片刻，望舌片刻，沉吟片刻，再啜一口清茶，随后即向学生报出辨证、舌象、脉象、方药，学生抄录后他再审度一番，看有无须更正之处，确认后再交患者去配药。其思辨能力极强，选方用药常常另辟蹊径，并不泥古，每逢此时，他便会向学生细细分说，讲解其辨病辨证思路，出人意表又在情理之中。患者复诊时一问，果有效验，学生遂心悦诚服。

讲授中医内科学的还有吴颂康老师，也给学生留下了深刻印象。吴老在当代名医中是不折不扣的"科班"出身。同为土生土长的杭州人，高中毕业后进入浙江中医专科学校学习中医，因战乱原因学校停办，遂往上海新中国医学院插班就读。他先后随沪上名医朱鹤皋、何槮香先生学习临证知识。中华人民共和国成立后吴老得识他敬慕已久的老中医叶熙春，尽管当时他已独立执业许久，但仍虚心向叶老学习，并以师事之。将叶老精于辨证，用药权变灵活的本领化为己用，并在教学过程中潜移默化地影响了学生们。吴老学识广博，医道精湛，讲课时言语诙谐，巧举案例，谈笑风生之间经验学识深入人心。吴老对《金匮要略》钻研颇深，每有阐发必博引旁征，所引论述必以经典为宗，借鉴先贤验例，又凝聚个人心得，对内科杂病的经方论治有自己独到的见解，惠及学生多矣。

马莲湘老师与詹起荪老师当时讲授中医儿科学，是盛丽先中医儿科方面的启蒙老师。马老当年虽年事已高，但仍坚持在临床与教学的第一线，是中医儿科教研室的创始者。出身贫苦，历经曲折的他尽管已成名医，却一直坚持简朴的生活方式。学生们记忆中的马老须发已白，戴一副厚重的眼镜，衣着朴素。他时常告诫学生，小儿有口难言，病情难以详述，此时望诊与触诊尤为重要，切忌贪快就省，听家长三言两语即轻率处方，恐遗祸大矣。马老讲课尤重临床经验，对小儿诸病均有深刻体会，对肾病诊治尤为精擅，脑海中医案无数，每遇一疾均有病案相佐，所谓言之有物，不外如是。詹起荪老师出身医学世家。其曾祖詹志飞、祖父詹起翔、父亲詹子翔都曾名噪一时，是杭州城杰出的名中医，尤以儿科见长。詹起荪老师自幼耳濡目染，专擅儿科，医术高超，年纪轻轻就颇有声望。他对儿科诸多病种均阐述深刻，鞭辟入里，令人印象深刻。其板书尤为精彩，不仅言简意赅，条理分明，而且时有引用先贤名句，必不假思索，一众年轻学子尚不及他思维敏捷。

这两位儿科大家的治学学风和执着的探索精神，对盛丽先产生了深远的影响，是她日后走上中医儿科道路的向导。

另有讲授伤寒论的邵宝仁老师，讲授温病学的蒋文照老师，讲授中医眼科学的马一民老师，讲授中医妇科急诊的裘笑梅老师，讲授中医妇科学的宋光济教授，讲授针灸学的虞笑贞、高镇五老师等，都各有其过人之处，限于篇幅，不一一道来。

另一部分是中华人民共和国成立后国务院卫生部组建培养的第一批西医离职学习中医的中西医结合老师。在"团结中西医""中西医结合"指导方针的引导下，卫生医疗界兴起了中西医互学运动，组织诸多西医离职学习中医，一大批全国有名的西医，响应国家号召，学习中医3年，跟名老中医实践后在全国中医院校任教。

如教授中医诊断学的王慧英老师，原是1951届浙江医学院医疗系的本科毕业生，毕业后在浙江省立杭州医院（现浙江省中医院）西医内科从事临床工作。1956年，王老师响应国家号召参加了全国首届西医离职学习中医班，历经3年学习后结业，被分配到浙江中医学院任教。王老师西医基础扎实，对中医望、闻、问、切，四诊合参，辨证论治亦知之甚深，在中西医结合治疗心血管病方面颇有建树，其所讲授的又是基础与临床衔接的桥梁课程，每每要言不烦，循循善诱，引导学生们从学习阴阳、五行、气血津液、藏象等纯理论知识到掌握临床所需的实践诊疗知识。

教授温病学的郑炳荣老师，主讲中医各家学说的陈月明老师等，均是当时西学中后投身中医事业的典型。学生们在他们的影响下坚定了学习中医的信念。

老师们谦逊的学风，豁达的胸怀，严谨的治学态度，为盛丽先在今后的临床工作和学习中树立了榜样。在这些德隆望尊的前代医者的熏陶下，当年的中医学子继承了这种优良风气，为中医事业默默贡献终生。

第三节　读书临证精研思

1968 年，盛丽先结束了 6 年的大学生活，挥别校园，走向工作岗位。盛丽先最初在东阳市的农村工作。偏远地区生活艰苦，加之物资匮乏，缺医少药，许多老百姓患病了只能一拖再拖，实在拖不下去方才送医，来时往往已经病情危重，药石罔效，基层医院根本没有完善的设备和条件治疗这些病人，即使立即叫救护车转运往县医院求治，也有很多人熬不过那几十里的颠簸山路，在途中逝去。一位医者的悲哀，莫过于眼睁睁看着生命在病痛中挣扎，自己却束手无策，只能任凭生命之火如风中残烛骤然熄灭。基层的疾苦磨砺了这位年轻医生的心，也使其行医济世之心更加坚定。

也正是因为条件所限，简、便、廉、验之中医中药在基层发挥着重要作用。

1969 年初春，流行性腮腺炎大流行，逾百人的乡村小学竟有一大半孩子感染疾病，有的班级已被迫停课。为迅速控制疫情，必须防治结合，流行性腮腺炎是病毒感染，没有合适的西药，又考虑到需节约开支，盛丽先便就地取材，用学校周围芙蓉树上摘下芙蓉花叶，由学校食堂煎成一大锅药汁，分发给全校学生，每人上午、下午各饮一碗，有病治病，无病预防。另外再取新鲜花叶捣碎外敷于患处，2～3 天即见患处肿消。不用花钱治病，老师和家长都很开心，疫情也很快得到控制。经此一事，盛丽先方知民间土方、验方亦有其独到之处。

事实上，中国古代医者早已认识到芙蓉花、叶的药用价值。芙蓉花别名拒霜花，始载于《本草图经》，原名"地芙蓉"。《本草纲目》云："此花艳如荷花，故有芙蓉、木莲之名，八九月始开，故名拒霜。生于陆，故曰地芙蓉。"其性味辛，微苦，凉，归经肺、心、肝经。《全国中草药汇编》这样描述其效用："对于一切疮痈肿毒、乳痈等症，初起外用，能消肿止痛；已成者内服，有排脓之功。"而《中药大辞典》记载，芙蓉叶性凉，味微辛，主清肺凉血，消肿排脓，可用于肺热咳嗽、肥厚性鼻炎、淋巴结炎、阑尾炎、痈疖脓肿、急性中耳炎、烧伤、烫伤。

李时珍曰："木芙蓉花并叶，气平而不寒不热，味微辛而性滑涎黏，其治痈肿之功,殊有神效。近时疡医秘其名为清凉膏、清露散、铁箍散,皆此物也。其方治一切痈疽发背,乳痈恶疮,不拘已成未成,已穿未穿,并用芙蓉叶,或根皮,或花,或生研,或干研末,以蜜调涂于肿处四围,中间留头,干则频换。初起者,即觉清凉,痛止肿消。已成者,即脓聚毒出。已穿者,即脓出易敛。或加生赤小豆末,尤妙。"

由此可知,民间验方并非全无根据,唯有真正经过病人多年应用疗效确切者方可在历史的大浪淘沙中留存下来,成为疗病救患的好方。

盛丽先参加工作之初,有一天夜间急诊送来了一个 14 个月大的高热惊厥患儿,她于是予掐人中,针刺百会,患儿即抽搐止。又次急诊,盛丽先遇到一位 5 岁女孩,高热抽搐不止,按上述方法治疗无效,于是用西医常规方法退热、抗感染等治疗了 3 天仍无效。直至在救护车送县医院途中该患儿排出脓血便,盛丽先方醒悟其为中毒性菌痢,诊断不明,则用药无效,该患儿未到县医院即不幸死亡(到县医院车程要 4 小时)。这一案例对盛丽先触动很大,刺激她不断学习,掌握更多知识和本领,为人们解除疾苦,挽救生命。

几年的基层临床工作虽艰辛且富有挑战,却也让盛丽先学到了很多书本之外的知识,锻炼了作为医者在有限条件下对不同临床问题的处理能力。

1975 年,她被调至宁波卫生学校(现宁波卫生职业技术学院)任中医教师,为医士、助产医士及护理专业讲中医学概论及内、妇、儿科学,一直到 1979 年她人生另一转折点的到来。

第四节 迂回不舍济儿心

1978 年继恢复高考之后,我国也恢复了研究生制度,全国陷入学习文化知识的热潮中。当时盛丽先在宁波卫生学校为中医专业大专班讲解中医基础理论,一方面在教学备课过程中感觉自己的中医知识太浅薄,难以胜任传道授业解惑之职责,另一方面母校恢复研究生招生的消息传出,使她不禁萌生出了继续深造的想法。于是她抱着试一试的心态利用工作之余复习,终于在 1979 年 9 月如愿重返母校,攻读中医儿科学硕士学位,指导老师正是马莲湘、詹起荪两位名医。

就读研究生的 3 年里,盛丽先重温了《黄帝内经》《伤寒杂病论》等经典及历代名医大作,更有幸听取了诸多大家前辈对中医理论与临床的诸多见解，许多学术上的困惑到了这些名家面前往往迎刃而解。

跟师临证是研究生阶段的重要一环，从中体会提炼出的辨证原则与治疗思路是师长所馈赠的珍贵财富。跟随詹起荪、马莲湘两位老师学习的过程中发生过许多对人产生深远影响的小故事。

1979年12月，一位年轻母亲抱着一个病恹恹的婴儿来到詹老的诊室。该患儿未满月即出现腹泻，已迁延3个月余。其母描述其排泄物青稠不化带沫，气味酸臭，每日泻七八次，时有肠鸣，兼见夜寐不安，胆怯易惊。凑近患儿，可闻及其喉间痰声阵阵，舌苔白腻，指纹淡紫。因为长期腹泻，几个月大的孩子不见本应有的白嫩可爱，反而羸瘦不堪，哭声也十分无力。詹老思忖片刻，给出了如下处方：炒白术、炒白芍、陈皮、炒荠菜花、制天虫各5g，扁豆花、焦六曲、炒谷麦芽各6g，煨防风、煨木香各2g，扁豆衣9g，玉蝴蝶1g。嘱服3剂复诊。

詹老说，此儿大便青稠多沫，为风泻特征。陈复正的《幼幼集成》中记载："风泻，泻而色青稠黏，乃肝木乘脾。"肝为风木之脏，其色主青，故大便泻下色多青，木郁乘脾，脾湿不运，并走大肠，故泻下多沫，水分亦多，治用痛泻要方疏肝理脾，调和气机为主。妙在防风一味，原本内科惯用于外感表证之风邪致病者，殊不知《三因极一病证方论》中曾载补肝汤方，即防风、陈皮、白术、白芍四味，可治脾虚肝旺，肝郁横逆，脾不升清之腹痛泄泻，每有效验。其味辛性温，不仅归肝入脾助芍、术以疏肝脾，且能疏风解表以祛外邪。煨木香、玉蝴蝶，增疏肝理气之功；扁豆衣、花，焦六曲，炒谷麦芽助健脾运滞，炒荠菜花能消乳积，和脾胃，为婴儿腹泻之良药。诸药配伍，共奏运脾理气之效。

又有学生问此儿泻下不止，何不收涩止泻？詹老答，腹泻中使用收涩之品尤需谨慎，该患儿舌苔腻，有食积之嫌，妄用收涩则恐有闭门留寇之虞。詹老用药之精准，可见一斑。

二诊时果见患儿泻下次数减少，苔薄腻，指纹淡紫，遂拟前方去天虫，加姜半夏5g，钩藤6g。又3剂。三诊时患儿诸恙减轻，原方加减3剂。四诊时婴儿腹泻转溏薄，每日一二次，酸臭减，胃纳增，夜寐转安，喉间痰声渐除，苔薄白，指纹淡紫，拟健脾分运，处方如下：炒党参、陈皮、楂炭各5g，焦六曲、炒白术、钩藤、炒谷麦芽、辰茯苓、炒扁豆衣各6g，炒米仁9g，煨木香2g。3剂。

患儿此后未再作泄泻，发育良好，形体健壮，再不见当初的虚弱。

此案中詹老据其大便性状精准辨证，从而获得满意疗效，体现了极高的临床水平，中医看诊见微知著的特点在此医案中可见一斑。这给在场学子很大启发，要想取得疗效，还需辨证用药得当，而这"得当"二字则需在长期临床实践中不断领悟和积累方能达到，亦是中医医者需要仔细揣摩的技艺。

盛丽先有一次随马老学习时遇到一位 3 岁患儿，当时是 1979 年 10 月，该患儿就诊时已咳嗽 1 个月余，加重 1 周，确诊为百日咳。家长诉该患儿日夜阵咳十余次，咳毕有鸡鸣样回声，昨日见鼻衄 2 次。诊查时见患儿面红口干，烦躁不安，眼睑浮肿，巩膜出血，舌红，苔黄，指纹色紫。马老思忖片刻后决定给予自拟经验方顿咳百龙汤加减：百部、浙贝、白茅根各 9g，南、北沙参各 6g，地龙、炙紫菀、鹅不食草、姜竹茹、化橘红、焦山栀各 6g。上方 7 剂后复诊，患儿家长言患儿白天痉咳已止，夜间减至二三次，阵咳时间缩短，痰黏稠不易咯出，巩膜出血减轻，鼻衄未见，烦躁亦减，舌红，苔薄黄，遂以前方去焦山栀，加天冬、麦冬各 6g，竹沥半夏 6g，又服 7 剂，痉咳缓解。又经清热化痰善后而愈。

百日咳，是由百日咳杆菌引起的一种传染性极强的呼吸道传染病，临床表现以阵发性痉挛性咳嗽和痉咳终止时出现鸡鸣样吸气吼声为特征，多见于儿童，病程可达 2～3 个月。直到 1974 年全球实施扩大免疫规划，为婴儿接种百白破混合疫苗前，百日咳在婴幼儿中都有很高的发病率和病死率。我国自 1978 年实施计划免疫前，每 3～5 年，都会发生 1 次百日咳的流行。而同样具有痉挛性咳嗽、鸡鸣样回声、呕吐等特征性症状，而未检出百日咳杆菌则被称为百日咳综合征。在中医药漫长的发展历史中，将具有这类特征性表现的病证称为"痉咳""顿咳""鹭鸶咳"。

百日咳至痉咳期时病邪由表入里，病变部位主要在肺，疫邪郁闭肺经，痰火胶结，使气机升降受阻，则发为痉挛性咳嗽，甚或伴胃气上逆而致呕吐。久咳不愈，则肺阴日渐暗耗，肺本为娇脏，肺阴耗则咳更难痉愈。马老组方立足于清润肺金，化痰降逆，以调整气机为要，气道畅通，痰浊得以排出，达到"气顺则一身津液亦随气而顺"的效果，故痉咳随之缓解。

尽管疫苗普及后作为传染病的百日咳发病率大大降低，但现今每遇百日咳综合征，症见舌红苔少，辨为肺阴不足，痰火上逆者，均可使用顿咳百龙汤加减，后辈学而用之，实为验方。

一位良医的门诊可以说是一部活动的验案集，不同于西医的培养方式，中医从传统的师带徒中能够汲取更多的养分。一张写着药物的处方笺，西医与中医均标明药物名称、剂量、用法，不同的是中医处方所蕴含的信息远远大于那一张薄薄的笺纸，内中蕴含的辨证选方思路，组方之君、臣、佐、使，加减配伍方式，剂量比例调整等，唯有前辈口传心授，方能领略一二。马老与詹老既为良医，又为良师，两位的学术思想奠定了盛丽先日后研究、学习的基石，研究生阶段跟师学习积累的知识与经验体会更是启发了她在临床与学术上的开拓与创新。

研究生期间，盛丽先精研马老与詹老学术思想，根据恩师口传心授及从师行医的心得体会，分析总结后发表了《詹起荪副教授治疗婴幼儿惊泻的经验》《"稚阴稚阳"和"纯阳"理论对儿科学的指导意义》《马莲湘教授治疗百日咳痉咳期经验》《马莲湘老师治疗小儿支气管哮喘经验》等多篇学术论文，她在学习中研究，在研究中进步，将临床见闻学术化，以学术提升临床水平。

所谓"鸟欲高飞先振翅，人求上进先读书"，欲登高望远，最佳途径便是站在巨人的肩上。中医文化源远流长，古籍浩如烟海，但因为特殊的时代原因，许多古籍早年间被归为"四旧"，使得很多中医先辈的经验智慧付之一炬。因此书本在那个年代显得尤为珍贵。再读书，恍然间已本科毕业10年了。当年的青稚学子已成家立业，久饮沧桑，但当她重新捧起书本，那份对学习的热忱却依然如故。跟师行医之余，她熟读《小儿药证直诀》《幼幼新书》《幼科铁镜》《保婴撮要》《幼科发挥》等中医儿科名作，并拜读蒲辅周、施今墨、董廷瑶、赵心波、何世英等近代名医的医案，每遇精要之处必要付诸笔尖记录一二。不知不觉地，3年间竟积攒了10万字读书笔记及读书记录卡片。而经过3年专心治学，她对中医学，对儿科学的理解更加深刻了。

1982年，盛丽先研究生毕业，留校任教，亦教亦医，在教学与临床中不断成长。在教学中巩固知识，获得新的启发，应用于临床，恰可验证理论。以往作为学生时理解不透彻的问题，在年复一年的教学中反复提炼咀嚼，总能有"读书百遍，其义自见"的效果，许多困惑不解的问题随着学问的增长和临床经验的丰富也自然而然有了答案。

孙思邈在《备急千金要方》序篇中曾言："凡欲为大医，必须谙《素问》、《甲乙》、《黄帝针经》、明堂流注、十二经脉、三部九候、五脏六腑、表里孔穴、本草药对，张仲景、王叔和、阮河南、范东阳、张苗、靳邵等诸部经方……"诚如庄子所言："吾生也有涯，而知也无涯。以有涯随无涯，殆已！"可惜的是，人生苦短，而古今医籍浩如烟海，即使皓首亦难穷经，盛丽先虽深谙秉烛夜游之道，亦常叹学识不足，忝为人师。

　　自身水平的提高不但可给予患者更好的诊疗，而且可培养更多优秀的中医人才，确能造福更多人。同样，若因为教学时的一点疏忽，而给学生造成误导，也会贻害无穷。所以盛丽先在教学这一点上从不懈怠。她不仅博学广识，而且备课认真，以期将最新的知识带入课堂，认真培育每一个中医药学子。

　　教学的过程也是再读书的过程。教材上的知识点虽然只有寥寥几句话，却可衍生出无数的小知识点。若课程仅限于教材水平，那么不如让学生直接阅读课本来得方便，这些文字之外的知识点才是真正需要老师扩充讲解的地方，学生们若不求甚解将课本知识囫囵吞下，则难免学艺不精，将来害人害己，为避免出现这种情况，盛丽先讲课常常深入浅出，将一本书的内容讲出五本书的厚度。认真的教学态度激发了学生们的求知欲，勤奋好学的学生们总能提出层出不穷的问题，有些仅仅凭借以往的知识和经验无法详尽解答，这时候就需要查阅诸多古今文献，或是互相探讨，以得出最佳答案。这是学生给老师的考验，也是老师成长的机遇，双方往往都能从这些问题找到自身薄弱之处，从而加以弥补。而不断扩充的知识与临床经验又极大地丰富了教学内容，即所谓教学相长是也。

（朱秋萍 整理）

第
二
章

名 师 指 引

　　马莲湘、詹起荪二老是第一批选调至浙江省中医院的中医专家，也是浙江中医学院（现浙江中医药大学）建院之初首批聘任的老教师。二老边临床，边教学，为中医儿科学的临床、教学、科研鞠躬尽瘁。二老就是盛丽先本科时期的老师。1979年，盛丽先重返母校攻读中医儿科学硕士研究生，有幸成为马莲湘教授和詹起荪教授共同的学生，也是浙江中医学院成立后第一个中医儿科学的硕士研究生。

第一节　恩师马老精传授

　　马莲湘，男，浙江奉化县人，自幼诵习经史，14岁开始攻读中医典籍，并侍学于家乡名医——堂兄马莲仙先生。1930年，马莲湘经上海特别市卫生局中医考试，成绩优异，获中医开业执照，即设诊于浙江省湖州市南浔镇。其间就学于上海汉医学院中医内科专修班，有幸获沪市名医陆渊雷、张赞臣先生指教，医术日益精湛，享誉浙江。1952年，马老主持创建浙江南浔中西医联合诊所，并任所长；1956年，应省卫生厅之召，赴杭州参加浙江省中医院筹建，继任内儿科医师；1959年，浙江中医学院成立被选拔任教，并先后在北京中医学院、南京中医学院和上海中医学院的教学研究班学习；1978年，晋升为第一批教授，任硕士研究生导师；1983年，被浙江省卫生厅评为省名老中医。历年来马老担任浙江中医学院内儿科教研室主任，院学术委员会委员，浙江省高等院校中医学科高级职称评审小组成员、省政协委员，全国中医学会浙江儿科分会理事等职；著有《中医儿科手册》《温病条辨解儿难——白话解》等专著5部，发表学术论文40余篇。

马老继承历代中医各家学说，严谨治学，勤奋实践，致力于中医教学和临床工作 70 年。马老学有所宗，医有所凭，教有所据，深得病家的崇敬和师生的敬仰。他在学术上尤精于中医儿科及内科肾炎、肾病的诊治，对小儿咳嗽、支气管炎、哮喘、肺炎、腹泻、肾炎等常见病的辨证治疗有方，得心应手；对高热惊风、痿痹、脑瘫等疑难杂症屡挽沉疴。马老诊治疾病重视体质，突出望诊，吸取现代医学之长，辨病和辨证相结合，临床疗效卓著，深受病家信赖和爱戴。1987 年，他完成了经验方"小儿止泻冲剂"临床及实验研究，获浙江省卫生厅科技进步三等奖。

马老晚年根据中医理论和经络学说，吸取传统保健按摩及气功导引等方法，自编中老年保健功"还青功"，并拍摄成科普电视录像，向老年大学传授。该片获浙江省 1986 年卫生科普三等奖，马老当时以 80 岁的高龄，获浙江省健康老人荣称。

在跟随马老学习、临证过程中，马老深厚的理论基础、丰富的临床辨治经验使盛丽先获益匪浅。盛丽先回忆起 1980 年寒冬的一个下午，随马老去浙江省儿童保健院（现浙江大学医学院附属儿童医院）会诊的一个病例。患儿，男，7 个半月，因"咳嗽 1 周加剧伴发热两天"入院，入院检查诊断为病毒性肺炎，治疗 4 天来高热持续不退，数次用冰袋物理降温，并且咳嗽加剧，出现腹泻，每日排水样便 7~8 次。当时患儿面色苍白，精神软弱，皮肤灼热无汗，指趾发凉，喉中痰鸣，舌偏红不燥，舌苔白腻而润，指纹淡紫滞。马老思考后处方如下：麻黄 5 分，细辛 3 分，桂枝 1 钱，生姜 5 分，姜半夏 1 钱，甘草 3 分，炒白芍 1 钱，五味子 5 分，太子参 1 钱，柴胡 1 钱，桔梗 3 分，紫丹参 1 钱（旧制：10 分为 1 钱，1 钱约等于 3.3g）。2 剂。并停用抗生素，其他西药输液继续，不用冰敷，改用温水擦身。事后盛丽先疑惑这小青龙汤能行吗？马老说孩子外感风寒而发热，一直用抗生素，加之冰敷，犯了中医"苦寒冰伏"之忌，不但风寒难解还损伤阳气，无力抗邪。小青龙汤中麻黄、桂枝、细辛、生姜辛温发表，"开门逐盗"，加上太子参、柴胡、桔梗含败毒散意，"扶正达邪"，还有西医输液等支持疗法，两天后该患儿便转危为安，患儿父亲笑着来转方，连说："中医真灵，谢谢马医师……"从真真实实的案例中，盛丽先明白了西医的高热不一定是中医的热证，不能见发热就苦寒清热。中医之生命在于学术，学术之根源本于临床，临床之水平取决于疗效，疗效之获得在于辨证用药的得当，正确地把握辨证论治是一个不断读书与临证，反复领悟和积累的过程。

1982 年 7 月，盛丽先研究生毕业后留校任教，与马老的师徒缘分也一直持续着。1983 年，浙江省卫生厅根据党中央关于"整理总结名老中医的学术经验是当前中医工作的一项紧迫任务"的指示，推荐盛丽先为马莲湘学术经验继承人，使得盛丽先有幸再从师临诊、会诊、切磋医术。她重温历代众多儿科名著，在跟随马老学习、临诊的过程中，耳濡目染，进一步领悟马老的学术精髓和独到经验，认识到马老一生实践的丰富经验是中医学界的宝贵财富，必须流传下去，于是她决心将马老学术经验整理编辑成书。故将马老多年口授心传之所得及平时所录资料，细致选择，结合现代医学检测手段，及时总结疗效，举例论证，挈要评述，历时八载，于 1991 年盛丽先完成了《马莲湘儿科精华评述》初稿，约 15 万字。时值马莲湘老师 85 岁高龄，马老戴着老花镜，拿着放大镜，逐字审阅达半年之久，提出了修改意见。1992 年秋，在马老审定、题词，欲构思前言之际，不幸沉疴不起，弥留之际还喃喃自语："书……书……"后在浙江中医学院何任老院长、浙江省中医院儿科温敬中老主任的关怀支持下，该书于 1996 年出版，终不负马老数年心血。现将马老学术思想概述如下。

一、熟读经典，融会贯通

马老自幼勤奋好学，精益求精。在学习祖国医学的过程中，更是熟读经典，勤求古训，同时马老认为中医学是一门实践性和科学性均很强的学问，临证必须结合前人经验、自身体会、现代研究，才能融会贯通，创新应用。

马老学富五车，《黄帝内经》《伤寒论》的学术功底深厚，临证立法选方常用桂枝汤、小柴胡汤、葛根芩连汤等经方；对李东垣的《脾胃论》及吴鞠通的《温病条辨》也颇有研究，临床喜用补中益气汤治疗小儿脾虚久泻、气虚尿床、内伤发热及慢性肾炎和肾病综合征之蛋白尿；对于小儿外感温热病、湿温病常选银翘散、桑菊饮、藿朴夏苓汤、三仁汤等。

儿科专著方面，马老对《颅囟经》的研究颇为透彻。《颅囟经》是我国最早的小儿科专书，其成书年代、作者姓氏，缺乏明确考证，一般认为其是唐末宋初年间的作品。《颅囟经》总结了唐以前祖国儿科医学之成就，有许多是《千金方》《外台秘要》等类书所没有收集的，内容简明朴实，富于科学性。该书现行的版本，是在清初修辑《四库全书》时，根据明《永乐大典》所载摘出的。其命名的意义，是因首骨曰颅，脑盖为囟，小儿初生，颅囟未合，证治不同，故以为名。

马老认为该书实用而精简，特别是多验方，内服方多采用丸散（几乎占全部处方十分之八九），便于小儿急症服药，值得我们后世学习。马老学习《颅囟经》外治方药经验，再求古探今，结合自己实践所获，研制了10余种儿科散剂，如退热散、消积散、截疟散、止泻散等，使用方便，价廉效著，深受广大患者欢迎。

如马老研制的止泻散来源于痢泻散，痢泻散由生大黄、熟大黄、杏仁、羌活、制川乌、甘草、苍术组成，是李汝珍《镜花缘》中记载的一张验方，江苏已故名医章次公先生发掘古粹，撮取为用，每获卓效。嗣后其学生国医大师朱良春又在数十年临床实践中广泛应用，证明其治疗泻、痢的效果良好，且具有使用方便、价格低廉的特点。马老早年悬壶时得此方，认为其药物选择配伍别具一格，将杏仁易车前子用于小儿急慢性泄泻，效果显著。小儿腹泻病因虽不一，但总以"脾为主脏，湿为主因"，故有"泄泻之本无不由于脾胃"之说。本方重用苍术运脾燥湿，羌活祛风胜湿，车前子清热利湿，三者相伍，使湿从上、中、下分消，湿除则脾运得健，泄泻自止。大黄熟用健脾和胃，清热除湿，生用苦寒下行，泻热通腑，荡涤积垢；川乌辛温，温养脏腑，破积导滞，散寒止泄，与大黄配合，一温一寒，相须相使，不但可治热实积滞，也可用于寒实积滞，积滞去则肠胃洁而降升复，实含"通因通用"之意；甘草调和诸药。全方配伍恰当，有寒有热，能清能温，健脾之中补消兼施；和中之内兼散风寒暑湿之邪，故对小儿湿热泻、风寒泻、伤食泻、脾虚泻均有显著疗效。

马老临床应用该方数十年，后经科研及临床验证，生产成中成药制剂，命名为"小儿止泻冲剂"，销往全国。

二、中西合参，病证结合

随着儿科疾病谱的变化，马老审时度势，不讳中医之短，不嫉西医之长，择善而从，认为作为医生不能只满足于解决某些症状，更要着眼于治疗整体疾病，切实为患儿解除病痛。有些儿科疾病非常复杂，单从中医辨证分型论治，临床难以掌握和推广，而将中医的证候与西医对疾病的认识结合起来，可提高临床疗效。同一疾病的发展变化过程有一条基本主线，同一种疾病的各种证型之间有同质性和共性，这可用于指导辨证治疗。临证时可以借鉴现代医

浙江中医临床名家·盛丽先

学，进一步认识疾病的病机，运用中医思维方式进行辨证选方，做到诊断与治疗上的病证结合。

辨证论治无疑是中医学之精髓，但在科学发展的今天，必须注意吸取西医学与其他自然科学之长，为中医所用，才能不断地丰富与发展祖国医学，才能为辨证论治提供客观的依据。因此，早在20世纪30年代马老就系统学习了西医的函授课程，后在浙江省中医院及儿童医院工作中又不断向西医学习，和他们共同磋商重危疑难病证的治疗，用辨病与辨证、中西医结合的方法挽救了无数危重病人。如有一位18个月的男婴，反复肠套叠4次，每次经空气灌肠复位后好转，但形体消瘦、胃纳不思、腹痛常作、生长发育迟缓。马老认为肠套叠发作时的病机关键是气滞血络瘀阻，缓解后脾运仍未复，肠道气机仍不畅，如不调治还有复发可能，恐难救治，遂用通经活血理气之法，选当归四逆散加小茴香、川芎、台乌药，10余剂不再复发，胃纳增加，大便通畅，生长发育迅速跟上同龄人。

马老认为肯定或否定"病"及"证"的任何一方都是片面的，只有将两者结合起来，探索临床证治的规律，才能相得益彰。如无痛性血尿，若不辨病，就可能误诊，以致延误病情，失去早期治疗良机；但若只辨病不辨证，就可能走上"对号入座"机械论的狭路，把灵活的辨证变成僵死的教条，势必毁掉中医辨证论治精髓，同样不能治好疾病。因而马老临证常用辨证论治与专病专方相结合。在20世纪80年代时他系统总结了治疗肾脏疾病的经验，研制成马莲湘电脑诊治肾脏疾病系统软件，该软件包括了现代医学的急慢性肾炎、肾病综合征、肾结石、肾盂肾炎等多种泌尿系统疾病，其设计既体现了祖国医学辨证论治的特色，又结合了现代医学疾病的诊断、分类及临床检验等，将中西医有机地结合起来，为中西医结合治疗泌尿系统疾病开创了先河。

三、临证辨治，熟谙望触

古人云"望而知之谓之神，闻而知之谓之圣，问而知之谓之工，切而知之谓之巧"，故望闻问切是中医辨证的主要方法，临床应四诊合参，相互配合。但由于小儿特殊的生理病理特点，其生长发育和病情反应均与成人有别，而且小儿"气血未充脉难据，神识未开言不知"，故马老四诊中特别重视望诊和触诊。如小儿天庭饱满、地角丰隆、口大肩阔、面唇红润、发黑有光、目睛灵活为禀赋壮实，无病少病，即便有病亦一药而愈。小儿额角双突、下巴削尖、头颈极细、口小肩狭、皮肤干燥、头发稀黄、目睛混浊为先天不足或后天失调，必体弱多病或为疳积之兆。面色㿠白、鼻梁青筋为肺卫不固，感冒咳嗽不断；发热咽痛、面目浮肿为急性肾炎；目胞轻浮、目睛红赤多为顿咳日久；面色萎黄多因脾虚夹积；睡时眼睛不能完全闭合称露睛，多属脾虚健运不力；眼泪汪汪、目红羞明，须防麻疹；唇四周苍白青灰多为脾阳不振，痰湿食积久停，治疗上必须坚持调理扶正，一段时间后才能逐步改善体质；又如小儿舌苔花剥，状如地图，多为胃之气阴不足，常厌食，多汗，易感冒，一旦患病，亦难以速愈，需耐心从根本上调治。肾病综合征、慢性肾炎之水肿，多为本虚标实、虚实夹杂之证，临床如何掌握消补尺度至关重要，马老以脐之凹凸结合四诊确定治则，头面四肢浮肿，腹胀大而脐凹者以通阳利水为法，用桂枝、茯苓、白术、泽泻、大腹皮等；四肢浮肿不甚，肚腹胀大平脐或脐凸者，以黑白丑、商陆、甘遂峻下逐水，先导其水而后扶正，常收效迅速。

马老善于触诊，如小儿发热，触按头额四肢，皆热而灼手，虽体温高但邪仍在表，汗出可解；若头额热而四肢发凉，表邪有入里之势，当防其变；若头额热、四肢凉、指趾冷者，为热深厥深，当防其脱。对于闭证，常以压掐中冲穴以测预后，以医之拇指指甲压掐患儿中冲穴，压掐后患儿头目四肢微动，预后尚好，压掐后毫无反应预后多不良，压掐后"哇"地哭出声即转危为安，马老风趣地说："儿哭儿医笑也。"此法也是对闭证的应急措施之一。小儿脾胃病常触按腹部，腹部胀满，叩之如鼓声者，则为气滞，治当行气导滞；若腹胀，按之灼热，多为食积日久，形体壮实者宜消之攻之，形瘦面黄者宜消补兼施；若腹部隆起，按之柔软而温和、不胀不痛，多为正常儿，有病治疗也易。如曾见马老治疗一便秘 2 年的患儿，该患儿 5 岁时在急性阑尾炎手术后大便失调，大便经常 1 周仍未解，开塞露导下方解，以致腹痛反复，近 1 周来又腹痛阵作，大便未行，呕吐不食，用开塞露导大便而量不多，仍腹痛腹胀，进食即吐，西医诊断为肠梗阻，建议手术治疗。家长不欲手术，慕名找到马老。马老诊时望诊见其面色青灰，舌淡胖有齿印，苔白腻而润；触诊四末不温，腹按之胀痛满而实。此 2 年前手术后气血亏损，久病伤阳，阳虚寒实里结，急宜温之，通之，用温脾汤加减。1 剂后便下，量不多，腹痛稍减，呕吐渐平。2 剂后大便通利 3 次，不吐，进少量稀粥，面色好转。继以益气健脾，温阳助运之法调理月余，便秘得缓解。

第二节　恩师詹老细指教

詹起荪，男，浙江中医学院教授，浙江杭州人。詹老少年即侍学于杭城儿科专家，先父詹子翔先生；曾就读于浙江中医专门学校；1940年，独立悬壶杭城；1959年，调任浙江中医学院，曾于南京中医学院教学研究班深造；先后担任浙江中医学院儿科教研室主任、教务长、副院长及院学术委员会副主任等职，同时也是全国中医学会浙江分会理事、常务理事、儿科分会主任委员、中国农工民主党浙江省委员会委员；1963年，加入中国共产党；1983年，被浙江省人民政府评为浙江省名老中医；1991年，被卫生部、人事部、国家中医药管理局授予"全国名老中医"的称号，享受国务院颁发的有突出贡献中医药专家特殊津贴。

詹老从医60载，既受家学熏陶，亦得各家汇通，古为今用，不断创新，精于中医儿科，尤擅治疗婴幼儿腹泻、小儿咳喘、癫痫、紫癜等病证。其诊治婴幼儿腹泻的计算机系统经省内外专家鉴定，达到国内先进水平，获浙江省科委科技进步三等奖。其研制的外用肚兜"小儿健脾暖胃药袋"，用于治疗消化不良症，达到国内先进水平。詹老编写出版了《中医儿科手册》等医著，发表了《婴幼儿腹泻辨证论治》等学术论文数十篇。

1979年，盛丽先拜入詹老门下时詹老已是耳顺之年，但仍精力充沛，气度不凡，战斗在救死扶伤的第一线，奉献在教书育人的第一线，钻研在科研创新的第一线，令人十分钦佩和感动。就是在这种钦佩和感动的引领下，盛丽先开启了跟随詹老的学习生涯。

詹老先人三世业医，专擅儿科。詹老在行医期间，秉承了其父"诊疾甚谨、疗效显著"的医风，对每一个患者都认真问诊，仔细查体，交代家属护理要点，再开具方药，叮嘱服药注意事项及服药后可能出现的病情变化。詹老临证强调审证求因，注重对证的准确把握，而准确迅速地收集临床资料是正确辨证的基础。詹老认为对于小儿来说，脉诊受到小儿配合度等多种因素的干扰，因此望、闻、问就成了儿科医生的主要诊病手段。詹老问诊非常仔细，往往能从家长杂乱的言语中获取辨证线索，曾有一位3岁的患儿前来就诊，其母诉患儿入夜即哭闹不安，白天活动正常。詹老从家长描述中注意到患儿睡前有干呕情况，考虑是积食导致，所谓"胃不和则卧不安"，以保和丸加减，并嘱其家长减少夜间饮食，3天后复诊，患儿夜啼情况已改善。

詹老时常教导学生："要有是证用是药，切合病机用药，而不要一味迎合患者心理用药，甚至乱开补药、贵重药。"詹老医风淳正，想患者所想，鞭策学生独立行医后也保持"简便廉验，讲求实效"的工作作风。

除了临床为患儿解疾除忧，詹老在中医教学与科研方面，也竭尽思虑，倾注了大量的心血。詹老讲课，精神饱满，声音洪亮，引经据典，引文背诵如流，作分析则深入浅出，引人入胜，并联系临床，传授心得，曾多次被学生评为最受欢迎的老师。盛丽先最喜欢看詹老的板书，因其整齐漂亮，言简意赅，条理分明。正是耳闻目睹了詹老的教学过程，盛丽先领悟到"读经典，做临床"不仅对临证，对教学也有巨大帮助，她把"读经典，做临床"作为自己的座右铭，在自己为人师表后也十分注重引入对经典条文和临床实践的理解，让学生学得深入，学得生动，学得实际。

在繁忙的教学、临床工作中，詹老还主编了浙江中医学院教材《中医儿科学》等，发表了《婴幼儿腹泻的辨证论治》等论文。詹老在学术上重视肺脾，主张"上焦如雾贵清宣，中焦如沤在运脾"，不论本脏或者他脏疾病，都会顾及肺脾两脏的功能。如治疗外感咳嗽，詹老指出以"宣通肺气，疏散外邪"为原则，忌过早使用收敛、滋腻止咳药物，以防外邪留滞，在化痰时需佐以理气，气顺则一身痰浊随气而顺。又如治疗小儿腹泻，他强调重在运脾而非补脾，以调理脾胃气机之升降为首务。

现将詹老的学术思想总结如下。

一、治病防病，不忘肺脾

小儿脏腑娇嫩故容易生病，其特点为"形气未充，发病容易，传变迅速"，而"脏气清灵，易趋康复"，决定了小儿病在诊断、治疗、预防上的特殊性。小儿"脏腑薄、落篱疏"，对疾病的抵抗力较差，加之寒暖不能自调，乳食不知自节，一旦调护失宜则外易为六淫所侵，内易为饮食所伤。肺主气司呼吸，外合皮毛，小儿卫外机能未固，外邪每易由表入里，侵袭肺系，因而时行病和感冒、支气管炎、肺炎等肺系疾病较为常见。脾胃为后天之本，主运化水谷精微，为气血生化之源，小儿运化功能尚未健全，而生长发育所需水谷精微较成人更为迫切，故常易为饮食所伤，出现积滞、呕吐、腹痛、腹泻等脾胃疾患。所以临床脾肺两脏病证最为多见。明代著名医家万全提出"肺常不足""脾常不足"，也就是对小儿多见肺脾疾病这一生理病理特点的概括。

詹老通过多年临证观察和实践，将患儿分为肺气虚、脾气虚、肺脾两虚等几种体质类型。如肺虚体质平时多汗，易感外邪，即便是风寒感冒也不用荆芥、防风以免辛散太过而更伤肺气，仅用苏梗、藿香、金沸草等微辛微温药物，微汗即可，外邪表散后必以玉屏风散之类益肺固表以扶助肺卫之气；肺脾两虚者患肺炎后常易迁延，喉间痰鸣难消，肺部啰音经久不消，詹老从"肺为贮痰之器，脾为生痰之源"出发，用姜半夏、陈皮、炒白术、茯苓等健脾化痰，炒苏子、枇杷叶、冬瓜子等肃肺降气，肺脾同治，培土生金而获效。此外对遗尿、肾炎、紫癜、婴儿湿疹等非肺脾两经之病，辨证治疗也常从肺脾入手，如急性肾炎浮肿消退后，尿镜检红细胞久久不消，常用桑叶、蝉蜕、连翘、玉蝴蝶、藏青果等宣肺利咽；米仁、茯苓、荠菜花、丝瓜络等健脾利湿而收功；对遗尿患儿，虚者以黄芪、升麻、山药、益智仁、乌药等补益肺脾，升提中气，下病上治，湿热实邪者用藿香、佩兰、陈皮、朴花、车前草等宣上运中，分消清利。总之，对于小儿诸疾，詹老常从肺脾论治，尤其不忘鼓舞、顾护脾胃之气。肺之治节如常，脾之运化健全，小儿就能生机蓬勃，发育迅速。

二、轻灵活泼，透邪外达

小儿为稚阴稚阳之体，形气未充，卫外不固，故病时病者多，感邪后又容易夹痰、夹惊、夹滞。詹老治疗小儿时病谨守"透邪外达"之原则，处方注重轻灵活泼。轻者乃轻扬而不沉重，敏捷而不笨拙，活泼而不呆滞，清灵而不腻浊，以适应小儿"脏气清灵，随拨随应"之特性。

对于小儿的具体用药质宜轻不宜重，味宜薄不宜厚，量宜小不宜大，方宜精不宜杂。①质宜轻不宜重：盖质轻之品宣扬透发，以治上焦心肺之证尤为适宜，如桑叶、菊花、连翘壳、薄荷、竹叶等，用轻清疏解之品达到轻可去实之目的。味薄之品无碍胃气，重浊易伐生生之气，正如叶天士所云，"用有气无味之药"可治"无质之病"。②味宜薄不宜厚：重浊厚腻反致恋邪，如治疗婴幼儿腹泻，詹老常选质轻味薄的扁豆衣、扁豆花、玉蝴蝶、荠菜花、藿香等既可宣化气机，升清降浊，亦可拨动胃气，促进药液之吸收，加速腹泻痊愈。③量宜小不宜大：小儿药物的常用量为 4～6g，重者亦不过 9g，轻者仅 2g。如黄芩等苦寒，詹老认为少量有醒胃之功，其性则动，重用有碍胃之弊，其性则呆，故黄芩一般用量为 2g；诸如枳壳、蝉蜕、玉蝴蝶、木香等也仅用 2g。总之药量过重不但易使药过病所，亦伤胃气，反而不利疾病恢复。

而轻量轻剂因势导邪，不伐无辜，且能顾护胃气，有健运苏复之功，无呆滞碍胃之弊。④方宜精不宜杂：取药应简、力、专，以免诸药纷杂性味混乱，而致相互牵扯。故詹老临床处方力求精炼以切中病机，仔细辨证，抓住疾病之根本，正如先贤张景岳所言："但能确得其本而撮取之，则一药可愈。"

如小儿风热感冒见发热、咽痛、咳嗽，又兼见呕吐、腹泻，甚或惊厥，詹老抓住其外感夹食滞的病机，治以疏宣运滞之法，诸症悉平。感冒是小儿常见疾病，治疗不当会迁延日久，詹老反对一开始感冒不辨寒热就用板蓝根冲剂、蛇胆川贝液，或滥用抗生素，反使邪不能外达而内伏，可造成小儿咳嗽加剧，或久延不愈。因而小儿感冒的治疗必须辨别偏寒热之性，夹痰、夹滞、夹惊、夹暑等一系列兼证，在疏表宣肺、透邪外达的基本治法上适当加减配伍，绝不能一见发热就用苦寒清热药，一见咳嗽就用止咳化痰药。

又如过敏性紫癜反复发作，詹老认为其病机与湿热胶结、蕴郁中焦、内伏血分密切相关。湿性黏滞，湿邪为病常缠绵难愈。本病之湿又常与风、热之邪胶结，难解难分，促使病情反复，病程迁延。因此临床见过敏性紫癜患儿即使缓解后仍有四肢困倦、胸闷纳呆、口苦尿少等湿热内蕴之象。同时，本病常因外感风邪引起急性发作，而兼见发热、咽红疼痛、咳嗽等上呼吸道感染症状。说明本病的发生与复发除热邪外，与内蕴之湿，外感之风无不相关。用药上仿叶天士轻淡宣通湿热之法，选择杏仁、清水豆卷、桑叶、白菊花、前胡等药，轻开肺气以宣上焦；用藿香、佩兰、石菖蒲芳香化湿及苍术、白术、姜半夏等苦温燥湿以和中焦，用茯苓、米仁、忍冬藤、灯芯草等淡渗利湿以通下焦，并适当佐以枳壳、郁金、陈皮、制香附、大腹皮等行气之品，以增强其通阳化湿之功，使三焦气机宣畅，湿热之邪从上、中、下分消。

灵者灵动，为使处方活泼不呆，詹老在配伍中十分注意调畅气机，无论外感内伤，在疏表、清热、豁痰、化湿、消导、补益诸法中无不配以芳香流通之行气药，使气机升降如常，邪去而正安。如治小儿感冒夹痰者，詹老分析由于肺脏受邪、失于宣肃、气化不利、津聚为痰，以致痰阻气道，治疗时必须在疏表、宣肺、化痰同时辅以行气药，气化则痰化；同理治疗外感咳嗽，詹老认为肺主一身之气，痰随气运动，气滞则痰聚，气顺则痰消。故在疏表宣肺中必佐以化橘红、炒枳壳、川朴花等行气药，使气道宣畅、咳嗽转松、痰即随之而除；对脾虚湿蕴引起的消化不良诸疾则常伍以藿香、制香附、大腹皮等香燥流动之品，使气机调畅，中州斡旋，湿亦随之而化；在补虚时更注意佐以八月札、佛手片等流动之品以防呆滞；治疗婴幼儿泄泻在配伍中更是注重升降气机，因婴幼儿泄泻的发生与气机升降运动的障碍密切相关，脾胃为机体升降出入之枢纽，故在治疗中除首重调理脾胃升降之机外，亦不忽视疏理肝气和宣畅肺气。肝主疏泄，喜条达，肝的疏泄功能既可以调畅气机，又能协助脾胃之气的升降，除肝脾失调之泄泻治疗时必须疏肝柔肝外，其他湿热、寒湿、食积、脾虚等泄泻无一不用行气疏肝之品，或以木香，或以朴花，或以陈皮。肺主一身之气，肺之治节不行则一身之气皆滞，故宣畅肺气，复其治节亦是调升降、运枢机的重要方面。肺与大肠相表里，肺气一宣，肠间无上焦之邪浊下迫，升降正常，泄泻亦不致久延，故处方中每每配伍苏叶、蝉蜕、藿香、佩兰芳化宣肺之品。

以上可见，詹老处方用药轻灵活泼而独具匠心，用药选择质轻味薄之品，用量且轻，鼓舞全身气机，促进脾胃对药物和营养物质的吸收，增强机体抗邪外出之能力。此外，质轻味薄之品煎成汤剂后药汁清淡，苦味不甚，易于入口，便于小儿服用；同时药价低廉，故深受病人喜爱。

三、溯源探流，师心化裁

詹老在其父严格教导下，自幼熟读岐黄，尤其对儿科鼻祖钱乙的《小儿药证直诀》及明代著名医家万全的《育婴家秘》等深得其要，理论功底坚实，指导着其后的临床实践。但詹老师古而不泥古，强调用古方关键在于师其心，用其法，灵活化裁，不断创新，方可积累自己的经验，不断提高临床疗效。

如治疗癫痫，詹老博采众长，结合临证，创定痫豁痰汤。定痫豁痰汤是詹老在长期实践中总结出来治疗小儿癫痫的验方，由明天麻、钩藤、制天虫、地龙、辰茯苓、广郁金、胆南星、陈皮、炒当归、炒白芍组成。癫痫病因复杂，虽有惊、风、痰、食、瘀诸多因素，但痰阻气逆，血瘀络脉为其主要的病理过程，故用定痫豁痰汤以豁痰通窍、活血化瘀、息风定痫而效。单方猪心纳入朱砂、儿茶，有以心引心，镇惊辟秽之效。但应注意朱砂含汞，日久应防汞中毒，目前朱砂已不入药用。盛丽先曾见詹老用此方诊治一15岁男童的难治性癫痫，患儿癫痫反复发作1年余，发作时两目呆视，喉间痰鸣，四肢抽搐，以夜间为多，胃纳一般，大便干燥，溲短而浑，每月发作1～3次，每次1分钟左右，舌苔白腻，脉弦滑。詹老治拟平肝息风，镇痉豁痰，用定痫豁痰汤原方。患儿服7剂后一周内未发，仍喉间痰鸣，大便干燥，苔薄黄腻，脉弦滑，前方加杏仁9g，又7剂。后又以上方加减治疗，前后共服药28剂，停药后服用单方猪心纳药，每月 1～2 个，连服近 1 年。随访 4 年，癫痫一直未发作。

对于新生儿阻塞性黄疸，詹老从小儿脾常不足考虑，在前人清利湿热的基础上，强调脾胃气机升降，发挥脾之健运作用以治黄疸之本，并适当佐以活血，使气行则湿化，血行则瘀除。他常在茵陈汤中加藿香、制香附、大腹皮、川朴花等行气药及当归、红花、丹参等活血药。有一宁波市患儿，出生后黄疸月余不消，经当地医院治疗不效，日益加重转来杭州市某医院，诊断为阻塞性黄疸，医院告知家属救治成功希望渺茫。患儿家长抱着一线希望辗转找到詹老，经詹老悉心辨治，患儿服药 20 余剂获愈，家长感激万分，投书《浙江工人日报》，以"孩子得救了"为题，发文鸣谢詹老。

又如对于当今小儿常有的厌食症，詹老认为其病理机制是营养过剩、饮食失节，日久造成脾运不力，有不同程度夹滞夹湿。小儿脾常不足，加之饮食不知自节，饥饱不能自控，或家长溺爱太过等均可加重脾胃负担，日久脾胃之气受损，造成中焦气滞，湿浊内阻而厌食，故脾失健运，气滞湿蕴是小儿厌食的病机关键。詹老开创性地提出"脾虚夹湿"型的病型诊断，用藿朴夏苓汤化裁创制健脾开胃汤，药用炒白术、茯苓、姜半夏、川朴花、炒米仁、炒谷芽、神曲、炒枳壳、陈皮等，该方用白术健脾为主，辅以茯苓、姜半夏、米仁以增其健运脾土之功，佐以朴花、陈皮、枳壳行气燥湿，谷芽、神曲消食开胃，共奏健脾燥湿、行气开胃之功。该方不仅可用于厌食症，也可用于外感或腹泻后脾胃功能未复，胃纳不思者。

第三节 博采众长勤读书

马老、詹老二位恩师将盛丽先引入中医儿科之门，并一直嘱咐她，书即师也，要多读书，手勤笔勤，理论实践相结合。工作后，老师严格的治学精神一直鼓励着她，鞭策着她不断追求上进。随着诊治越来越多的病人，特别是遇到治疗效果不好的病人时，更体会到二老殷切嘱托"多读书"的深意。正如《扁鹊传》所说"医之所病病道少"，临床面对的是不同的病人，不同的疾病，甚至同一疾病也是千变万化，所以掌握的知识要广泛，尽量多学一些看病的本领，才能逐步提高学术水平和临床疗效。庄子云："吾生也有涯，而知也无涯。"学习无止境，实践无尽头，必须活到老，读到老；读书，再实践，再读书，循环往复，才能真正理解书之精华，汲取多家之长为我所用。盛丽先常读《伤寒论》《金匮要略》《幼幼集成》《幼科要略》《丁甘仁医案》《蒲辅周医案》《施今墨对药》《干祖望医话》等医书，这些书给了她不同方面的临证启示如从仲景学说中体会柴胡桂枝汤、葛根汤在儿科的运用，从《幼幼集成》《幼科要略》中了解清代以前中医儿科发展，从《施今墨对药》中学会如麻黄、杏仁等药对的使用，从《干祖望医话》中领会喉源性咳嗽的证治特点，从《丁甘仁医案》《蒲辅周医案》等书中领悟辨证论治精神。兹录取部分读书体会如下。

一、《伤寒论》

《伤寒论》《金匮要略》都是东汉张仲景所作，仲景学说上承《黄帝内经》下启各代，被奉为经典。《伤寒论》所治之病以伤寒为主，《金匮要略》所治之病为各种杂病，书中所创立并流世的方剂，组方严密，结构优美，层次分明，在辨证立法、组方遣药的法则方面为后世作出了表率，被后世称为"方书之祖"。关于如何学习这两本经典书籍，清代陈修园说："学者必先读《伤寒论》，再读此书①，方能理会。盖病变无常，不出六经之外，《伤寒论》之六经，乃百病之六经，非伤寒所独也。"盛老就是从《伤寒论》中的方剂入手，反复研读原文，循序渐入，应用于临床，慢慢有所体会和领悟。如《伤寒论》里的柴胡桂枝汤、葛根汤，即是盛老学习后常用于临床的方剂。

（一）柴胡桂枝汤

【原文释义】

《伤寒论》146条②：伤寒六七日，发热微恶寒，支节烦疼，微呕，心下支结，外证未去者，柴胡桂枝汤主之。

柴胡桂枝汤组成：柴胡四两，黄芩一两半，人参一两半，半夏二合半（洗），生姜一两半（切），大枣六枚（擘），甘草一两（炙），桂枝一两半，去皮，芍药一两半。

柴胡桂枝汤系小柴胡汤合桂枝汤各半量而组成，是《伤寒论》主治太阳、少阳合病的方剂，症见发热，自汗，微恶寒，或往来寒热，口苦，鼻鸣干呕，肢节烦疼，头痛项强，胁满胁痛，舌红、苔薄白或薄黄或黄白相兼，脉浮弦

---

① 指《金匮要略》。
② 本节的《伤寒论》和《金匮要略》条文均是依据五版高等医药院校教材《伤寒论讲义》，该教材以明代赵开美复刻宋本的《伤寒论》为蓝本。

或浮细。

方中柴胡、黄芩、半夏、生姜，从少阳之枢达太阳之气，逐在外之邪，人参、甘草、大枣补益中焦脾土，化生气血，培土生金，合桂枝汤调和营卫，解肌辛散，两方合二为一，扶正祛邪，消补兼施，表里同治。

从原文来看，"发热微恶寒，支节烦疼"是桂枝汤证，"微呕，心下支结"是小柴胡汤证。"微呕"相对"喜呕"而言为轻，"心下支结"相对于"胸胁苦满，心下痞硬"而言亦为轻，故柴胡桂枝汤证应是小柴胡汤之轻证伴有桂枝汤证。正如清代柯琴在《伤寒来苏集》中所说："桂、芍、甘草，得桂枝之半；柴、参、芩、夏，得柴胡之半；姜、枣得二方之半，是二方合并非各半也。取桂枝之半，以解太阳未尽之邪；取柴胡之半，以解少阳之微结；凡口不渴，身有微热者，当去人参，此以六七日来邪虽不解，而正气已虚，故用人参以和之也。外证虽在，而病机已见于里，故方以柴胡冠桂枝之前，为双解两阳之轻剂。"

【临床运用】

柴胡桂枝汤是小柴胡汤和桂枝汤的合方，小柴胡汤和解表里，桂枝汤调和营卫气血，两方合用，可治营卫气血经脉不通之内外杂病。

故在临床并不仅仅局限于太阳、少阳合病，常可用于以下病证。

（1）反复呼吸道感染的迁延期：反复呼吸道感染的迁延期主要指呼吸道感染急性期已过，但风热痰积等余邪未尽，正气已伤的时期。小儿脏腑娇嫩，形气未充，为稚阴稚阳之体，阴阳两气均有不足，感邪后易寒易热，易虚易实，且往往寒热虚实相互转化或同时并存。柴胡桂枝汤通过调和疏解，使患儿表里寒热虚实的错杂证候、脏腑阴阳气血的偏盛偏衰归于平和，故可治疗体虚小儿反复呼吸道感染迁延期。

迁延期是对原文中"寒热往来"这一表现的另一层理解。如临床表现为反复感冒，咳嗽反复不已但又不甚，动则多汗，入睡易汗，遇风遇凉则鼻塞、流涕、喷嚏、咳嗽增多，舌淡或淡红、苔薄白或白腻，脉细滑，则治以调和营卫，方选柴胡桂枝汤加减，可合玉屏风散、二陈汤。

（2）小儿胃肠型感冒：小儿寒温不知自调，腠理薄弱，素饮食不节，脾胃虚弱者，受冷风寒气外侵，易致腠理闭塞，邪气客于胃肠，容易导致胃肠型感冒。柴胡桂枝汤方证原文有"微呕，心下支结"，是疾病累及消化系统的描述。临床表现为发热不剧、微恶风寒、胃脘疼痛、脘腹胀满、恶心欲吐等者，可予柴胡桂枝汤治疗，散在表之邪，转少阳枢机，可与四逆散、二陈汤、泻心汤等合方。

（3）小儿变态反应性疾病：随着环境气候变化，现今小儿变态反应性疾病如荨麻疹、变应性鼻炎、特应性皮炎等日益增多。所谓"正气存内，邪不可干"，这类疾病的发生外因与气候变化、接触过敏原有关，内因则为人体免疫功能紊乱，从中医角度理解是人的正气不足，受到风寒湿邪的侵袭，郁于皮毛腠理、鼻窍，阻碍气血运行，卫阳被郁，则发病。柴胡桂枝汤外能解肌宣卫阳，内能和营利气血，故切合本类疾病的病机。临证还可与玉屏风散、四物汤、荆防败毒散、苍耳子散等加减同用。

【医案举隅】

医案1 梁某，女，6岁，2016年11月10号初诊。

反复咳嗽1个月余。曾在外院就诊，查血常规及胸部X线片未见明显异常，曾先后静脉点滴头孢霉素、阿奇霉素抗感染治疗1周余，咳嗽减轻。现症见咳嗽，痰少不易咳出，流清涕，易出汗，胃纳欠振，二便调，咽略红，舌淡红，苔薄腻，脉细滑。平素反复呼吸道感染。治拟调和营卫，清肺化痰。

处方：柴胡6g，黄芩6g，姜半夏6g，太子参9g，桂枝6g，白芍9g，甘草6g，大枣10g，黄芪10g，桔梗6g，浙贝母9g，杏仁6g。7剂，水煎服。

二诊：晨起偶咳，出汗减少，胃纳增加，大便调，舌淡红，苔薄白，脉细。上方去桔梗、浙贝母、杏仁，加防风6g，炒白术10g，煅龙骨15g，煅牡蛎15g。继服7剂，诸症愈。

按语 患儿平素反复呼吸道感染，多汗，体弱，本属肺脾不足，又感外邪，虚实夹杂，既有表气不足，营卫失调，又有邪正相争，此为少阳枢机不利之证。柴胡桂枝汤可谓紧扣病机，方中小柴胡汤和解少阳，宣展枢机，以治半表半里，桂枝汤调和营卫，解肌辛散，以治太阳之表，再加桔梗、浙贝母、杏仁清肺化痰，全方扶正祛邪，消补兼施，表里同治，方证契合，诸症悉愈。

医案2 陈某，男，10岁，2015年9月初诊。

反复全身出现风团样皮疹伴瘙痒4个月余。患儿4个月余来全身反复出现风团样皮疹，瘙痒明显，易于夜间发作，服氯雷他定片等抗过敏西药治疗后皮疹有所消退，但停药后又立即出现，舌淡红，苔薄白，脉细。中医辨证为营卫失和，治拟调和营卫，养血祛风。以柴胡桂枝汤加味。

处方：柴胡、黄芩、桂枝、甘草、蝉蜕各5g，白芍、太子参、防风、荆芥、当归、蒺藜各6g,大枣9g,姜半夏3g。7剂后皮疹消退,守方随症加减治疗2周,随访半年未再复发。

按语 因时制宜,是中医治疗疾病的原则之一,此案患儿病发夜半阴阳交替之时,对应于柴胡桂枝汤证半表半里病机,故辨证为营卫失调而用本方和解少阳,调和营卫而获效。

（二）葛根汤

【原文释义】

《伤寒论》31条:太阳病,项背强几几,无汗,恶风,葛根汤主之。

《伤寒论》32条:太阳与阳明合病者,必自下利,葛根汤主之。

《金匮要略·痉湿暍病脉证治第二》12条:太阳病,无汗而小便反少,气上冲胸,口噤不得语,欲作刚痉,葛根汤主之。

葛根汤组成 葛根、麻黄（去节）、桂枝（去皮）、芍药（切）、甘草（炙）、生姜、大枣（擘）组成。上七味,㕮咀,以水一斗,先煮麻黄、葛根,减二升,去白沫,内诸药,煮取三升,去滓,温服一升。覆取微似汗。余如桂枝汤法将息及禁忌。

其剂量有不同。

（1）《伤寒论》原书剂量:葛根四两,麻黄三两,桂枝二两,芍药二两,炙甘草二两,生姜三两,大枣十二枚。

（2）现行版高等中医药院校教材《方剂学》中的剂量:葛根12g,麻黄9g,桂枝6g,芍药6g,炙甘草6g,生姜9g,大枣3枚。该剂量为根据现行教材《伤寒论讲义》中所附的古今剂量折算表（表2-1）计算而得。

表2-1 古今剂量折算表

汉代剂量	折合中药秤剂量	折合米制克剂量
一两	一钱	3g
一升	六钱至一两	18～30g
一方寸匕	二钱至三钱	6～9g
一钱匕	五分至六分	1.5～1.8g

（3）柯雪帆教授推算的古方剂量:上海中医药大学的柯雪帆教授根据1981年考古发现的汉代度量衡器——权,推算古方剂量,解决了历史上古方剂量的一大疑案,对仲景学说的教学、科研、临床应用有重大意义。兹据柯

雪帆教授归纳整理的资料并经反复称量核实，摘要介绍如下（表2-2）。

表2-2　柯雪帆教授推算的古今计量折算表

汉代计量	折合现代剂量	备注
一斤	250g	或液体250ml，下同
一两	15.625g	一斤＝十六两
一升	200ml	
一合（ge）	20ml	
一圭	0.5ml	
一龠（yue）	10ml	二龠＝一合
一撮	2g	
一方寸匕	2.74g	金石类药末约2g，草木类药末约1g
半方寸匕＝一刀圭＝一钱匕	1.5g	
一钱匕	1.5g～1.8g	
一株	0.7g	
一分	3.9g～4.2g	梧桐子大及黄豆大

按此折算剂量，此方中葛根为62.5g，麻黄为46.9g。

盛老在儿科临床常用量为葛根15～30g，麻黄3～9g，桂枝3～9g，芍药6～12g，炙甘草3～6g，生姜3～6g，大枣10～15g。每个医生的经验用药剂量，可因人、因证、因时、因地而不同。

葛根汤由桂枝汤加葛根、麻黄组成。重用葛根为君药，解肌发汗，升津濡筋，升清治利，麻、桂、姜为臣，协助君药加强发汗散寒作用，芍、枣、草为佐使药，滋津化阴，缓和筋脉之急。柯琴在《伤寒附翼》中解释："葛根味甘气凉，能起阴气而生津液，滋筋脉而舒其牵引，故以为君；麻黄、生姜能开玄府腠理之闭塞，祛风而出汗，故以为臣；寒热俱轻，故少佐桂、芍，同甘、枣以和里。此于麻桂二方之间，衡其轻重，而为调和表里之剂也。"

《伤寒论》以六经辨证为核心，六经为病是张仲景对脏腑经络由表及里发病规律的总结。六经中的三阳为太阳、阳明、少阳，反映的是阳性病，证候表现为表证、热证、实证。六经中的三阴为太阴、少阴、厥阴，反映的是阴性病，证候表现为里证、寒证、虚证。何谓太阳？"太阴主内，太阳主外"，言太阳指部位在人体之表。"太者，大也，太阳就是一个很大的阳气"，太阳在人体可理解为卫外之阳气，具有温分肉、肥腠理、司开阖的强大生理功能。何谓太阳病？太阳病是外感病的初期阶段，可从以下 3 个方面理解。①体之太阳。体之太阳位于人的体表，即皮毛、腠理、肌肉，病证以表证为主，即脉浮、恶寒、发热。②经之太阳。经之太阳位于足太阳经，病证主要表现为头项强痛、项背强几几。③府之太阳。府之太阳指膀胱之府，病证表现为膀胱气化失司的证候，典型病证为蓄水证。太阳病即以上三者出现的病理。葛根汤用于太阳病，邪正相争于肌表，治疗宜用汗法。张仲景在太阳病篇的汗法有二：一是解肌法，用于表虚有汗证，即桂枝汤系列；二是发汗法，用于表实无汗证，即麻黄汤、葛根汤、大青龙汤、小青龙汤等。

【临床运用】

1. 感冒

葛根汤所治之感冒以外感风寒型为主。

（1）普通感冒: 除外感风寒所致感冒症状外，如发热无汗、清涕喷嚏、咳嗽，其辨证要点为苔薄白，舌不红，咽喉不红不痛。我国台湾生产的伤风颗粒，组成就是葛根汤。日本以葛根汤方制成的感冒冲剂，为人们常用药，在超市、药店均有售。

（2）肠胃型感冒：辨证多为风寒夹湿、夹热、夹滞，风寒夹湿证的辨证要点为以舌不红、苔白腻、大便稀溏为主要表现，酌加藿香、姜半夏、茯苓等；风寒夹热证的辨证要点为苔白腻带黄，大便水样或黏糊，酌加黄芩、黄连等；风寒夹滞证的辨证要点为苔白厚腻，口臭，大便溏臭，酌加谷麦芽等。

（3）流行性感冒：辨证要点为高热不退，恶寒明显，无汗，周身酸痛等；病机为太阳风寒束表，腠理闭郁；治疗用葛根汤解表散寒，使邪从表解，汗出热退。

2. 鼻炎

风寒外束的鼻炎、鼻窦炎，无论急、慢性均可用葛根汤加减治疗。过敏性鼻炎患儿多为肺气虚，治疗用葛根汤去麻黄，加玉屏风散、茯苓等；过敏性鼻炎若又外感风寒，治疗用葛根汤加石菖蒲、北细辛、川芎等；鼻涕白黏量多、苔白腻为风寒夹脾湿，治疗用葛根汤酌加姜半夏、茯苓、陈皮、石菖蒲等；鼻窦炎鼻塞浊涕量多，或时清时浊，或黄白涕均有，为风寒外束，湿热内蕴，脾失升清，浊邪郁积鼻窍，虚实夹杂，治疗用葛根汤加黄芪、辛夷、白芷、苍耳子、桔梗；鼻窦炎脓涕储积，治疗用葛根汤去麻黄，酌加黄芩、芦根、冬瓜子、米仁、鱼腥草、桃仁等。

3. 哮喘

哮喘的急性发作，多为素体内有痰饮留伏，感受外邪引动而诱发。其外邪以风寒为多。临床常见风寒内迫于肺，肺失宣肃，肺气不利，痰气交阻于气道，痰随气升，气因痰阻，气机升降不利，致哮喘发作。治疗可用葛根汤加杏仁、厚朴、桔梗、枳壳。葛根汤疏风散寒，杏仁、厚朴宣降肺气，桔梗、枳壳宣畅气机，肺气宣肃、气机之升降复常，则气顺痰消，故喘平。若发热无汗用生麻黄，发热有汗或不发热用炙麻黄。

4. 睑腺炎

睑腺炎是眼睑腺的急性化脓性炎症，俗称"麦粒肿""偷针眼"。睑腺炎患儿平素内有郁热积滞，外感风寒后，寒邪束表，积热不得外发，循经上达眼睑，而致睑腺炎。治疗可用葛根汤加减。

此外抽动症、多发性疖病、荨麻疹、睑板腺囊肿等，凡病机为风寒未尽，经气阻滞者，均可用葛根汤加减。

【医案举隅】

医案1 刘某，女，7岁，2018年12月15日初诊。

鼻塞流鼻涕3月余，发热1天。患儿入秋后开始出现鼻塞，鼻流清涕，喷嚏，曾用孟鲁司特钠、西替利嗪、糠酸莫米松鼻喷剂等治疗，症状反复。平素常患感冒。1天前出现发热，体温为38.2℃，清涕增多，鼻塞不通气，恶寒，咽稍红，纳欠振，便干，苔薄白腻，脉浮数。

患者证属素体肺气不固，新感外邪，邪滞鼻窍，治拟疏风散寒通窍为先。

处方：葛根10g，麻黄3g，桂枝6g，白芍6g，红枣10g，生姜3g，甘草6g，辛夷6g，白芷6g，苍耳子6g，姜半夏6g。

服3剂后，热退，鼻塞鼻涕明显好转。复诊予桂枝汤合玉屏风散善后。

按语 本案患儿鼻炎，遇外感后加剧，治疗以葛根汤为主解表散寒，合苍耳子散辛散通窍，后以益肺和营调理。

医案2 裘某，男，6岁，2018年1月15日就诊。

咳嗽喘息3天，发热1天。患儿3天前外出受风后开始咳嗽，初为干咳，随即出现喘息，1天前发热，体温最高达39.0℃，既往有哮喘史。查血常规和C反应蛋白未见明显异常。刻诊见鼻塞清涕，咳嗽剧烈，痰少不易咳出，身热，恶寒无汗，烦躁，周身不适，服布洛芬混悬滴剂后体温仍未下降至正常，纳减，大便正常，咽略红，苔白腻，脉浮数紧。治拟疏宣清肃化痰。

处方：葛根 20g，炙麻黄 6g，桂枝 9g，芍药 12g，红枣 10g，生甘草 6g，生姜 6g，杏仁 6g，桔梗 6g，白芷 9g，辛夷 9g，葶苈子 9g，炙苏子 9g。

服 2 剂后汗出热退，复诊以前方去葛根、炙麻黄，加浙贝、前胡，再服 7 剂后咳嗽喘息缓解。

按语 本案患儿为受凉后引动伏邪，导致哮喘发作，方以葛根汤合三拗汤加减，葛根汤疏风散寒，三拗汤加葶苈子、炙苏子疏宣清降，恢复肺之宣发肃降功能，气顺痰消，故热退喘平。

二、《幼幼集成》

《幼幼集成》是清代著名儿科医家陈复正所著。陈复正，字飞霞，惠州府（今广东省惠阳区）人，幼时体弱多病，而究心医道，立志成为济世良医，犹擅幼科，治愈患者无数。

《幼幼集成》奠定了陈复正在中医儿科学的重要地位，本书刊于公元 1750 年，是流传最广的岭南儿科名著。全书共六卷：卷一概论儿科关于指纹、脉法及有关初生婴儿的救治、调护、变蒸和保护等，卷二至卷四讲述儿科主要疾病，卷五、卷六为经过陈氏删润的万氏痘麻歌赋。其证治方药以临床实用为宗旨，对于经过实践检验确有其效者，无论时方，还是民间验方，均加以录用，并在某些疾病的病因病机及治疗原则等方面体现出他个人的独到见解。

（一）重视脾胃在发病、预后中的作用

陈氏注重脾胃在发病、预后中的作用，强调脾胃强弱与否是影响小儿疾病发生发展的关键，强调脾胃功能在小儿生长发育过程中的重要地位。

陈氏对小儿病的诊治，均以顾护脾胃为要旨。他反对过用寒凉药，或过用毒劣之方及轻易使用金石重坠之品，恐其伐伤中焦生生之气；主张在虚实夹杂时，亦应时时顾护胃气。如其在该书"伤食证治"一节中指出："凡欲治病，必先借胃气以为行药之主，若胃气强者，攻之则去，而疾常易愈，此以胃气强而药力易行也；胃气虚者，攻之亦不去，此非药不去病，以胃气本弱，攻之则益弱，而药力愈不行，胃愈伤病亦愈甚矣。"

陈氏认为"小儿之病，伤食最多""凡脾胃实者，倘纵其口腹，不知节制，则饮食自倍，肠胃乃伤，而实者必致为虚矣"，指出伤食是儿科的一个独立的病因，在多种疾病的发病中起到特殊的作用。并且他认为小儿伤食多由胃气怯弱所致，治疗时不宜一味消导，如在分析张元素所创之枳术丸时说："枳实一两，白术二两，补多于消，先补而后消也，但此丸原为伤食者设，今若专以为补脾药，又误矣。夫枳实有推墙倒壁之功，用之不当，能无克削？"山楂、神曲、麦芽之类举世常用之消导药，陈氏认为不宜多用，脾胃在人身中原有化食之功，今食不化，因其所司者病，只需补其运用之能，其食自化，何用此消克药？陈氏从这一原则出发，治小儿伤食常用"损之"之法，所谓"损之"即停止患儿饮食，使其自运。临床上对小儿疾病不欲食者不要强其食，欲食者也不要使其多食，伤食轻者只要停止饮食，使其自运即可，此《幼幼集成·伤食证治》所谓"伤之轻者，损谷则愈矣"。伤食轻者只要停止饮食一二餐，脾胃之气渐运，则自能食。若损之不减，则以胃苓丸调之；调之不减，则用保和丸导之；导之不去，则攻下之，轻则用木香槟榔丸，重则用消积丸。可见陈氏治疗小儿疾病从不任意克伐脾胃之气。

小儿出生之后全赖从口摄入乳汁及水谷，不断充养生身。俗话说，"病从口入"，故陈氏对饮食忌口十分重视，无论病之轻重，证之顺逆，稍长者令其本身忌口，乳子即令乳母忌口。小儿病后必不可妄用荤腥，只可素食调理，或一月或半月，待其脾气渐复，始可略与清汤，仍不得过用甘肥。总之，无论在病初、病中及病后，陈氏都十分重视顾护脾胃生生之气。

（二）高度概括指纹辨证方法意义

陈氏阐明了指纹辨证对儿科临诊的意义；立指纹诊法辨证纲领，以简驭繁；客观地评价了指纹的意义。他通过40余年临床实践将指纹诊法进行概括总结，并将繁杂的指纹诊法归纳为浮沉分表里，红紫辨寒热，淡滞定虚实。

当时指纹用于儿科诊断，历代医家有两种截然相反的意见，一则认为没有临床价值，弃置不用；一则却任意夸大，穿凿附会。陈氏认为指纹"即太渊脉之旁支，则纹之变易，亦即太渊之变易，不必另立异说，眩人心目"，并认为其具有一定临床诊断价值，因为"小儿自弥月至三月，犹未可以诊切，非无脉之可诊，盖诊之难，而虚实不易察也，小儿每怯生人，初见无不啼哭，呼吸先乱，神志仓忙，而迟数大小已失本来之象矣，诊之何益？不若以指纹之可见者，与面色病候相印证，此亦医中望切两兼之意"。实践证明，陈氏辨察之法，确有重要参考价值。如外感表证，指纹常浮露；痰热壅肺，咳喘气逆，指纹常现紫滞；气血不足，营养不良，指纹常现淡色。此外，他还总结了指纹三关部位歌，指出指纹现于风关为病轻易治；气关为病重，应尽速治疗；如通透三关，则为病情极严重的表现；一旦射甲通关，则为危险的象征。

（三）遵古而不泥古，提倡用"搐"易"惊"

陈氏撰写《幼幼集成》时，立论以《黄帝内经》为据，其学术思想深受夏鼎的《幼科铁镜》的影响，但他又根据实践敢于提出新观点，具有创新精神，实为今人学习之典范。如陈氏反对"小儿为纯阳之体"的说法，认为后人误信此说，肆用寒凉，致伤败脾胃，遗祸无穷。为纠正当时认为痘疹源流各别，与幼科无关的错误认识，又精心校刊修订了万全的痘科著作，并辑入《幼幼集成》刊行。这在当时应该算是一种创举。

又如惊风之名，汉晋以前未见记载，《诸病源候论》始有"小儿惊者，由气血不和，热实在内，心神不定，所以发惊"之语，然犹未提及风。至北宋初年的《太平圣惠方》才载"急惊风"和"慢惊风"之名。钱乙又从病因、病机、症状、治疗上，对急、慢惊风加以区别，特别强调急惊属实，属热，慢惊属虚，属寒，两者不可混淆。陈氏认为后世医家循此推说，逐渐出现偏见，对小儿病"唯从惊风募拟，而伤寒门类全然遗弃，故学人但知有惊风，不知有伤寒"。他引用《黄帝内经》《伤寒论》的观点，指出世人误以伤寒无汗为急惊风，以伤风有汗为慢惊风，以脾败胃伤竭脱之证为慢脾风。为力辟时弊，他主张屏去祸害之"惊"，除去笼统之"风"；用"搐"字易"惊"，将急惊风、慢惊风及慢脾风分别名为误搐、类搐、非搐。

误搐指伤寒病致痉。小儿病伤寒，医者误治，抑遏表邪，不得外解，出现壮热不退，搐搦反张。虽有身热，却是表邪，不能称为惊风，因误治而致搐，故称误搐。类搐指小儿杂病致搐。如暑证、疟痢、咳嗽、丹毒疮痘等，只要正确辨证，治疗并不困难。由于医者药不对症，迁延时日，邪气不能发泄，间有变为搐，故称类搐。非搐指竭绝脱证，即慢惊风、慢脾风。小儿大汗、大吐、大泻之后，汗多亡阳，吐久伤阴，泻久绝脾而致。夏鼎将此称为慢证，陈氏极力赞成，认为慢惊、慢脾皆竭绝之证，何惊之有？以慢证而云惊，皆属庸医浅见。此等之证，并非风搐，故名非搐。陈氏又详细分析了小儿致搐的病因有外感、杂病和脾虚三类，治疗应以解表、清热与温中三法分别施之，切忌滥用金石脑麝，妄行开关镇坠、截风定搐之法。从而纠正了当时儿科对待惊风的混乱现象，实为陈氏之一大功劳。

（四） 实地考察，收集外治法及民间验方

陈氏深入民间，广泛收集和保存了各地方的许多宝贵民间验方。如《幼幼集成·痢疾证治》载："冷痢久泻，百方无验者，一服即瘥……以至捷至稳之鸦胆子一味治之。此物出闽、云、贵，虽诸家本草未收，而药肆皆有。"说明用鸦胆子治冷痢（即今之阿米巴痢疾），早为民间所发现。

陈氏还从"小儿脏腑未充，则药物不能多受"的观点出发，创立了不少适于小儿的外治法，药简效捷，颇受欢迎。如其在"发热证治"一节后列举按摩、热敷、贴药等九法，用以解热、祛痰、镇痛、强心、醒脑等，至今仍有研究价值。此外，散见于书中的外治法还有针刺法、针挑法、回生艾火、神火、灸法、磁锋砭法、刮痧法等。方剂的用法有敷、搽、涂、吹、取嚏、蜜导、热熨等；施用部位则有脐下、脐部、足心等。

清代以前的儿科知识范围广泛，涉及胎产学、传染病学（痧痘等）、小儿外科学、普通儿科学等多个学科。《幼幼集成》用简洁的语言对清代以前的成就进行了高度的概括，实用性强，故该书成书以后，一直是人们研究清代以前儿科的范本，在中国儿科史上占有相当重要的地位，对儿科学的发展做出了重要贡献。

三、《幼科要略》

《幼科要略》为清代名医叶天士编撰的儿科方面的专著。叶天士出身医门世家，在温病学方面的造诣颇高，尤其是其所创立的卫气营血辨证体系为中医温病学的发展做出了贡献卓越，其在儿科杂病治疗方面也颇有建树。

《幼科要略》共2卷，成书于清代乾隆十一年（1746年），后经周学海补注增订，辑入《周氏医学丛书》。该书现存版本见于《临证指南医案》《周氏医学丛书》及《古今医学会通》。全书约12 000余字，言简意赅，突出反映了叶氏对儿科病证辨治的经验。徐灵胎对该书评价极高，评曰："此卷议论，和平精切，字字金玉，可法可传，得古人之真诠而融化之，不仅名家，可称大家。"

读叶氏之书，既有理论发微，又有经验总结，该书共收医案107首，用药154味，基本上体现了叶氏儿科的学术思想。盛老读此书后在临床中不断实践运用，确实体会其证治方药"和平精切，字字金玉，可法可传"，为临证之指南。兹将读《幼科要略》的体会探讨如下。

（一）重视小儿生理病理特点，治疗强调顾护阴津

叶氏对小儿的生理病理特点有深入见解，指出"襁褓小儿，体属纯阳""再论幼稚，阳常有余，阴常不足"，并在小儿这一生理特点基础上，抓住儿科疾病变化的一般规律，观察到儿科"所患热病最多"的病理特点，并从其本质加以探讨，谓"小儿热病最多者，以体属纯阳，六气着人，气血皆化为热，饮食不化，蕴蒸于里，亦从热化""惊恐内迫，五志动极皆阳"。故小儿之病易从热化，引动肝风，临床小儿高热惊厥即符合其表现。

叶氏认为小儿特别易发热病，但在治疗方面，极重视顾护脾胃之气，对攻伐之法持慎重度，因热病伤阴，而过用汗吐下之品也易伤津耗液。《幼科要略》指出："小儿温热病阴伤为多，救阴必扶持胃汁。"启迪后学在小儿温热病治疗中救阴须用充液之药，而且自始至终要注意顾护肺胃之阴，尤其是扶持胃汁。特别是小儿每多食滞，在外感热病中常兼夹食滞，叶氏强调不能滥用消导之法。如叶氏指出："幼稚谷少胃薄，表里苦辛化燥，胃汁已伤。复大黄大苦沉降丸药，致脾胃阳和伤极，陡变惊痫，莫救多矣。"《幼科要略·伏气》又说："热乃无形之气，幼多用消滞，攻治有形，胃汁先涸，阴液劫尽者多矣。"均明确指出，临证当慎用攻下苦寒之品，以及保护后天脾胃之重要性。

（二）主张用药轻灵、简练平稳

叶氏临证处方谨守小儿"脏气清灵、易趋康复、生机旺盛"的特点，主张用药轻灵、简练平稳，处方用药始终保持其自成一家的本色。如其谓"平淡无奇，断不败事"；反之，"欲速则不达也"。其原则为"上焦药用辛凉，中焦药用苦辛寒，下焦药用咸寒"。肺主气，皮毛属肺之合，故外邪宜辛胜，中焦为阳明燥化，多气多血，故用药以苦寒为宜，若日久胃津消烁，苦易助燥劫津，又当选甘寒为宜，下焦以咸苦为主，若热毒下注成痢，不必咸以软坚，但取苦味坚阴燥湿。

叶氏的具体用药如下。针对邪在上焦者，若系风热，主以微辛宣泄之品，如薄荷、连翘、牛蒡之属；若系燥邪为患，主以辛凉甘润之品，如葱白、淡豆豉之属；慎用苦燥，劫灼胃汁；并强调小儿肌肤薄弱，腠理疏松，慎用麻桂辛温以防大汗伤津。针对中焦阳明热盛，多选石膏、竹叶等辛寒清散之品，日久邪热不解，芩连、凉膈亦选用。若邪热入营，逆传心包，除清营解热外，急先开窍，牛黄丸、至宝丹芳香利窍可效，邪入血分则选连翘心、竹叶心、元参、

细生地、天冬、麦冬等清凉血分。若阴液亏耗，虚风欲动，大忌风药，宜用复脉汤减辛热泄散药，加入介类重镇之品以育阴潜阳息风；温病后期，胃阴必伤，虚多邪少，则宜以甘寒生津养胃，若病后余热未清，只需甘寒清养胃阴，若兼见肝肾阴虚者，当以育阴除热为主，辛散苦降均非所宜。

（三）提出小儿四时温病及幼科伏邪之说

温病是由温邪引起的多种急性外感热病的总称，叶氏强调小儿温热与伤寒治法不同："病自外感，治从阳分，若因口鼻受气，未必恰在足太阳经矣。"叶氏还提出四时温病，强调按时论治。即"春温、夏热、秋凉、冬寒，四季中伤为病"，以四时之分来辨治温病，极大丰富了小儿温病的辨治论治体系。

在温病伏气学说上，叶氏认为温病既有新感，也有伏邪。他在《幼科要略》一书中明确指出："春温皆冬季伏邪，幼科也有伏邪。"他认为春温一病系冬令人体精气失于固藏，感受寒邪伏藏于内，郁久化热而致发病。并据此确立春温治疗当以黄芩汤为主方，苦寒直清里热。若因外感引动伏热者，当先以辛凉解新邪，继进苦寒以清里热。在用药上其注重气味，善用连翘、香薷、杏仁，认为连翘辛凉，香薷辛温，杏仁苦泄，夏热用香薷佐杏仁，辛开苦降，使邪有出路。这为后世吴鞠通总结的温病三焦用药原则提供了依据。

叶氏以其在温病学方面的成就闻名于世，但对小儿生理病理特点的认识及对小儿病证的用药思想可谓精辟精准，值得我们继续学习和研究。

四、《丁甘仁医案》

丁甘仁，名泽周，字甘仁，江苏武进孟河人，是孟河医派的典型代表。孟河地区历代名医辈出，如宋代的许叔微，明代的王肯堂。至清代，孟河地区积集了一批学养很高的医界人物，如费伯雄、马培之、巢崇山、丁甘仁等，且有多名名医走出故土，为孟河医派的崛起传承奠定了坚实基础。丁甘仁以儿科见长，后东行上海，于1917年成立我国第一所现代意义的中医学府——上海中医专门学校，以培养后学，程门雪、张伯臾、秦伯未、章次公、王慎轩等1949年前后的中医大家均毕业于上海中医专门学校。

于甘仁开中医学术界伤寒、温病统一论之先河，临床常经方、时方并用治疗急症热病。其著作《丁甘仁医案》自1960年8月首次出版以来，多次复印再版。初读先生医案，尚不能完全领悟其立法，深入细读，乃觉不同凡响，故盛老常展卷究读，视作良师传技，收到侍诊之效。其医案距今多年，仍对现今临床启发及帮助较大，兹录一肿胀案以窥全貌。

【医案原文】

金童，初病春温寒热，经治已愈，继因停滞，引动积湿，湿郁化水，复如外风，风激水而横溢泛滥，以致遍体浮肿，两目合缝，气逆不能卧，大腹胀满，囊肿如升，腿肿如斗，小溲涩少。脉象浮紧，苔白腻。此为风水重症，急拟开鬼门，洁净府。

处方：紫苏叶一钱，青防风一钱，川桂枝五分，连皮苓四钱，福泽泻钱半，广陈皮一钱，大腹皮二钱，水炙桑皮二钱，淡姜皮五分，鸡金炭钱半，炒莱菔子二钱（炒研）。

二诊：遍体浮肿，咳嗽气急，难于平卧，大腹胀满，水溲不利，囊肿腿肿如故。苔白腻，脉浮紧而弦。因脾阳不运，积滞内阻，水湿泛滥横溢，灌浸表里，无所不到也。恙势尚在重途，还虑易进难退。再拟汗解散风，化气利水，俾气化能及州都，则水湿斯有出路。

处方：净麻黄四分，川桂枝六分，连皮茯苓五钱，生白术钱半，猪苓二钱，泽泻钱半，陈皮一钱，水炙桑皮二钱，大腹皮二钱，汉防己二钱，淡姜皮五分，莱菔子三钱（炒研）。

三诊：连投开鬼门洁净腑之剂。虽汗出不多，水溲渐利，遍体浮肿不减，咳嗽气逆如故，大腹胀满。苔白腻，脉浮紧。良由中阳受伤，脾胃困顿，阳气所不到之处，即水湿灌溉之所。大有水浪滔天之势，尚在重险途。今拟麻黄附子甘草汤合真武、五苓、五皮复方图治。大病犹大敌，犹兵家之总攻击也。然乎否乎？质之高明。

处方：麻黄四分，熟附子一钱，生甘草五分，椒目二十粒，桂枝六分，白术钱半，泽泻钱半，广陈皮一钱，水炙桑皮二钱，姜皮五分，防己二钱，猪、茯苓各三钱。

外以热水袋熨体，助阳气以蒸汗，使水气从外、内分消也。

四诊：服复方后，汗多小溲亦畅，遍体浮肿渐退，气逆渐平，大有转机之兆，自觉腹内气热蒸，稍有口干，是阳气内返，水湿下趋之佳象。不可因其口干，遽谓寒已化热，而改弦易辙，致半途尽废前功也。仍守原法，毋用更张。

处方：原方加生、熟薏苡仁各三钱。

五诊：遍体浮肿十去五六，气逆亦平，脉紧转和，水湿得分消，唯脾不健运，食入难化，便溏，口干欲饮，脾不能为胃行其津液，输润于上，不得聚为热象。

今制小其剂，温肾助阳，运脾利水，祛疾务尽之意。

处方：熟附子一钱，生白术二钱，生甘草五分，猪、茯苓各三钱，炒补骨脂钱半，桂枝五分，泽泻钱半，陈皮一钱，大腹皮二钱，水炙桑皮二钱，生姜皮五分，生、熟薏苡仁各三钱，冬瓜子、皮各三钱。

六诊：遍体浮肿已退八九，气逆咳嗽亦平，饮食亦觉渐香。诸病已去，正气暗伤，脾土未醒，神疲肢倦，自汗蒸蒸，有似虚寒之象。今拟扶其正气，调其脾胃，佐化余湿，以善其后。

处方：熟附子八分，生白术二钱，茯苓三钱，清炙甘草五分，炒潞党参二钱，陈皮一钱，泽泻钱半，炒补骨脂钱半，冬瓜子、皮各三钱，炒谷麦芽各三钱，红枣四枚，生姜二片，生、熟薏苡仁各三钱，大砂仁八分。

【医案解读】

（1）本案患儿因复遭风邪，引动内蕴之积湿，风激水而横溢泛滥，以致遍体浮肿，两目合缝，大腹胀满，囊肿如升，腿肿如斗，此水肿之甚。肿甚则小溲涩少，水湿泛滥，上凌心肺，损及心阳，心失所养，郁阻肺气，肺失肃降，则见气逆不能平卧等水凌心肺之证。脉象浮紧，苔白腻，为外感风寒内停水湿之象。故中医辨证为水肿，风水重症，水凌心肺之变证。虽无实验室检查，根据其浮肿、少尿、咳嗽气逆等症状判断，其相当于今之急性肾小球肾炎合并严重循环充血，当时仅用中医治疗，即转危为安。辨证论治可谓独具匠心。

（2）本案辨证要领是遍体浮肿，小溲涩少，合并气逆不能平卧。起病急、病程短，初起属实证、逆证，经治疗水湿实邪去之八九，转为正气不足，水湿未净（正虚邪恋），虚实夹杂之候。

（3）本案治疗要领是泻肺逐水治其标，温阳扶正治其本。初起连投"开鬼门，洁净府"之剂，曾有汗而不多，有尿而不畅，肢体浮肿不减，咳嗽气逆如故，为何？说明本案水肿较甚，病机复杂，涉及肺脾肾，三脏相关为病。《素问·水热穴论》指出："水病，下为跗肿大腹，上为喘呼不得卧者，标本俱病。故肺为喘呼，肾为水肿，肺为逆，不得卧。"肾不能温阳化水，脾不能燥湿制水，则水气上逆，日久水肿益甚，咳逆加剧。仅以发汗利小便不效，后以麻黄附子甘草汤、真武汤加减，温肾助阳，宣肺发汗，五苓散通阳化气，五皮饮利水退肿，配合热熨，使水湿内外分消。最后以附子理中汤加补骨脂温补脾肾、扶其正气，泽泻和冬瓜子、皮等佐化余湿，以善其后。正如《景岳全书》中所提出的，水肿"其本在肾，其标在肺，其制在脾"。

【临床体会】

（1）本案距今100年左右，用简短的文字，将水肿病的发病经过、病因病机、主要症状、诊断、治则完整记录，先后经过6次治疗，基本治愈。论治水肿思路清晰，处方药简效宏，让我们读后受益匪浅，对临床有极大的指导意义和实用价值。经典医案的阅读不仅提高了我们的业务水平，且带给我们一种极大的享受。

（2）从本案自始至终都用了五苓散及五皮饮加减治疗可以看出，五苓散、五皮饮是治疗水肿的基础方。两方通阳化气，利水退肿，使水湿从小便而去，类似西医的利尿剂，但初治疗效并不理想，说明利尿治水肿仅治其标，并未从本图治。患儿脉浮紧、苔白腻说明在外风寒未解是其标，在内阳虚水停是其本，故二诊加麻黄宣肺散寒、提壶揭盖，三诊加附子温补肾阳，益火之源，上下内外合治而愈。水为至阴，得阳始运，得温则化，正如张景岳曰："温补即所以化气，气化而愈者，愈出自然；消伐即所以逐邪，逐邪而暂愈者，愈出勉强。"

（3）小儿急性肾炎、肾病综合征之水肿可参照本案治疗。

五、《施今墨对药临床经验集》

施今墨，浙江萧山人，原名毓黔，字奖生。我国近代著名中医临床家、教育家、改革家，为20世纪50年代北京四大名医之一，原中华医学会副会长、北京医院中医顾问。施老素主张中西医结合，毕生致力于中医革新，为中医事业做出了突出贡献，病重时还一再叮嘱："我虽今后不能再看病，而我的这些经验，对人民是有用的，一定要整理出来，让它继续为人民服务。"

施老临证精于辨证，善于用药，处方时常常双药并书，寓意两药之配伍作用，是为对药。对药又称药对，临床中用相互依赖、相互促进、相互制约以增强疗效的两味中药组方治病。从文字记载来看，药对始见于《黄帝内经》的半夏秫米汤用以治疗胃不和则卧不安；后世考证专著有《雷公药对》《徐之才雷公药对》《新广药对》，但均已失传。

祝谌予教授曾经讲授过施老运用药对的经验，并将其整理成册。后施老、祝老的学生吕景山教授潜心研究，重新整理，加以注释，著成《施今墨对药临床经验集》。盛老拜读此书后，深感此书在临床使用颇为方便，诚如中医老前辈叶橘泉教授的评价："《施今墨对药临床经验集》是一本饶有兴味和实有意义的学习资料，对于后学来说可以作为学习中医和方剂的桥梁。"现将其在儿童哮喘急性发作期的药对应用体会总结于此。

哮喘是小儿常见的呼吸道疾病，其发病率及病死率有逐年上升的趋势。由于其反复发作，可使气道上皮损伤，造成不可逆的气道狭窄，长期困扰患儿，严重影响患儿的生长发育及心身健康。中医学将哮喘归为"哮病"范畴，认为小儿哮喘多因宿痰内伏，屡感外邪，引动伏饮，以致痰气交阻，壅塞气道，肺失宣降，喘促痰鸣，发为哮喘。故中医治疗时需恢复肺之宣发肃降功能。施老对药常将宣降蕴含其中，常用对药如下。

1. 麻黄对杏仁

其宣降合度，畅通肺气。麻黄味辛性温，长于升散；杏仁味苦，性温，长于降气。麻黄以宣肺定喘为主，杏仁以降气止咳为要，两药互用，一宣一降，宣降合度，肺气通畅，平喘止咳效彰。临床有"麻黄以杏仁为臂助"之说。

麻黄、杏仁伍用，出自《太平惠民和剂局方》之三拗汤，实则脱胎于张仲景所著《伤寒论》之麻黄汤，两者互用，宣肺止咳平喘力彰。儿科治疗哮喘多用清炙麻黄或蜜炙麻黄，凡小儿哮喘发作期，无论寒热，麻黄、杏仁是必用之品，通过配伍加减，剂量增减实施治疗。

2. 前胡对白前

其宣中有降，化痰降气。前胡味苦辛，性微寒，宣散风热，下气化痰；白前味甘辛，性微温，清肃肺气，降气化痰。前胡重在宣肺，白前重在降气，二药互用，一宣一降，肺之清肃功能恢复，则痰可去，咳可宁。其主要用于哮喘咳嗽较剧，有痰不出者，无论初起，还是患病日久，咳嗽频繁，咳痰不爽是辨证要点。临床称之为治咳之黄金搭档。已故北京名医岳美中老师也常用此对药治咳。

3. 蝉蜕对僵蚕

其升阳发散，透邪外出；轻浮而升，轻可去实。蝉蜕体轻气薄，性微凉，善解风热之邪。僵蚕味辛苦气薄，轻浮而升，阳中之阳，故能散风除湿，清热解郁；且僵蚕有化顽痰之功，对于哮喘内有壅塞之气，膈有胶固之痰者，切中其病机。两者配伍，气味俱薄，浮而升，可发散诸热，拔邪外出。咳喘痰鸣，扁桃体红肿，舌红苔腻是辨证要点。

蝉蜕配僵蚕出自杨栗山所著《伤寒瘟疫条辨》之升降散。该方取僵蚕、蝉蜕升阳中之清阳，姜黄、大黄降阴中之浊阴，一升一降，内外通和而杂气之流毒顿消。临床年长儿反复发作之哮喘，日久气血痰瘀互滞，大便不通者，盛老常配伍用之，不治喘而喘自平。此外，对反复扁桃体炎或扁桃体化脓者，用蝉蜕配僵蚕也有效。

施老精通《黄帝内经》《神农本草经》之医理药性，善用《伤寒论》《金匮要略》之经方，熟读《温病条辨》及历代名家著述，其创制的药对很多源于经方和成方。药对、经方、成方是先贤给我们留下的宝贵遗产，作为后学更要须从临床实践中深入体会，才能灵活掌握，从而提高疗效。

（王其莉 整理）

第三章

声 名 鹊 起

第一节　医德医术铸声名

一、仁心仁术

"无恒德者，不可以作医"，高尚的道德品质是为医的必要前提。所谓"心术不正，医术难精"，一位名医之所以受到众人尊敬，不仅仅源于精湛的医术，更重要的是高尚的医德。《大学》中言："修身在于正其身。"一个人，立身正，方可为君子；一个医者，立身正，方可为良医，立身不正却手握药石反贻毒社会。盛老常常对学生们强调为医首先要懂一个"正"字。

盛老行医50余年，在儿科病的诊治方面颇有心得，尤于儿童肾病、紫癜等方面甚有成效，久负盛名。省内外大批患儿家长慕名而来，排队数小时，只为寻一丝治愈的希望。盛老常说，医者需常怀慈悲之心，因此，面对苦苦求医的家长们，她总是耐心询问病史，因为找到她医治的往往是已辗转多处求治未愈反复发作的疑难患儿，病历资料"丰厚"，诊治一位每每耗时良久，有时耗时1小时只能完整诊治1~2位患儿，原定诊治30位患儿尚且难在中午前诊完，加之许多家长挂不到号只能苦求加号，盛老不忍外地远道而来的病家白跑一趟，往往同意加号，因此一上午的门诊常常顺延至一天，上午坐诊4小时，匆匆吃完午饭便又投入新一轮的诊治中。盛老年届七旬仍如此，她这种仁爱之心也深深感动着病家及学生们。

盛老高尚的医德还体现在她不厌其烦地反复纠正患儿家长的错误认知。她时常见到面黄形瘦的孩子由家长们带着前来求诊，问有何不适，答曰食欲不振，夜卧不宁，二便不调，发育迟滞，又问出生时体重多少，是否足月，答均无异常，再问平日喂养如何，则多有宠溺爱护，劝饮劝食行为。小儿五脏六腑，成而未全，全而未壮，这么一通填鸭式的喂食，可不是日久成积？每逢此时，盛老多唯有叹息：本一健康小儿，被家长们盲目喂养，发育情况反落后于同龄人，当务之急是消食化积，根本解决方案是改变喂养方式。家长总有辩解：孩子面黄肌瘦，不是进食不足么？怎能反其道而行之，劝其少食？有的甚至还开始"讨价还价"：米饭不多吃，多吃菜可以么？肉不多吃营养不够，听说海参、甲鱼营养价值高，可以吃么？对于这种"冥顽不灵"的家长，盛老只能劝了再劝，甚至强硬要求，力求纠正其错误的认知。

一个人的医德医风，正是在这些点滴小事中体现的。

二、精深医术

盛老踏足教学、临床已有 50 余年，诊治小儿不知凡几。

史堪曾在《史载之方》中感叹为医之难："受病有浅深，使药有重轻，度其浅深，分毫之不可差，明其轻重，锱铢之不可偏，浅深轻重之间，医者之精粗，病者之性命，差之毫厘，失之千里，得失之间，死生性命之所系，医之道，不得不为之难也。"这也是广大医者共同的感叹。

"医学贵精，不精则害人匪细。"盛老于 1993 年起任浙江中医药大学中医儿科教研室主任，热爱教育事业，尽职尽力给本科生及研究生上课，将中医儿科学打造成省级及全国精品课程。1998 年起任浙江省中医院儿科主任及教研室主任，努力学习和汲取西医理论及诊疗手段并为中医所用，主张中医辨证与西医辨病相结合，宏观与微观相结合，整体与局部相结合，经验用药与现代药理学相结合。如在治疗儿童慢性咳嗽、紫癜性肾炎、频复发的肾病综合征等疾病均以上述思想为指导，使中西医优势互补，扬长避短，获得临床疗效的不断提升。

盛老意识到中医药治疗不能仅仅限于口服，为了进一步发挥中医药作用，她挖掘古代文献，结合多年临床经验，于 1987 年在浙江省中医院儿科率先开展儿童冬病夏治穴位贴敷疗法，逐渐推广至全省。至今浙江省中医院儿科已服务了数十万的患儿，形成了该院的特色品牌，扩大了中医药的影响。后遇到流行性感冒、手足口病流行时，盛老提倡香薰疗法，精心研制了中药防感驱蚊方，做成香囊，可佩戴于身上，或放置于家中，目前作为协定方在浙江省中医院药房运用至今 20 余年。

因师承马莲湘、詹起荪两位名医，加之自身在这一领域特意勤加研习，盛老对于肾病综合征的诊治可谓经验丰富。特别是对小儿频复发肾病综合征、激素依赖性肾病综合征、紫癜性肾炎等严重影响小儿身心健康的疾病，进行了深入研究。然而即使已经诊治过数以千计的肾病综合征患儿，每次接诊此病患儿，她也不敢掉以轻心。

　　肾病综合征按照西医的疗法进行规范的糖皮质激素（以下简称激素）治疗后病情大多可以控制，但是大多患儿均易复发，仅有相当少数患儿一次发病后不再复发。许多患儿在激素治疗的过程中由于处于免疫抑制状态极易发生呼吸道感染，而呼吸道感染又会使肾病反复，使一个疗程的治疗前功尽弃，这种情况在年幼儿、单纯型肾病的患儿中尤为多见。另一种常见情况是激素依赖，每当激素减至一定量时总会不可避免地出现病情反复，而长期使用激素又会引起小儿生长发育、免疫功能、能量代谢甚至精神情感方面的问题，就此陷入两难境地。

　　从中医角度看，小儿肾病综合征存在本虚标实的病理特点，肺、脾、肾三脏虚损，久之则生水湿、瘀血等病理产物，成虚实夹杂之候，每遇外感则病情反复，久之迁延不愈，则复伤正气，病程短则 2～3 年，长则 7～8 年，家长往往难以接受，思想达崩溃边缘。

　　对于病情反复不愈的肾病综合征患儿，盛老在尊重西医正规方案治疗的基础上，结合中医分阶段序贯辨证论治，常常能取得满意的效果。她在辨证论治的基础上随证加减用药，在减轻激素副作用、降低复发率、提高缓解率等方面效果卓著；同时帮助病人调整其生长发育状态，并监测身高、骨龄等情况。盛老经过数十年临证，已治愈了数以百计的肾病患儿，并得到了西医同行专家的认可和病人家长的信任。

　　临床实际面对的问题多种多样，盛老不拘古泥古，以自身临床用药体会为基础，融合古方精要，参考先师用药经验，积极探寻更加切合临床需求的方剂。

　　在从医 50 年间，盛老坚持践行其座右铭——"读书与临证，温故而知新，继承和发扬"，陆陆续续创制了三拗三子汤、疏宣七味汤、治咳六味汤、升降散结汤、退热五味汤、冬令扶正膏、固元汤、止泻汤、疏肝理脾汤、消食化痰汤等经验方，门下弟子随师学习后多以之为基础方，随证加减化裁应用于临床，屡有效验。

　　盛老的仁心仁术、精湛医术，使得各种各样的病人纷至沓来。同时她也得到了当地政府及领导的肯定，1998 年，被浙江省人民政府授予"浙江省名中医"称号；2000 年，被浙江省卫生厅授予"浙江省中医药先进工作者"称号；2002 年，获联邦医学教育奖。

第二节　精研学术著文章

临床与教学之余，盛老积极进行学术方面的探索研究，陆续作为第一作者发表了一系列学术论文。这些学术论文中一部分是在多年跟师经历中思考、总结、提炼的先师学术思想。如总结詹老学术思想的《詹起荪教授学术思想述要》；反映詹老对特定疾病诊疗经验的《詹起荪治疗复发性过敏性紫癜经验》《詹起荪副教授治疗婴幼儿惊泻的经验（附 46 例临床资料分析）》；总结詹老特殊用药经验的《蝉蜕与天虫在儿科临床的应用——詹起荪老师用药经验》；也有特殊病例的报道如《詹起荪治反复呕吐 6 年 1 例》。在跟随马莲湘老中医临证的过程中，她总结其经验，发表了《马莲湘儿科临床基本方选》《马莲湘老师治疗小儿支气管哮喘经验》《马莲湘教授治疗百日咳痉咳期经验》。这些文章将先辈口传心授的宝贵经验述诸笔端，使其得以更好地留存，供同道参考。

另一部分是归纳总结她在长期临床实践中积淀的学术思想阐述其疾病辨证论治思路的文章，如《从"治未病"理论探讨儿童哮喘的防治思路》《小儿 IgA 肾病的中医治疗探讨》《小儿长期低热辨证论治》《小儿慢性咳嗽常见病证及中医辨治》《小儿低热综合征的中医治疗》《小儿血尿的诊断和中医治疗》《无皮肤紫癜的腹型过敏性紫癜一例诊治回顾与启迪》《小儿感冒的特点和治疗》《小儿汗证论治》《小儿哮喘缓解期中医病机重新认识和治疗》《升阳益胃汤治疗小儿迁延性肾炎临床观察》《泻肺镇咳治汤疗百日咳》等。

执教多年，盛老依托丰富的教学经验写下《中医儿科学推进素质教育的教学实践》一文，探究教学方法的创新与改革方向。她的《"小儿四诊概要"多媒体教案》获 2001 年度优秀中医药网络课程与多媒体 CAI 课件评比优秀奖；2001 年 11 月，她完成了《小儿原发性肾病综合征的诊断和治疗》视听教材，由中华医学音像出版社出版，2004 年该教材获全国中医药教育技术协会第三届学术年会优秀电视教材二等奖。

同时撰写了《小儿体质中医现代研究进展》《中医药防治小儿肾病复发的研究概况》《儿科综合征的诊断及中医治疗概要》等综述性文章，收录于学术会议论文集中。

欧阳修说："立身以立学为先，立学以读书为本。"学术理念的形成，立于前人医作的庞大基石上，阅读典籍不能走马观花，通过整理读书笔记，深入思考后，盛老写下了《叶桂〈幼科要略〉述评》《"稚阴稚阳"和"纯阳"理论对儿科学的指导意义》等文章，阐发读书感悟。

"夫有医术，有医道，术可暂行一世，道则流芳千古！"她常以此言提醒自己医术尚可精进，医道尚未成形，万万不可懈怠，因此她年逾七十，仍勤于临床，不辍学术。

医德、医术乃从医之要，学术研究则使医者思维见地不断拓展更新，三者兼备，终可成一代名医。

第三节　师承指导造福祉

为继承整理老中医药专家的学术经验和技术专长，培养造就高层次中医临床人才和中药技术人才，人力资源和社会保障部、国务院学位委员会、教育部、卫生部、国家中医药管理局等多部委联合开展了全国老中医药专家学术经验继承工作。

这项工作经过漫长的筹备，首先在全国范围内遴选一批有丰富、独到学术经验和技术专长的老中医药专家为指导老师，选配具有相当专业理论和一定实践经验的中青年业务骨干为他们的继承人，采取师承方式进行培养。

这项工作自20世纪90年代开展至今已有20余年，共评定六批全国老中医药专家学术经验继承工作指导老师，这些指导老师共培养了数百名名老中医学术继承人。这在中医药教育发展史上具有重要意义，是中医师承教育与专业学位教育相结合的高层次人才培养模式的尝试，是我国中医药高层次人才培养方式的重大创新。这项学术继承工作对指导老师及学员都有相当高的要求。

2011年，盛老被确定为第五批全国老中医药专家学术经验继承工作指导老师，倾力培养学术经验继承人。

学术经验继承人承担着传承名老中医学术思想的重大任务，要求年龄必须在45岁以下，身体健康，以保证足够的精力与灵活的头脑完成继承工作教学计划与任务；学历要求大学本科及以上，需在综合性医院担任中级专业技术职务满2年且从事中医药专业工作达到一定年限；同时爱岗敬业、品学兼优、思想端正等个人品质亦必不可少。继承人遴选需遵循严格的流程，必须经本人申请、导师同意、单位推荐、资格审核、相关考核，方可择优录取。经过层层筛选，当时浙江省立同德医院的王海云与杭州市第一人民医院的傅大治最终入选，开始为期3年的跟师学习和临床实践。他们需要掌握、继承老中医药专家的学术思想、临床经验和技术专长，并在此基础上有所创新。

2012～2015年这3年间，继承人他们每周跟师学习；在门诊与病房独立临床实践；以自学研修与集中授课相结合的方式进行理论学习；每月记录学习心得及整理临床经验；总结指导老师的临床医案；精读《黄帝内经》《伤寒论》《金匮要略》及温病学著作等中医经典，并研究学习儿科经典；发表继承、总结指导老师学术思想和技术专长的论文……为学术经验的继承与发扬倾注了精力与心力。

而指导老师在这3年里亦面临挑战。指导老师需保证每周至少有1.5个工作日的临床或实际操作带教，并对继承人撰写的跟师笔记、学习心得、临床医案总结进行批阅。盛老秉持严谨的工作态度，对待两人的"作业"从不敷衍，无论多忙，也一定会挤出时间，细细阅读每一个字，尤其阅读医案记录时，对于方义分析部分格外重视。她常说，跟师学习记下每一张方子没有什么意义，因为方子可以随具体患者、具体病证不同而千变万化，学去了方子不会正确使用，临床水平是毫无长进的，唯有真正理解了辨证、处方、用药的大体思路，面对患者时才能有方可用，正确用方，达到预期的效果。

由此，师生相得，三年下来，积累了大量临床医案、跟师笔记、读书感悟、学习心得，并发表了《盛丽先运用半夏厚朴汤治疗儿童喉源性咳嗽经验》《盛丽先和法治疗儿科病证验案举隅》《盛丽先教授临床应用养阴清肺汤举隅》《盛丽先治疗儿童慢性咳嗽临床经验》等多篇学术论文，并申报了"名老中医盛丽先儿童喉源性咳嗽辨治经验研究"这一省级中医药管理局课题，对儿童喉源性咳嗽这一优势病种进行深入研究，整理挖掘其学术经验形成系统完整的诊疗方案。最终两人通过重重考核，成功结业，临床与学术水平得到同行和患者认可，用更加精湛的医术造福更多的患者。

传承二字，寓意师者传授经验，从学者承其教诲，传统中医尤其注重这一点，讲究从师学习，"从"字不仅仅指从其经验、治法，亦要从其道德素养，从其学习态度，从其为人处世的智慧。在先师马老、詹老的熏陶下，盛老建立了自己的学术体系，她的传承者则将这一脉思想薪火相传。

47

第四节　倾心建设工作室

2010年，浙江省中医药管理局为促进中医药继承、创新与发展，吸取全国各地工作经验后决定建设浙江省名中医工作室，为此特地申请中央财政拨款，并联合省、市及单位财政，完善相关配套设施建设，支持和鼓励名中医工作室建设。

"中医药学术的传承基地，服务病人的临床阵地，中医人才的培养摇篮"，这是浙江省中医药管理局对名中医工作室的定位，要求其必须立足临床，着眼传承，培养中医人才。

2012年，盛丽先名老中医专家传承工作室，由浙江省中医药管理局批准成立。

工作室成立后，在硬件设施上，得以依托浙江省中医院的基础设施，建立了名老中医临床经验示教诊室和资料室，为教学活动和文字、影像资料的存放提供了固定场所，并获得一定专项拨款作为活动经费。中医师承教育终于摆脱了"游击战"的窘境。

在软件建设上，每一位承担教学任务的名中医指导老师配备了专业团队，团队成员由同领域青年医师组成，分工明确，权责清晰，他们承担了工作室大多数繁杂的日常运营工作，为指导老师的教学工作免去后顾之忧。

工作室团队以留存、传承、发扬盛丽先教授临床精华为己任，组建形成了一支老中青三代结合、中西医专业交融的学术传承团队，积极开展理论和实践工作。对于经验的传承，工作室有其科学严谨的工作思路。从临床跟师中收集不同病种诊治个例，由个性到共性，归纳出相关疾病的诊疗方案，再从这些诊治方案中挖掘相关学术观点，最终由点到面，从零散的学术观点上升到系统的学术思想，再由学术专著广而告知，真正实现学术的传承，而非经验的传承。这是第一步，即从临床到理论。同时年轻一辈的中医继承人在名老中医临床经验传承基础上，开展临床研究评价疗效，运用现代技术对中医内涵作出全新阐释，从而实现学术的创新。

下一步是从理论回归临床。医学区别于其他学科的特点之一，是其明确的目的性。每一项医学研究的最终目的都是服务于临床。中医学术研究成果对于临床最直接的贡献是总结了一大批凝聚名中医学术思想精华的特效经验方。张仲景、孙思邈、钱乙等大家名方之所以被称为方剂，是因为每一张方子并非单纯由药物堆砌而成，而是有理、法、方、药的支撑，这四点正是医家学术思想的具体体现，否则一张方子只能称药单而不能成方剂，这也正是一位成功的本草学家并不一定能成为一位伟大的医学家的原因。

为了获得更大范围的影响力，将其学术思想推向更广阔的天地，盛丽先名老中医专家传承工作室团队一直积极寻求更多的支持。由于一直以来工作扎实、内涵突出、模式创新、成效显著，2014年，国家中医药管理局批准成立盛丽先全国名老中医药专家传承工作室（以下简称工作室）。在国家相关政策支持下，工作室得以有更多机会促进中医儿科的发展及学术传承推广。

工作室以"读书与临证，温故而知新，继承和发扬"为座右铭，形成老中青医师相结合、中西医相结合、院内外医师相结合的学术继承团队，开展经典学习、专题讲座、临证带教、医理切磋、病例剖析等一系列学术活动。经过3年余建设，工作室收集盛老书稿、手稿、教案、讲稿、文稿等共60余部；收集并整理建设期内跟师笔记200余则，医案、临证心得体会等150余篇；整理具有学术思想特色的经验方21首；总结形成具有诊疗优势特色的儿科病种诊疗方案5个（具体为肾病综合征、紫癜性肾炎、哮喘、慢性咳嗽、急性上呼吸道感染）；撰写具有诊疗优势特色的研究报告2份。建设期内工作室成员主持研究的各级各类课题8项，发表学术经验传承相关论文共17篇，均为核心期刊，完成网站建设，定期上传工作室动态；编写相关著作2部。2017年，工作室在其建设基础上将盛老近50年的学习实践中医的心得、启迪、感悟整理成册，名为《盛丽先儿科临证经验选》，为中医儿科传承工作努力贡献。

学术推广与交流活动在工作室的组织下有声有色地开展着。秉持"开放共享"的原则，工作室将名老中医典型医案、影像资料和相关传承成果等经数字化后定期上传至名中医研究院网站，实现资源共享，从而使更多基层中医师可以接触到前辈的思想精华，对提升基层医疗水平起到了应有的作用，辐射带动了周边一批基层单位的中医学习热情。同时也通过举办继续教育培训班等活动将名中医实用经验和技能推广工作提上了一个新的台阶。

第五节 蔗境弥甘未曾闲

盛老行医、从教50余年，兢兢业业，不辞劳苦，诊治过的患儿、教导过的中医学子不计其数，为祖国的医学事业付出了大半生的心血。

如今已至古稀之年，凭着尚算得上硬朗的身体，盛老退休后仍被返聘于浙江省中医院，在老单位里继续开展临床、教学工作。她仍坚持每周出门诊，准时参加医院、科室组织的教学活动，积极参与学术交流。

自其工作室成立后，更是给她增添了许多工作，并不比年轻时兼任教学与临床工作轻松，但她却乐在其中，在她看来，孩子们就像初升的朝阳，欣欣向荣，只是有时难免会被疾病的阴云笼罩，她很乐意当那阵暖风，吹散乌云，托起朝阳，这让她感觉到人生价值的无限扩展。她十分乐意看到学生请教专业问题，对于不确定的方面从不会仅凭过去经验妄下定论，而是或查找专业书籍，或搜索文献，再结合临床体会给出详细答案，以免解释得不够准确、全面，误导了他人。

尽管年事已高，但她从没有"夕阳无限好，只是近黄昏"的感慨，反而更愿意抓紧分秒，贡献自己的力量。盛老认为，有感慨时光匆匆的闲暇，不如再整理一篇笔记来得有意义。盛老从来不因年岁增长而陷入怠惰之中，仍时常阅读治疗指南，学习最新的研究成果，不因退休而停止自己在学术上的探索，而是不断更新自己的知识库。近年她参加了浙江省老年大学的汉语拼音、手机、电脑班学习，学会了用智能手机上的软件搜索、阅读文献，并且细心收集临床遇到的新特殊案例，整理成详实的医案记录，这项工作不是为了自己，更多的是想给后人留下更多学习资料，以供参考。

只是有一点令她颇感遗憾，那就是记忆力不如年轻时了，曾经熟背的《伤寒论》条文、汤头歌诀之类不能不假思索脱口而出了，对此，她甚感苦恼，因而另给自己增加了一项重新研读古籍的任务。她常说，学中医不背条文，不记方歌，那处方用药时难免脑内空空，不知所措。唯有足量的阅读与背诵，使知识在脑海中烙下深刻记忆，临证时方可有方可用，有药可下。她认为脱离了经典的中医就像失去了地基的房屋，固然拔地而起十分迅速，但经不起任何考验，没等地震台风袭来，就自行坍塌了。因此她十分重视对中医基础的学习，也要求学生们必须打好基础。当学生们真正走上临床了，或许不会感谢她的严厉教诲，但是他们若能在诊治过程中得心应手，不致茫然无措，就不枉她的一番教导了。

（朱秋萍　整理）

第四章

高 超 医 术

第一节 中西融通攻顽疾

盛老传承和发扬了恩师马莲湘的学术思想，在临床诊治工作中，主张中医辨证与西医辨病相结合，经验用药与现代药理学相结合。尤其在诊治疑难危重病时，更重视辨证辨病的结合。辨证是通过外部现象而寻求其内在本质，是对疾病进行动态观察；而辨病则是对疾病进行静态的鉴别。证是治疗疾病的主要依据，理法方药基本上是以证为基础的。但一味强调证而不辨病是不全面的，中医虽有同病异治、异病同治，以证为主的特点，但这种共性是有一定局限性的。只有证与病相结合，才能全面反映疾病的规律。盛老认为中医、西医各有所长，应扬长避短，优势互补。强调辨证与辨病相结合，绝非是抛弃中医理论，抛开辨证论治而按照西医的诊断去应用中药，而是在中医辨证基础上，借助西医的理化检查等诊疗技术为我所用，以把握辨证论治、遣方用药的尺度，是当代攻克疑难重症的思路之一。并且对于某些疾病，中西医结合治疗能相互协同，增强疗效，减少副作用。因此盛老常常努力学习和吸取相关的西医理论及诊疗技术并为中医所用。

一、难治性肾病、狼疮性肾炎

儿童难治性肾病是指激素依赖、激素耐药及频繁复发的原发性肾病综合征。现代医学治疗难治性肾病、狼疮性肾炎，主要运用激素和免疫抑制剂，激素和免疫抑制剂的长期使用有时会产生胃肠功能紊乱、免疫功能抑制继发感染等。而感染又会使病情复发或加重，形成恶性循环。因此盛老在诊治这类疾病时常采用中西医结合治疗。通过辨证与辨病相结合，在疾病治疗的不同时期加以辨证论治，常常能取得更好的临床疗效，并能减少激素及免疫抑制剂的用量和副作用，提高机体抵抗力，预防感染，降低疾病复发率，达到事半功倍的效果。

医案 1　张某，男，1 岁 7 个月，体重 12kg，2018 年 2 月 13 日初诊。因确诊肾病综合征 8 个月余，复发 2 次就诊。

患儿 8 个月余前因尿检异常前往当地省儿童医院就诊，经生化、24 小时尿蛋白定量等检查确诊为肾病综合征，予静脉滴注人血白蛋白 10g，呋塞米联合螺内酯利尿消肿，甲泼尼龙 1.5mg/kg，每日 1 次静脉滴注抑制免疫治疗 1 周，病情好转，复查尿蛋白（－），病情控制出院。出院时激素改为甲泼尼龙片 16mg，每日 1 次口服，后逐渐减量。减量期间因呼吸道感染复发 2 次，激素又重新加量治疗。患儿 3 日前受风寒后出现咳嗽咳痰，不甚，流浊涕，无发热，无鼻塞，纳佳，小便量可，大便偏干，每日 1 次，夜寐不宁，咽稍红，扁桃体 I° 肿大，舌偏红，苔薄黄，指纹淡紫，查尿蛋白（＋）。此时口服甲泼尼龙片 14mg，每日 1 次。西医诊断：肾病综合征；急性上呼吸道感染。中医诊断：阴水（气阴两虚型）；感冒（外感风寒）。治拟疏宣固表，滋阴降火。

处方：黄芪 6g，防风 3g，炒白术 6g，生地 6g，丹皮 6g，丹参 6g，玉米须 15g，白茅根 15g，泽泻 6g，茯苓 6g，绞股蓝 10g，浙贝 6g，桔梗 3g，甘草 3g。7 剂，每日 1 剂，水煎服，分 2 次服用。

二诊：2018 年 2 月 20 日。患儿外感症状解除，尿蛋白转阴，胃纳可，大便一日一行，舌红，苔薄黄，指纹淡紫。治以益气养阴。

处方：黄芪 6g，防风 3g，炒白术 6g，生地 6g，丹皮 6g，丹参 6g，玉米须 15g，白茅根 15g，泽泻 6g，茯苓 6g，山药 6g，萸肉 6g。7 剂，每日 1 剂，水煎服，分 2 次服用。

按语　患儿初诊有外感症状，不甚，虚实夹杂，故拟玉屏风散祛风固表，患儿纳佳，舌红，大便干，此为内火旺盛，兼顾滋阴降火。患儿二诊外感症状解除，尿蛋白转阴，拟玉屏风散益气固表，以防外感；又以六味地黄丸滋阴降火。此患儿此后 6 个月，每周来门诊复诊，盛老根据患儿病情，加以中医辨证，调整药方，其间无复发，继续跟踪观察。

医案 2　黄某，男，5 岁，2015 年 7 月 28 日初诊。因肾病综合征 2 年余，频繁复发就诊。

患儿于 2013 年 6 月确诊为肾病综合征，经激素治疗后缓解，但病情频繁反复，于 2015 年 7 月来诊，激素按疗程计划服用，当时每日口服泼尼松 17.5mg，尿检蛋白阴性。无浮肿、少尿，夜寐汗多，舌偏暗，苔腻，脉细滑。西医诊断：肾病综合征。中医诊断：阴水（肺肾虚弱，湿浊瘀阻）。治拟益肺健脾，补肾活血。

处方：生黄芪 9g，炒白术 6g，防风 3g，太子参 9g，茯苓 9g，陈皮 6g，炙甘草 6g，怀山药 9g，生地 9g，五味子 6g，萸肉 9g，丹参 9g。

服药 1 个月后病情稳定，无反复，激素按疗程计划减量。上方加减治疗 15 个月余，停用激素，治疗过程中未出现反复，后单纯运用中药治疗，防止复发。

按语 肾病综合征之患儿常肺脾肾三脏功能虚弱，气化失常，精微外泄，水液停聚。本方以六君子汤益气健脾燥湿，恢复脾之运化；以玉屏风散补肺固表，恢复肺之治节；以生地、五味子、萸肉、丹参固肾活血化瘀，恢复肾之气化，肺脾肾三脏同调，从瘀论治，综合治疗，使机体气、血、精、津液各行其道，各守其职，扶正以达邪。

医案 3 陈某，女，9 岁 5 个月，体重 33kg，2016 年 10 月 20 日初诊。因确诊系统性红斑狼疮、狼疮性肾炎 3 个月就诊。

患儿 3 个月前因发热、血三系减少、尿检异常[蛋白尿(+++)，红细胞(++)]在当地省儿童医院住院诊治，经血生化、抗核抗体、肾活检、骨髓检查等确诊为系统性红斑狼疮、狼疮性肾炎（肾活检病理类型为Ⅲb），即予大剂量激素[泼尼松 2mg/（kg·d）]口服、环磷酰胺（CTX）静脉滴注冲击治疗[8～12mg/（kg·d），每 2 周连用 2 天]及对症治疗，患儿病情渐好转。1 个月后泼尼松改为 2mg/kg，隔日一次治疗，后逐渐减量。来诊时泼尼松用量为 40mg，隔日一次，CTX 已冲击治疗 3 次。近 4 日患儿出现阵发性咳嗽，有痰不易咳出，稍有鼻塞，无发热、气急，胃纳一般，大便偏干，一日一次，尿量正常。查体：库欣貌，精神可，气平，咽部充血，双侧扁桃体Ⅱ°肿大，无分泌物，两肺呼吸音粗，未闻及干湿啰音，心腹无殊，舌红苔白稍腻，脉浮弦滑。查尿常规示尿蛋白（+），红细胞（++），潜血（++）；血常规、血生化无明显异常。西医诊断：狼疮性肾炎；急性支气管炎。中医诊断：尿浊；咳嗽（风热犯肺）。治拟疏宣清降，顺气化痰为先。

处方：浙贝母 10g，苦杏仁 9g，桔梗 6g，甘草 6g，蝉蜕 6g，前胡 9g，桑白皮 9g，黄芩 9g，姜半夏 9g，玉米须 30g，白茅根 30g。颗粒剂 7 剂，每日 1 剂，分 2 次开水冲服。

二诊：患儿咳嗽愈，胃纳增，大便偏干，满月脸，舌尖红，苔薄白，脉弦。查尿常规示尿蛋白（±），红细胞（+），潜血（++）。治拟益气养阴兼化瘀。

处方：黄芪 12g，防风 6g，炒白术 9g，生地 10g，丹皮 9g，丹参 9g，玉米须 30g，白茅根 30g，泽泻 9g，黄柏 6g，山药 9g，萸肉 9g，知母 9g。颗粒剂 14 剂，每日 1 剂，分 2 次开水冲服。

三诊：患儿病情稳定，胃纳、大便正常，尿量正常，无泡沫。舌红，苔薄白，脉弦。查尿常规示尿蛋白（-），红细胞（+），潜血（++）。以上方加减治疗 2 周。

四诊：患儿病情稳定，激素逐渐减量，CTX 按计划冲击治疗。胃纳、大便正常，尿量正常。舌淡红，苔薄白，脉滑。查尿常规示尿蛋白（-），红细胞（+），潜血（++）。治拟健脾升清，补土伏火，佐以活血止血。

处方：黄芪 12g，炒白术 9g，防风 6g，茯苓 9g，甘草 6g，太子参 10g，黄柏 6g，砂仁 5g，当归 6g，丹参 9g，玉米须 30g，白茅根 30g，小蓟 9g，山药 9g。颗粒剂 14 剂，每日 1 剂，分 2 次开水冲服。

此后患儿定期来复诊，按上方加减巩固治疗约半年，病情稳定，无呼吸道感染发生，完成 CTX 冲击治疗 7 疗程，激素按计划减量，维持治疗。复查尿常规、血生化、血常规等均正常，抗核抗体转阴。

按语 患儿为狼疮性肾炎，病情较重，在激素和免疫抑制剂治疗过程中，继发呼吸道感染，致病情反复不愈，转来联合中医治疗。初诊有外感症状，咳嗽咳痰，咽部红肿，舌红，属风热犯肺，故拟治咳六味汤加减以清宣化痰。二诊患儿外感症状解除，纳佳，满月脸，舌红，大便干，此为大剂量激素所致的阴虚阳亢，以知柏地黄汤滋阴降火，合玉屏风散益气固表，以防外感。最后以固元汤健脾升清，补土伏火，佐以活血化瘀药，使病情缓解后稳定未复发。

二、重症过敏性紫癜

儿童过敏性紫癜（HSP）目前尚无按程度分类标准，有专家认为 HSP 患儿如出现影响脏器功能或危及生命的临床症状和体征，则属于重症 HSP，主要包括：①严重关节型紫癜伴皮肤紫癜溃疡；②腹型紫癜伴消化道大出血、肠穿孔等；③重症过敏性紫癜肾炎（HSPN），包括肾病综合征、新月体肾炎、急进性肾炎。盛老在诊治重症过敏性紫癜时均采用中西医结合治疗，临床疗效更好。

过敏性紫癜是出血性皮疹，属于中医"肌衄""斑疹"范畴。肌衄之名首见于明代戴思恭的《证治要诀》，是指血从毛孔而出，又称汗血。斑疹之名出于宋代许叔微的《伤寒九十论》，指热病过程中发于肌肤的片状或点状样斑片或疹子。本病急性期以阳证、热证、实证为多，病机以热迫血行为主。多数患儿素体脾胃、胃肠湿热蕴络，因外感风热、热毒等病邪而诱发。盛老认为阳、热、实总是以宣透邪毒为第一要务，兼以或继之清热解毒，清利湿热，凉血活血，疏通气机等法。如升麻葛根汤以清透为主；化斑汤、犀角地黄汤、清瘟败毒散等以清热解毒凉血为主；四逆散、逍遥散等以疏理肝脾为主；三仁汤、平胃散、甘露消毒丹等以芳化清利燥湿为主；腹型者白芍配甘草酸甘化阴、缓急止痛，痛甚酌加元胡、木香、乌药等理气止痛。

医案 任某，男，7 岁 9 个月，因反复腹痛、便血伴皮疹 3 周于 2015 年 9 月 10 日初诊。

患儿 3 周前无明显诱因下出现腹痛，以脐周痛为主，呈持续性隐痛伴阵发性加剧，伴呕吐 2～3 次，非喷射性，吐出胃内容物，无咖啡色样物，腹泻 2 次，大便呈糊状，有少许黏液，予口服抗生素等治疗 2 日无好转。腹痛加剧，腹泻次数增多，日解 3～4 次，呈黏液血便，无发热，偶有咳嗽，少量清涕，查便常规示红细胞（+++），潜血（+++），白细胞 3～5 个/HP；血常规示白细胞 $12.1×10^9$/L，中性粒细胞百分率 65.3%，血红蛋白 125g/L，血小板 $203×10^9$/L；C 反应蛋白 12.5mg/L。遂于 2015 年 8 月 21 日因"腹痛伴呕吐、腹泻 2 日"，门诊拟"急性胃肠炎"收入院。入院查体：体温 37.0℃，脉搏 88 次/分，呼吸 20 次/分，血压 96/65mmHg，体重 34.7kg。神清，精神弱，呼吸平稳，浅表淋巴结无明显肿大，皮肤黏膜稍干燥，未见出血点及皮疹，双眼睑无浮肿，结膜无充血，咽部无明显充血，心肺听诊无殊，腹软，未及包块，脐周压痛明显，麦氏点无压痛，无反跳痛及肌紧张，肝脾未及肿大，双下肢无浮肿，无皮疹，各关节无红肿、压痛，神经系统无阳性体征。入院后予头孢曲松抗感染、奥美拉唑抑酸等治疗 3 日，患儿病情无好转，腹痛仍剧烈，大便呈血水样，量较多。复查便常规示红细胞（+++），潜血（+++），白细胞 2～3 个。考虑患儿为消化道出血、过敏性紫癜可能，建议做胃镜检查，家长拒绝。当日下午查体发现患儿下肢足背及耳郭处有散在数个红色细小出血点。初步诊断为过敏性紫癜、消化道出血，即予甲泼尼龙 40mg，每 12 小时一次静脉滴注抗感染治疗，次日患儿病情好转，3 日后甲泼尼龙改为

浙江中医临床名家·盛丽先

30mg，每 12 小时一次静脉滴注治疗 2 日，后改甲泼尼龙为 20mg，每 12 小时一次静脉滴注治疗 2 日，患儿病情控制，腹痛消失，便常规检查正常，家长要求出院。出院后予甲泼尼龙片 16mg，每日 2 次口服治疗，3 日后家长自行停药。停药后四五日患儿又出现腹痛，渐加剧，并出现血便，再入院予激素静脉滴注治疗，剂量同前，患儿病情好转。为防病情再反复，于 2015 年 9 月 10 日请盛老会诊，加服中药治疗。

初诊：患儿腹痛好转，大便日解 1～2 次，糊状，查便常规示潜血（++），双下肢足背及手背处有散在新发细小皮疹，色鲜红，无关节肿痛，进食流质，舌淡红，苔白腻，脉滑数。治拟疏肝透疹，凉血止血，以升麻葛根汤合四逆散加味治疗。

处方：升麻 6g，葛根 30g，白芍 15g，炙甘草 6g，柴胡 6g，枳壳 6g，仙鹤草 10g，旱莲草 10g，桔梗 6g，炒米仁 30g，紫草 10g，淡竹叶 10g。5 剂，水煎服，每日 1 剂，分 2 次服用。

二诊：患儿时有腹痛，不剧，以隐痛为主，无呕吐，无黑粪，四肢少量新发鲜红色细小皮疹，晨起偶有单声咳嗽，无发热，胃纳佳，大小便无殊，舌红，苔白，脉滑数。治拟温中补虚，合里缓急，佐以清宣化痰，以小建中汤加味。

处方：桂枝 6g，白芍 15g，炙甘草 6g，红枣 15g，炮姜炭 6g，仙鹤草 10g，桔梗 6g，浙贝 10g，苦杏仁 9g，荆芥炭 10g，炒米仁 30g，白茅根 15g。7 剂，水煎服，每日 1 剂，分 2 次服用。

三诊：患儿病情稳定，无腹痛、呕吐、黑粪，无新发皮疹。激素减量口服治疗，总疗程 2 周后停药。复查便常规正常。血生化、血常规、尿常规均无殊。胃纳佳，舌淡红苔白腻，脉细弦。治拟疏肝理脾。

处方：柴胡 9g，白芍 15g，炙甘草 6g，枳壳 6g，姜半夏 9g，茯苓 9g，陈皮 6g，砂仁（后下）6g，香附 9g，徐长卿 12g，炒山楂 12g。14 剂，水煎服，每日 1 剂，分 2 次服用。

患儿病情稳定，再以上方加减治疗半个月停药观察。

按语 该患儿无外感起因，以腹痛、消化道出血为首发症状。可能素体胃肠蕴热，邪毒伏于阳明，郁蒸肌肤，迫血妄行而发紫癜；灼伤胃肠脉络而便血，气机遏郁，肝脾失和，滞而不通，不通则痛而腹痛。中医辨证为肺胃有热，热灼血络。故拟升麻葛根汤辛凉透疹，清泻肺胃之热；四逆散透邪解郁，疏肝理气止痛；并佐以仙鹤草、旱莲草、紫草活血凉血止血；淡竹叶清利湿热，枳壳配伍桔梗一升一降，宣畅气机，达邪外出。二诊时患儿有外感症状，故

浙江中医临床名家·盛丽先

治拟温中补虚，合里缓急，佐以清宣化痰。三诊外感已除，以疏肝理脾为主，巩固疗效。随访至今，患儿病情无复发。

三、特发性肺含铁血黄素沉着症

特发性肺含铁血黄素沉着症（IPH）是一种少见的，以肺泡毛细血管反复出血、肺间质含铁血黄素沉着为显著特点的疾病，多发生于儿童，以反复咳嗽、咯血、呼吸困难和缺铁性贫血为主要临床表现。胸部 X 线片的典型表现是两肺中、下肺野弥漫性分布边缘不清的斑点状阴影。本病病程长，反复发作，后期多伴肺间质纤维化，预后大多不良，可因肺部大出血或呼吸衰竭而死亡。本病病因不明，可能和免疫功能障碍、肺泡上皮细胞发育不全和功能异常、牛奶蛋白过敏、接触有机磷杀虫剂、遗传因素有关。目前无特效治疗方法，因多数学者认为本病为自身免疫性疾病，故急性期治疗措施主要为激素和免疫抑制药的应用；慢性期主要为去铁疗法，用铁络合剂去除沉积在肺内的铁，以阻止肺间质纤维化的发展，但因铁络合剂有明显毒性作用未推广应用。若有显著贫血者，可给予铁剂治疗，以纠正贫血，改善乏力等症状。近来研究表明长期接受小剂量激素及免疫抑制剂的正规治疗者，约 86% 可获至少 5 年的生存期。目前中医中药虽不能治愈该病，但在改善临床症状和提高患儿生存质量中能起到有效的作用。盛老在治疗本病时，亦采用辨证与辨病相结合的诊疗思路。

医案 陈某，男，9 岁，因反复咳嗽、咯血 1 年半，加剧伴面色苍白、乏力半个月收住入院。

患儿 1 年半前因外感后出现咳嗽，呈阵发性，渐加剧，有脓痰，痰中带血，稍有气促，伴低热，无寒战，无腹痛腹泻，无吐咖啡色样物，无黑粪，遂至当地医院就诊，诊断为"支气管炎"，予以抗感染等治疗 1 周，患儿病情无好转，并出现面色苍白，后转至当地省儿童医院住院诊治，经肺部 CT、血常规、生化及痰找含铁血黄素细胞等检查，确诊为特发性肺含铁血黄素沉着症。即予大剂量激素治疗 2 周，病情好转，激素逐渐减量，维持治疗 8 个月余，患儿病情尚稳定。后家长自行停药。此后患儿因外感后咳嗽反复不愈，咳痰，痰中带血，无气促，经抗感染等治疗 4 ~ 5 日后病情稍好转。半个月前患儿外感后出现咳嗽增多，咳痰，咯血，伴面色苍白、乏力，至当地医院抗感染治疗，症状未缓解，咳嗽较剧，咯血量较多，稍有气急，伴发热，体温为

38.5℃左右，无胸闷胸痛，后至本科门诊就诊，查血常规示血红蛋白32g/L，遂以"特发性肺含铁血黄素沉着症、重度贫血"收治入院。入院后即予输注浓缩红细胞2U，予头孢噻肟钠静脉滴注抗感染，予甲泼尼龙1.5mg/kg，每12小时一次静脉滴注抑制免疫治疗等，患儿病情渐好转。1周后激素改口服治疗，即泼尼松1.5mg/（kg·d），分3次口服，患儿病情好转，但咳嗽仍有，呈阵发性，不剧，咳痰量少，痰中时有少量血丝，无发热，无气急。随后请盛老看诊，予加服中药治疗。

中医四诊：患儿，男，9岁，反复咳嗽、咯血1年半，加剧伴面色苍白、乏力半个月入院，经输注红细胞、激素等治疗病情好转。患儿目前咳嗽痰少，痰中带血丝，血色鲜红，无发热，无喘息，面色欠红润，胃纳一般，大便偏干，舌尖红，苔白腻，脉细数。

辨证分析：患儿反复肺泡毛细血管出血1年半，常因感受外邪后诱发加重，日渐肺津不足，肾阴亏损，以致虚火内生，灼伤肺络，血溢脉外，阻滞气机，肺失肃降，则咳嗽咳痰，痰中带血；阴津亏虚，肠道失于濡润，故大便干燥；外邪犯肺，则咳痰咳血加重；舌尖红、苔白腻为肺有燥热，痰湿内恋之象；脉细数为阴虚内热之症。

中医诊断：咯血（阴虚火旺，痰湿内恋）。

治法：清肺养阴，燥湿化痰为先。

处方：南沙参10g，北沙参10g，浙贝10g，杏仁10g，天花粉10g，黄柏6g，砂仁6g，甘草6g，制半夏10g，百合10g，麦冬10g，五味子6g，山楂10g。14剂。

二诊：患儿咳嗽减少，咳白色痰，仍有血丝，大便偏干，胃纳欠振，唇红，舌红苔薄，脉细弦。拟清润养阴，佐以活血止血。

处方：北沙参10g，玄参10g，生地10g，麦冬10g，甘草3g，山药10g，紫菀9g，百合10g，山楂10g，火麻仁10g，枳壳6g，三七粉（另吞）3g。14剂。

三诊：患儿病情好转，激素逐渐减量治疗。患儿偶有咳嗽，咳痰少，无明显血丝，大便转润，苔薄腻，脉细弦。拟清润养阴化痰。

处方：南沙参10g，北沙参10g，麦冬10g，浙贝10g，甘草6g，当归10g，黄柏6g，山药10g，紫菀9g，制半夏10g，百合10g，五味子6g，三七粉（另吞）3g。14剂。

后多次复诊：患儿不咳，面色欠华，大便偏干，纳平，舌淡红，苔薄中剥，脉细弦。拟养阴润肺，补血活血。

处方：北沙参 10g，生地 10g，玄参 10g，麦冬 10g，百合 10g，甘草 3g，仙鹤草 15g，当归 10g，知母 9g，五味子 3g，三七粉（另吞）3g。

按语 中医无"特发性肺含铁血黄素沉着症"病名，无咳血、无外感时，中医按内伤咳嗽辨治；痰中带血、咳血时按咯血辨治；因外感而咳嗽加剧则按外感咳嗽辨治。

从此患儿病情分析，其病机可能为肾阴不足，阴虚火旺，灼伤肺金而咯血，正如《景岳全书》曰："水亏则火盛，火盛则刑金，金病则肺燥，肺燥则络伤而嗽血。"患儿经激素治疗后咯血渐止，但咳嗽咳痰仍有，此时中医可按内伤咳嗽辨治，兼见大便干燥，舌红苔腻，辨证为阴虚夹痰湿。故初诊以养阴清肺燥湿化痰为主，咳嗽好转，重在养阴润肺，以增液汤、沙参麦冬汤、养阴清肺汤等加减补肾水、润肺金，酌加仙鹤草、三七粉、当归等补血活血止血，中医辨治可改善患儿整体体质，以冀达到缓解病情的目的。

四、儿童反复睑腺炎

睑腺炎是眼睑腺的急性化脓性炎症，俗称"麦粒肿""偷针眼"。本病是由葡萄球菌感染所致，表现为眼睑皮肤局部红、肿、热，可触及硬结及压痛。严重者球结膜面充血，并有脓点、发热。脓点形成者，西医多手术治疗，切开排脓，因其容易反复发作，患儿痛苦不堪。盛老认为，足太阳膀胱经起于目内眦，足阳明胃经旁行入目内眦与足太阳经相交，故本病与足太阳膀胱经和足阳明胃经有关。睑腺炎患儿多素有郁热积滞，外感风寒后，寒邪束表，积热不得外发，循经上达眼睑，而致睑腺炎，治宜葛根汤加减。

张仲景创葛根汤、桂枝加葛根汤同治项背强几几，然葛根汤以发汗为主，治疗无汗恶风之表实证；桂枝加葛根汤以解肌为主，治疗汗出恶风之表虚证。盛老临床常用葛根汤治疗普通感冒、肠胃型感冒、流行性感冒、鼻炎、哮喘、小儿抽动症、多发性疖病、荨麻疹及眼科睑腺炎、睑板腺囊肿等疾病，凡病机为风寒未尽，经气阻滞者，均可用本方加减。

医案 赵某，男，3岁5个月，反复睑腺炎8个月，2018年3月12日初诊。

患儿近8个月来反复睑腺炎，曾于多家医院眼科进行多次手术治疗。近1周又发作，出现左侧上眼睑红肿触痛，伴低热，体温38.0℃左右，无咳嗽，稍流清涕，咽稍红，口臭，纳欠振，便干，苔白腻，脉浮弦。证属风寒外束、食积内蕴，治拟疏风散寒，消积运滞。

处方：葛根 10g，麻黄 3g，桂枝 6g，白芍 6g，红枣 10g，甘草 6g，桔梗 6g，姜半夏 6g，生麦芽 10g，生山楂 10g，莱菔子 6g，决明子 9g。颗粒剂 5 剂。

二诊：服 5 剂后，热退，眼睑硬结红肿明显减轻，上方去麻黄，加炒白术。继服 7 剂后诸症愈。随访半年，睑腺炎未再反复。

按语 患儿外有风寒外来，内有食积内蕴，郁而化热，以葛根汤解表散寒，热郁发之，从表达邪，酌加消积运滞之品，表里同治。药证相应，病去不再复发。

五、儿童慢性鼻－鼻窦炎

鼻－鼻窦炎泛指变应性因素、非变应性因素或感染性因素等引起的鼻腔和鼻窦黏膜的炎症。因鼻窦炎常与鼻炎并发，故现并称为鼻－鼻窦炎。本病诊断主要依据病史和检查，即出现 2 个以上主要症状，同时有至少 1 个鼻内镜检查体征或 CT 影像学特征。其主要症状包括鼻塞、（向前或向后）流涕、面部疼痛或发胀、嗅觉障碍；其中，鼻塞或流涕 2 个症状中必须有 1 个。临床症状超过 12 周的称为慢性鼻－鼻窦炎。西医治疗以包括鼻腔冲洗在内的药物治疗为主，药物治疗无效者可考虑手术治疗。

祖国医学将本病纳于"鼻渊""脑漏""鼻鼽"范畴。中医治疗本病方法有内服外用之分，内服法包括辨证论治、分期论治、专方专治；外治法包括熏鼻法、滴鼻法、针灸治疗、穴位封闭等。盛老在总结前人研究基础上，结合临床经验，将本病分为三期，急性发作期以邪实为主，病机多属外邪犯肺，肺气壅滞，上逆鼻窍，常以苍耳子散为基本方，辨清表里寒热，酌情加减；反复发作期以正虚邪恋为主，治法以扶正祛邪并举，方选苍耳子散合玉屏风散、小柴胡汤加减，然病久必气血瘀滞，故常佐以行气活血药，如川芎、当归、角刺等；慢性缓解期以正虚为主，往往属于肺脾气虚，脾阳不足，常选玉屏风散、四君子汤、苓桂术甘汤、桂枝汤、补中益气汤、理中汤等方加减治疗，然日久及肾，可酌以温肾。另冬令值患儿病情稳定时，可以健脾益肺固肾为主要治则，选六君子汤、玉屏风散、桂枝汤、左归丸、右归丸等为主方制成膏方，固本培元，以防复发。

医案 张某，女，9 岁 8 个月，因反复鼻塞浊涕伴头痛半年余，加剧 1 周，于 2009 年 8 月 15 日初诊。

患儿于半年前感冒后出现鼻塞，流黄色脓性涕，伴头痛，查鼻窦 CT 示左上颌窦囊肿，右上颌窦正常，诊断为"鼻-鼻窦炎"，予糠酸莫米松鼻喷雾剂、生理海水鼻腔喷雾剂、阿莫西林克拉维酸钾片、香菊胶囊等治疗 2 周后上述症状减轻。但半年来每遇感冒又加重，予上述药物治疗可稍缓解。1 周前感冒后，患儿又出现鼻塞，鼻流浊涕，头痛影响学习，夜间张口呼吸，咽痛不适，纳寐可，二便调，咽红肿，舌红，苔薄腻，脉弦滑。中医辨证为邪壅肺系，治拟清宣鼻窍，化浊利咽。

处方：苍耳子 10g，辛夷 10g，白芷 10g，薄荷（后下）6g，川芎 9g，柴胡 9g，炒黄芩 9g，鱼腥草 30g，连翘 10g，牛蒡子 9g，浙贝 10g，蒲公英 30g，射干 6g，甘草 6g。7 剂。

二诊：鼻塞好转，浊涕转清，面白少华，咽红，舌淡红，苔薄白，脉细弦。证属肺脾气虚，余邪未尽，治拟益肺健脾，扶正祛邪。

处方：太子参 10g，茯苓 10g，炒白术 10g，生甘草 6g，桔梗 6g，柴胡 6g，黄芩 9g，姜半夏 9g，炒白芍 12g，蝉蜕 6g，僵蚕 6g，防风 6g，生黄芪 12g，大枣 15g。7 剂。

经以上治疗，患儿诸症好转，后遇感冒仍有发作，中医按"急则治其标"原则治疗好转后，后续继续益肺健脾助运，方拟玉屏风散、四君子汤、小柴胡汤加减善后，共治疗半个月停药。值冬令，予膏方一料，患儿体质明显好转，随访至今，感冒偶见，鼻-鼻窦炎未发，生长发育正常。

膏方举例：生黄芪 150g，青防风 60g，炒白术 150g，潞党参 150g，云茯苓 150g，炙甘草 60g，姜半夏 100g，广陈皮 60g，辛夷花 60g，香白芷 60g，生、熟地各 150g，阳春砂 60g，全当归 100g，炒麦芽 100g，怀山药 200g，枸杞子 200g，苍耳子 100g，石菖蒲 30g，炙川芎 30g，小红枣 200g，炒元胡 100g，川桂枝 60g，炒白芍 150g，陈阿胶（烊冲）250g，晶冰糖 250g，陈黄酒 250g。浓蒸取汁成膏。

按语 本案患儿因外邪侵袭而急性发作时当属实证，系表里同病，以热证、实邪为主，治当以疏通宣解为法，以苍耳子散为主方。二诊表邪虽去，但痰湿、痰浊未尽，而肺气脾气不足显现，系虚实夹杂，故治拟祛邪扶正同用，方选玉屏风散合小柴胡汤加减。治疗一段时间后适值冬令，抓住时机以膏方扶正固本，终获痊愈。

第二节　疏宣清肃治肺金

肺系病症是儿科临床常见病、多发病。《黄帝内经》认为肺为五脏之华盖，其位最高，外合皮毛，肺为娇脏，不耐寒热，又为清肃之脏，不容异物，故外感和内伤因素都易伤损肺脏而引起其病变。而小儿生理方面脏腑娇嫩，形气未充，发病容易，传变迅速，肺本为娇脏，难调而易伤。钱乙认为小儿肺常不足，故小儿肺系疾病较成人更加多发。盛老在儿科肺系疾病诊治方面具有独特见解。如其治疗营卫不调、肝脾不和、半表半里、寒热夹杂诸证时善用和法。反复呼吸道感染控制后或哮喘感染期常见营卫不和，盛老常以小柴胡汤合桂枝汤调和营卫；小儿感冒高热常见外寒里热之证，盛老常以柴葛解肌汤表里双解；感冒或外感初起时以疏宣七味汤温凉并用，祛邪外达。盛老在小儿肺系疾病诊治中尤善用风药，处方中用药轻灵活泼，是"轻可去实"理论在儿科临证中的具体应用。另一用药特点是强调辨证，擅长药对。

一、感冒

感冒是小儿最常见的肺系疾病，临床以发热、头痛、咳嗽、流涕、打喷嚏为主要特征。小儿感冒的特点是易夹痰、夹滞、夹惊；易表里同病，寒热夹杂；易虚实夹杂，迁延不愈。盛老认为，小儿脏腑娇嫩，腠理空虚，卫外机能不固，这是小儿易于感冒的主要内因；加上小儿生活不能自理，寒温不能自调，故而较成人更容易被外邪所侵。虽然受凉是小儿感冒的主要外因，但单纯的风寒感冒还是少见。因为小儿阳常有余的特点，风寒之邪极易化热，病初表现为鼻塞、流清涕、怕冷等症状，很快就会出现身热、咽痛、流浊涕的风热之症或病邪入里化热而兼见食积胃热、痰壅肺热、心肝风热等里热症状。故小儿感冒的病位在肺，但随着病情的进展，可以涉及肝脾。

治疗感冒以疏风解表为基本原则。临床上应区分本证和兼证，辨证论治。治疗主证时根据不同的证型相应治以辛温解表、辛凉解表、清暑化湿及清热解毒。治疗兼证时应在解表的基础上，分别佐以化痰、消积、平肝之法，其中兼有寒痰者宜温肺化痰，兼有热痰者宜清肺化痰。同时，因小儿为稚阴稚阳之体，过汗则耗伤津液，甚则损伤心阳，不利愈病，反致病深转重，故在解表之时发汗不宜太过。如体虚感冒者，可用扶正解表法治疗。

盛老常用疏宣七味汤（由桔梗、甘草、荆芥、防风、蝉蜕、僵蚕、薄荷组成）加减治疗感冒初起，不发热或轻微发热，稍有鼻塞、咽痒者。若咳嗽重酌加前胡、杏仁、浙贝；若咽痛咳者酌加射干、牛蒡子。盛老用退热五味汤（由柴胡、葛根、羌活、白芷、黄芩或三叶青组成）加减治疗表寒里热之感冒重症。若鼻塞清涕，咽不红舌不红表寒甚者，酌加荆芥、防风加强辛温解表之力；咽红肿痛，便干，舌红，酌加生石膏清解里热；伴有咳嗽酌加杏仁、浙贝、桔梗、甘草清宣降气化痰；若苔厚腻食积者酌加神曲、山楂等消食药。

盛老用葛根汤治疗普通感冒、胃肠型感冒及流行性感冒。普通感冒，除发热无汗、流清涕、打喷嚏、咳嗽外，辨证要点为苔薄白、舌不红、咽喉不红不痛。胃肠型感冒，中医辨证多系风寒夹湿或风寒夹热或夹滞，其辨证要点，除感冒症状外，以舌不红、苔白腻、大便稀溏为主。风寒夹湿可加藿香、苍术、茯苓；夹热可加黄芩、蝉蜕。流行性感冒，多表现为高热不退，恶寒明显，无汗，四肢酸痛，病机为风寒束表，重用葛根、麻黄、桂枝发表散寒，使邪从表解，汗出热退。

外感风寒，引发伏痰，风寒迫肺，肺寒气逆，宣降失司致哮喘发作，临床常见。盛老常用葛根汤加杏仁、厚朴、桔梗、枳壳治疗。杏仁、厚朴肃降肺气，桔梗、枳壳宣畅气机。若发热无汗用生麻黄，发热有汗，或不发热用炙麻黄。

医案 1 汤某，女，4 岁 11 个月，因流涕、咳嗽伴发热 2 日，于 2018 年 3 月 29 日就诊。

患儿 2 日前出现鼻塞，流清涕，咳嗽不甚，痰少，伴有发热，体温最高为 38.3℃左右，无畏寒、寒战，无抽搐，无气急，无恶心呕吐，胃纳差，大便偏干。患儿有过敏性鼻炎史，夜间时常打鼾。查体：精神可，气平，咽稍红，扁桃体Ⅱ°肿大，无分泌物，心肺听诊无殊，舌淡红，苔薄白，脉浮。中医诊断：感冒（外感风寒，肺卫失宣）。治以疏散外邪，宣畅肺气。

处方：荆芥 6g，防风 6g，桔梗 3g，甘草 3g，蝉蜕 6g，僵蚕 6g，薄荷（后下）6g，杏仁 9g，浙贝 9g。3 剂，水煎服，每日 1 剂，分 2 次服用。

复诊：患儿发热退，咳嗽减少，晨起及睡前咳嗽为主，少痰，鼻塞流涕，咽部稍红，扁桃体Ⅱ°肿大，胃纳增，二便正常，舌红，苔白，脉平。

处方：桔梗 3g，甘草 3g，蝉蜕 6g，僵蚕 6g，薄荷（后下）6g，杏仁 9g，浙贝 9g，辛夷 9g，白芷 9g，苍耳子 6g，山楂 9g，炒枳壳 6g。7 剂，水煎服，每日 1 剂，分 2 次服用。

按语　患儿鼻塞、流清涕、咳嗽，伴有发热，为外感风寒，寒邪束表，肺气不宣，治以疏宣清肺，方以疏宣七味汤加减。本方为在清代张宗良所著《喉科指掌》的六味汤的基础上加蝉蜕而成。荆芥、防风祛风疏散久恋之邪，桔梗、甘草宣肺祛痰利咽，僵蚕、薄荷祛风化痰散结，加蝉蜕，即蝉、僵配伍宣肺达邪以解表，泻热平肝以清里。全方辛温辛凉同用，使邪从表解，而诸症好转。患儿有过敏性鼻炎史，二诊用苍耳子散以宣通鼻窍。

　　医案 2　吴某，男，9 岁 3 个月，因发热伴咽痛 3 日，于 2018 年 10 月 2 日初诊。

　　患儿 3 日前无明显诱因出现发热，体温最高达 39.2℃，无寒战抽搐，伴咽痛，少咳，无鼻塞流涕。曾在外院就诊，拟诊为急性上呼吸道感染，予抗生素口服及退热等对症治疗，患儿病情无好转。进食少，小便量少，大便 2 日未解。今晨来本院门诊就诊。查体：一般情况尚可，气平，咽部充血明显，扁桃体Ⅱ°肿大，无分泌物，心肺听诊无殊，腹软，无压痛，肝脾未及肿大，无皮疹。舌红，苔黄腻，脉浮数。中医诊断：感冒（表寒里热）。治拟解肌清热。

　　处方：葛根 20g，柴胡 12g，黄芩 12g，桔梗 6g，甘草 6g，蝉蜕 6g，僵蚕 6g，金银花 10g，三叶青 5g，姜半夏 9g，野荞麦根 12g，枳壳 6g。4 剂，水煎服，每日 1 剂，分 2 次服用。

　　按语　患儿感受风寒外邪，因素有食积迅而入里化热，就诊时外感症状轻，内热重，故葛根合柴胡为君，解郁清热；未用羌活白芷，防温燥伤津；黄芩、三叶青、野荞麦根清内热；又加姜半夏，含小柴胡汤之意。患儿经治疗后热退未再继续用药。

　　医案 3　裘某，男，5 岁 3 个月，因发热 2 日，于 2018 年 1 月 19 日就诊。

　　患儿于 2 日前出现发热，体温最高达 39.8℃，无寒战抽搐，伴鼻塞、流清涕，偶咳，恶寒无汗，烦躁，周身不适，胃纳减，大便无殊。当地医院检测为甲型流感病毒阳性，因奥司他韦缺货，来求中药治疗。症见：鼻塞，流清涕，偶咳，恶寒无汗，烦躁，服布洛芬后少量汗出，体温略退，2 小时后体温复升，唇舌偏红，咽稍红，苔白腻，脉浮数紧。治拟疏宣清解。

　　处方：葛根 30g，柴胡 12g，黄芩 6g，生麻黄 5g，桂枝 9g，芍药 12g，红枣 10g，生甘草 6g，桔梗 6g，生姜 6g，白芷 9g，羌活 9g，杏仁 9g。2 剂。嘱患儿家长常规煎汁 400ml，1 ～ 2 小时服 100ml 左右。

　　患儿服第一剂第一汁后即出汗，体温有所下降，一剂四汁服完，体温降至 37.9℃；第二剂第一汁服后热退，未再复升。

按语 本案方选葛根汤，重用葛根，加柴胡、黄芩、白芷、羌活，含柴葛解肌汤意，解肌退热。全方辛温多于辛凉，解表重于清热。同时含桂枝汤既可发汗散寒，又不致大汗伤津。故 2 剂而愈。

二、乳蛾

乳蛾也是儿科常见的肺系疾病，一年四季都可发病，尤以冬春季节及季节转换时期为甚。临床以咽痛、喉核红肿，甚至溃烂化脓为主症。轻者可无全身症状，重者出现发热恶寒、头身疼痛、咳嗽等症。本病相当于西医学的急性扁桃体炎。外感六淫，或饮食失节，如炙煿厚味，是引起急性扁桃体炎或慢性扁桃体急性发作的主要原因。脏腑失调，如郁热内蕴，或气虚、阴亏，是容易感受外邪，导致急性病变，或邪毒久滞，病程久延难愈的内在因素。风热邪毒从口鼻入侵肺系，咽喉首当其冲；或风热外袭，肺气不宣，肺经风热循经上犯，结聚于咽喉，气血不畅，与邪毒互结喉核，发为乳蛾；上述症状反复发作，邪毒滞留，灼伤阴津，肺肾亏损，津液不足，不能上输滋养咽喉，阴虚内热，虚火上炎，与余邪互结喉核而为病。或肺脾气虚，卫表不固，疾病反复不愈。

盛老临床常用升降散结汤（由桔梗、甘草、蝉蜕、僵蚕、大黄、姜黄组成）加减治疗由外感风热、湿热邪毒引起的急性扁桃体炎或化脓性扁桃体炎。如表里俱热酌加焦山栀、淡豆豉、柴胡、黄芩；里热甚酌加石膏、银花；咽痛甚酌加射干、马勃；大便干结者用生大黄 3 ～ 6g，大便正常可用制大黄 3g，服药后大便偏溏去大黄酌加枳壳；表寒里热者合用退热五味汤。对于反复发生化脓性扁桃体炎的患儿，疾病缓解期宜用中药宣清、消积、运滞、和解，继以养阴利咽，可以延长缓解时间，减少发病次数，增强机体抵抗力，逐渐控制发作。

盛老亦常以甘露饮加减治疗阴虚湿热蕴结之小儿乳蛾、口腔炎、反复口腔溃疡等。甘露饮出自《太平惠民和剂局方·卷六》，由熟地黄、生地黄、麦冬、天冬、石斛、甘草、枳壳、枇杷叶、茵陈和黄芩组成，具有清热养阴、行气利湿的功用。

医案 1 陈某，女，6 岁，因反复化脓性扁桃体炎 8 个月余，于 2015 年 7 月 23 日初诊。

患儿 8 个月余来反复化脓性扁桃体炎，几乎每个月 1 次，每次均发高热，咽痛，无咳嗽，无鼻塞流涕，于当地医院静脉滴注抗生素后可缓解。1周前病情反复，使用头孢西丁静脉滴注治疗5日后好转，目前热退，仍咽痛，胃纳佳，大便干，1～2日一次。查体：咽部充血，双侧扁桃体Ⅱ°肿大，无分泌物，心肺听诊无殊，腹软，无压痛。舌红，苔薄黄，脉滑。目前血常规、尿常规检查均无殊。中医辨证为热攻咽喉，表里俱热，治拟清宣利咽。

处方：蝉蜕6g，僵蚕9g，姜黄6g，桔梗6g，三叶青9g，浙贝10g，柴胡6g，黄芩6g，丹皮9g，蒲公英15g，枳壳6g，甘草6g。颗粒剂7剂，每日1剂，分2次开水冲服。

7剂后患儿咽痛缓解，再以上方加减治疗1周。

按语 患儿反复化脓性扁桃体炎，分析其原因可能与患儿营养过剩有关，此类患儿多是素体蕴热，加之外感风热，而致表里同热，邪热上攻咽喉，而致扁桃体红肿，血腐肉烂，缓解期以清郁热为治疗重点。热邪易伤津，故治疗兼顾养阴，故选用升降散结汤为主方。

医案2 李某，男，6岁，因反复扁桃体发炎2年，再发1周，于2014年4月23日初诊。

患儿2年来扁桃体反复发炎，每1～2个月发作一次，表现为高热，体温达39℃以上，咽喉疼痛，偶咳，周围血象高，两侧扁桃体Ⅱ°～Ⅲ°肿大，可见数个白色脓点，每次都需要住院治疗，经静脉滴注抗生素后方可缓解。此次1周前又见上述症状，已住院治疗6日，刻下热已退2日，偶有咽喉部不适，胃纳欠振，大便2日一行，偏干，小便无殊，查体：一般情况可，咽红，左侧扁桃体Ⅱ°肿大，右侧扁桃体Ⅰ°肿大，未见明显分泌物，心肺听诊无殊，腹部及神经系统查体无殊。舌尖红，苔黄腻，脉细数。治拟养阴清热利咽。

处方：生地黄9g，麦冬6g，天冬6g，枳壳6g，枇杷叶6g，炒黄芩3g，生甘草6g，桔梗6g，浙贝10g，三叶青9g，蝉蜕6g，僵蚕6g，姜半夏9g。7剂。

二诊：患儿症状明显改善。治拟原法巩固，上方继服7剂，纳增便润，咽舒舌净。

按语 患儿反复扁桃体炎，几乎每个月1次，每次高热，血象偏高，静脉滴注抗生素后方可缓解，上述症状反复发作，邪毒滞留，湿热内生，阴液耗损，故拟甘露饮为主方，切合患儿阴虚湿热之病机。考虑到小儿脾常不足，熟地黄过于滋腻，故去之；茵陈口感过苦亦去之；加浙贝清热散结，桔梗利咽，蝉蜕、僵蚕疏风化痰，全方各逞其长，合而为用。

三、咳嗽

凡因感受外邪或脏腑功能失调，影响肺的正常宣肃功能，造成肺气上逆作咳，咳吐痰涎者，即称"咳嗽"。本证相当于西医学的气管炎、支气管炎。

《景岳全书·咳嗽》指出："咳嗽之要，只唯二证。何为二证，一曰外感，一曰内伤而尽之矣。"盛老认为小儿咳嗽以外感为多，感受风邪为主，风邪致病，首犯肺卫，若风夹寒邪，风寒束肺，则肺气失宣；若风夹热邪，风热犯肺，则肺失清肃。宣肺之法既能祛除外邪，又能恢复肺之清宣肃降功能，故为治疗外感咳嗽之大法。如外感咳嗽治疗不当，则演变成内伤咳嗽，致疾病迁延不愈，反复发作。如外感夹湿，湿邪困脾，久则脾虚而积湿生痰，转变成内伤之痰湿咳嗽；如外感夹燥，燥邪伤津，久则肺阴亏损，转变成内伤之阴虚肺燥咳嗽。故正确的辨证论治尤为重要。

医案1 张某，女，6岁，因咳嗽4日，于2013年9月21日初诊。

患儿4日前出现咳嗽，呈阵发性，以白天咳较甚，夜间不剧，无发热、气急，无鼻塞流涕，无咽痛，纳平，大便一日一行，偏干。查体：一般情况可，气平，咽红，心肺听诊无殊，舌红，苔薄，脉浮滑。中医诊断：咳嗽（风热夹燥）。治以清润化痰。

处方：桑叶10g，白菊花10g，桔梗6g，杏仁6g，浙贝10g，蝉蜕6g，生甘草6g，北沙参10g，麦冬10g，连翘10g，苇根15g。7剂，水煎服，每日1剂，分2次服用。

二诊：患儿咳未净，纳平，大便正常，鼻痒，舌淡红，苔薄，脉细滑。继以上方加减，7剂而愈。

按语 入秋后秋凉易感风燥之邪，患儿虽咳嗽未见鼻塞，也无清涕，而且咽红便干，为干咳之象，故治以清润祛风化痰，用桑菊饮、沙参麦冬汤加减。此案体现了中医诊治的季节性。

风温袭肺，肺失清肃，所以气逆而咳；受邪轻浅，所以身热不甚，口微渴。因此，治当以辛以散风，凉以清肺为法。本方用桑叶清透肺络之热，菊花清散上焦风热，并作君药。臣以辛凉之薄荷，助桑、菊散上焦风热，桔梗、杏仁，一升一降，解肌肃肺以止咳。连翘清透膈上之热，苇根清热生津止渴，用作佐药。甘草调和诸药，是作使药之用。诸药配合，共奏疏风清热、宣肺止咳之功。本方药轻力薄，若邪盛病重者，可仿原方加减法选药。

盛老治疗儿科疾病时，非常重视季节的重要性，必须要"和于阴阳，调于四时"，使人体生理节律彼此协调，并与外环境的节律同步。《素问·四气调神大论》指出："春三月……夜卧早起，广步于庭，被发缓形……。夏三月……夜卧早起，无厌于日，使志无怒……。秋三月……早卧早起，与鸡俱兴……。冬三月，早卧晚起，必待日光。"充分强调了中医预防、治疗疾病要应四时的重要性。现代医学研究也证实，人体内的生物钟与自然界的昼夜规律相符，按照体内生物钟的规律而作息，有利于机体的健康；一年四季具有春温、夏热、秋凉、冬寒的特点，生物体也相应具有春生、夏长、秋收、冬藏的变化。人体在四季气候条件下生活，也应顺应自然界的变化而适当调节自己的起居规律；故盛老常以桑杏汤、清燥救肺汤用于秋季小儿呼吸道疾病，充分体现了中医治病的特色。

医案 2 李某，女，8 岁，因咳嗽 20 余日，于 2015 年 11 月 18 日初诊。

患儿于 20 余日前出现咳嗽，呈阵发性，昼夜均咳，痰不易咳，无发热，鼻塞，流清涕，当地医院予口服抗生素及止咳药治疗后咳嗽好转，现咳嗽以白天为主，不剧，有痰，活动后易咳，无气喘，鼻塞，流浊涕，胃纳正常，多汗，大便调。既往有哮喘病史；曾患肺炎 2 次。尘螨过敏。查体：营养发育可，呼吸平稳，咽稍红，两肺呼吸音粗，未闻及啰音，心脏听诊无殊，腹软，无压痛，未及包块，舌淡红，苔薄白，脉滑。血常规及 C 反应蛋白正常。西医诊断：急性支气管炎。中医诊断：咳嗽（痰热蕴肺，营卫不和）。治拟调和营卫，清肃化痰。

处方：柴胡 6g，黄芩 6g，姜半夏 9g，桂枝 6g，炒白芍 9g，红枣 15g，甘草 6g，葶苈子 9g，桔梗 6g，辛夷 6g，白芷 9g。7 剂，水煎服，每日 1 剂，分 2 次服用。

复诊：患儿咳止，汗出减少，无鼻塞流涕，胃纳正常，大便调，舌淡红，苔薄，脉滑。治拟益气和营。

处方：桂枝 6g，白芍 9g，甘草 6g，红枣 15g，生黄芪 9g，防风 6g，炒白术 9g，桔梗 6g，干姜 6g，杏仁 9g。7 剂，水煎服，每日 1 剂，分 2 次服用。

按语 该患儿咳嗽 20 余日，白天及活动后咳，有痰，鼻塞流浊涕，多汗，咽红，舌淡红，苔薄白，脉滑，中医辨证为痰热未尽，营卫不和，故选用柴胡桂枝汤合葶苈大枣泻肺汤加减。方中柴胡桂枝汤调和营卫，因痰热未尽，故去太子参、生姜；葶苈大枣泻肺汤清肃化痰，桔梗宣肺，辛夷、白芷疏宣通窍。该方取得较好的临床疗效,复诊时诸症好转,以玉屏风散合桂枝汤益肺和营以调其本。本案自始至终以桂枝汤为主方。桂枝汤中5味药,4味是食药同物,酸甜微辣,口感也不错。

医案3 洪某,女,7岁,因咳嗽2个月余,于2013年10月12日初诊。患儿2个月余来咳嗽,干咳、清嗓子,咽痒,咽红,纳便可,舌淡红,苔薄,脉滑。查胸部X线片、血常规均无异常。曾服用多种抗生素(头孢类、阿奇霉素等)及感冒清热颗粒、川贝枇杷露等,效果不显。中医辨证为风邪恋肺,肺失宣肃。治拟疏宣肺气,化痰止咳,以止嗽散加减。

处方:桔梗6g,甘草6g,荆芥6g,防风6g,蝉蜕6g,炒白芍10g,炙紫菀10g,制半夏6g,蜜白前6g,浙贝10g,薄荷(后下)3g。7剂。

二诊:患儿咽不痒,基本不咳,症状明显改善。

按语 患儿干咳、清嗓子日久,咽痒而咳,舌淡红,苔薄,中医辨证为风邪恋肺,肺失宣肃,治拟疏风利咽,宣肃肺气,方拟止嗽散加减,以疏宣为要旨,全方疏宣清降,寒温并施,使久恋之邪表散,肺之宣降恢复正常,咽喉得以濡养而咳自止。因止嗽散药性辛平甘润,寒热备至,能疏风祛痰,散结利咽,故不论风寒、风热、风燥均可应用。盛老在运用中酌情加减,功效卓著。

止嗽散治疗外感咳嗽,经服解表宣肺药后而咳仍不止者。风邪犯肺,肺失清肃,虽经发散,因解表不彻而其邪未尽,故仍咽痒咳嗽,此时外邪十去八九,故微有恶风发热。治法理当化痰宣肺止咳,并佐以疏散之品,以驱邪外出。

四、哮喘

哮喘,即支气管哮喘,是儿童最常见的慢性呼吸道疾病。本病由多种细胞及细胞因子共同参与,导致呼吸道的慢性炎症,引起反复发作性喘息、气促、胸闷及咳嗽等症状,常常在夜间和(或)清晨发作或者加剧。呼吸道慢性炎症、呼吸道高反应和呼吸道重塑是其主要病理特征。

我国古代医籍中对本病记载颇多,其病因病机和症状表现最早见于《黄帝内经》,元代的朱丹溪在其《丹溪心法》中首创"哮喘"病名,并制定了一系列治疗原则。儿科书籍《幼科发挥》也记载了本病的临床特点。其发病病因分为内因和外因。内因在于儿童肺、脾、肾三脏功能不足,不能发挥其应有的机能，以致水液运行及代谢失常，痰浊内生，留伏于肺脏，为哮喘宿根。小儿肺脏娇嫩，脾常不足，肾常虚，代谢水液功能不成熟，易引起痰饮留伏停于肺脏。外因不外乎感受外邪、接触异物异味、饮食不节、嗜食咸酸等。

哮喘发作大多为内有痰饮留伏，外受非时之感。感受外邪多以六淫为主，六淫邪气又以风邪为多，所谓"风为百病之长"。风寒、风热之邪入肺经，肺失宣降，气机不利，引动内伏痰饮，痰气交阻于气道，相互搏击，气机升降失常，从而导致呼吸困难，气急喘促，喉间痰鸣发为哮喘。本病的基本病机正如《证治汇补·喘哮》中所概括："内有壅塞之气，外有非时之感，膈有胶固之痰，三者相合，闭拒气道，搏击有声，发为哮喘。"哮喘反复发作常导致肺脏气阴耗伤，脾脏气阳受损，肾脏阴阳亏虚。

小儿咳喘是儿科常见病、多发病，外邪客肺，影响肺的宣降，而上逆作咳是咳喘的共同病机，因此宣肺也就成为咳喘的基本治法，通过宣肺可以疏散外邪，消除病因，并可调理肺脏功能，使肺主宣发肃降的功能恢复正常而喘咳自除。

本病的治疗，需按急性发作期和慢性持续期分别辨证论治。以"急则治其标，缓则治其本"为基本治则。发作期以邪实为主，应当攻邪治标，分辨寒热随证施治；慢性持续期的病机不完全是虚证，多为虚实夹杂证。其虚主要是肺脾肾三脏气虚为主，临床又有肺脾气虚、肺肾阴虚、脾肾阳虚或三脏俱虚等不同证候，小儿以肺脾气虚为最多。邪实有痰浊、食积、瘀血，因人因时有不同之邪实，但痰是最根本的病邪。除痰外，小儿多夹食积；血瘀相对较少，反复日久，难治者才兼有瘀血。持续期之初邪实较多，日久正虚为主，正虚邪实贯穿于哮喘慢性持续期整个过程中。

三拗三子汤是盛老治疗小儿哮喘的经验方，由三拗汤加苏子、葶苈子、莱菔子组成（原三子养亲汤中白芥子易葶苈子），治疗外感风寒表邪未解，又入里化热而成寒热夹杂之哮喘，临床多见于急性支气管炎、支气管哮喘、支气管肺炎，通过辨证加减均有良好疗效。

医案 1 俞某，女，6 岁 5 个月，因咳嗽气喘 2 日，于 2016 年 11 月 5 日初诊。

患儿于 2 日前出现咳嗽，呈阵发性，昼夜均咳，痰少，伴气喘，无发绀，无犬吠样咳，鼻塞，流清涕，无发热，无呕吐腹泻，家长予服氨溴特罗口服溶液治疗，咳嗽气喘无好转。发病以来胃纳正常，大便干，1～2 日一次。既往有哮喘病史。查体：精神可，呼吸平稳，无鼻煽、发绀，咽充血，两肺呼吸音粗，可闻及粗湿啰音及哮鸣音，心脏听诊无殊，腹软无殊，舌淡红，苔薄白，脉浮滑。西医诊断：支气管哮喘（急性发作）。中医诊断：哮喘（寒热夹杂）。治拟疏风宣肺，清肃化痰。

处方：炙麻黄 6g，杏仁 9g，甘草 6g，炒苏子 9g，葶苈子 9g，莱菔子 9g，前胡 9g，桔梗 6g，浙贝 9g，蝉蜕 6g，白芷 9g，姜半夏 9g。7 剂，水煎服，每日 1 剂，分 2 次服用。

复诊：患儿气喘平，咳嗽明显减少，晨起咳嗽有痰，胃纳欠佳，大便调，舌淡红，苔薄腻，脉滑。治拟清肃健脾化痰。

处方：姜半夏 9g，茯苓 9g，陈皮 6g，甘草 6g，葶苈子 9g，款冬花 6g，桔梗 6g，浙贝 10g，杏仁 9g，桑白皮 9g，枳壳 6g，炒麦芽 10g。7 剂，水煎服，每日 1 剂，分 2 次服用。

三诊：患儿咳嗽已愈，胃纳正常，大便调，舌淡红，苔薄白，脉平。拟六君子汤加减以益气健脾。

按语 三拗汤采用连节麻黄、连皮杏仁、连梢甘草，因与常规炮制加工方法相拗，故名三拗汤。此方系由《伤寒论》麻黄汤去桂枝而成，因去辛温之桂枝，故发汗力不及麻黄汤，但长于开宣肺气、降逆平喘。本案因为外感风寒，故以三拗汤为主方，咽红、便干为内有热象，故加三子（苏子、葶苈子、莱菔子）、桑白皮等泻肺清热，合而为用，可使表解里清，喘嗽自平。

医案 2 姜某，男，5 岁 9 个月，反复咳嗽 1 个月余，加重 4 日，于 2018 年 10 月 9 日初诊。

患儿 1 个月余前出现反复咳嗽，呈阵发性，少痰，无明显气急、喘息，曾服孟鲁司特钠和止咳药，咳嗽时轻时重，反复不愈。4 日前受寒后咳嗽加重，呈阵发性连咳，干咳无痰，以夜间咳多，时有喘息，伴鼻塞、流浊涕、喷嚏，纳欠佳，夜寐不安，二便可。自服孟鲁司特钠等无好转。查体：精神可，气平，咽红，扁桃体 II° 肿大，无分泌物，两肺呼吸音粗，未闻及干湿啰音，心腹无殊。舌红，苔白腻，脉滑数。血常规、C 反应蛋白及胸部 X 线片均未见明显异常。既往有支气管哮喘、过敏性鼻炎史。西医诊断：支气管哮喘。中医诊断：哮喘（虚实夹杂）。治拟疏宣通窍，清肃化痰。

处方：炙麻黄 6g，苦杏仁 9g，生甘草 6g，桔梗 6g，枳壳 6g，浙贝母 10g，蝉蜕 6g，辛夷 9g，白芷 9g，苍耳子 9g，薄荷 6g，葶苈子 9g，桑白皮 10g。7 剂，每日 1 剂，水煎服。

二诊：患儿咳嗽明显减轻，伴少量咯痰，鼻塞流涕症状好转，胃纳欠佳，夜寐较前安稳，二便可。舌红，苔白腻，脉滑。治拟清肺化痰，调和营卫。

浙江中医临床名家·盛丽先

处方：黄芪10g，防风6g，炒白术10g，柴胡6g，姜半夏9g，太子参9g，桂枝6g，炒白芍9g，大枣10g，生甘草6g，浙贝9g，桔梗6g，炒谷芽12g。14剂，每日1剂，水煎服。

三诊：患儿偶咳，其余症状均好转，胃纳好转，夜寐安，二便可。舌红，苔薄白，脉平和。治拟补益肺脾。

处方：黄芪10g，防风6g，炒白术10g，太子参9g，茯苓6g，生甘草6g，姜半夏9g，陈皮6g，炒谷芽12g，广木香6g。14剂，每日1剂，水煎服。

按语 患儿既往支气管哮喘、过敏性鼻炎史，体质较弱，肺脾气虚，痰食互滞，咳嗽迁延不愈。后又外感寒邪，哮喘再发，属本虚标实，急则治其标，以解表祛邪为先，故初诊用三拗汤合苍耳子散加减治疗，以宣肺开闭，降逆止咳。二诊患儿症状减轻，但余邪仍未尽，故拟玉屏风散及柴胡桂枝汤加减，益气固表，调和营卫。三诊患儿表邪已去，此时当补益肺脾之气，重在治脾，故拟玉屏风散合六君子汤加减，益气健脾兼化痰食。经治疗后，患儿哮喘未再发。

五、肺炎喘嗽

肺炎喘嗽是小儿时期常见的肺系疾病之一，以发热、咳嗽、痰壅、气急、鼻煽为主要症状，重者涕泪俱闭、面色苍白发绀。

肺为娇脏，性喜清肃，外合皮毛，开窍于鼻。感受风邪，其首先侵犯肺卫，致肺气郁闭，清肃之令不行，而出现发热、咳嗽、痰壅、气促、鼻煽等症。痰热是其病理产物，常见痰热胶结，阻塞肺络，亦有痰湿阻肺者，肺闭可加重痰阻，痰阻又进一步加重肺闭，形成宣肃不行，病情加重。肺主治节，肺气郁闭，气滞血瘀，心血运行不畅，可致心失所养，心气不足，心阳虚衰的危重变证。亦可因邪热炽盛化火，内陷厥阴，出现高热动风证候。若影响脾胃升降，浊气停聚，大肠之气不行，可出现腹胀、便秘等腑实证候。

重症肺炎或素体虚弱之患儿，患病之后常迁延不愈，难以恢复，如体禀营虚卫弱者，可致长期不规则发热，或寒热往来，自汗；体禀阴液不足者，可形成发热以夜间为甚，手足心灼热，盗汗，夜寐不宁等症。

医案1 谈某，男，3岁2个月，因咳嗽半月余，于2017年12月26日初诊。

患儿半月余前无明显诱因出现咳嗽,呈阵发性,昼夜均咳,痰少,渐加剧,无气喘、发绀,无犬吠样咳,无鼻塞清涕,伴发热,体温为38.5℃左右,无寒战抽搐,当地医院诊断为肺炎,予静脉滴注头孢西丁等治疗1周,发热退,咳嗽减少,但至今未净,有痰,胃纳欠佳,时呕吐胃内容物,大便易溏,日解2~3次,大便时无哭吵。既往史、过敏史均无殊。查体:营养发育可,精神可,呼吸平稳,无鼻煽发绀,咽稍充血,两肺呼吸音粗,可闻及痰鸣音,心脏听诊无殊,腹软无殊,舌淡红,苔薄腻,指纹淡紫。辅助检查:血常规无殊,C反应蛋白正常,当地医院胸部X线片示支气管肺炎。西医诊断:急性支气管肺炎。中医诊断:肺炎喘嗽(脾虚痰湿)。治拟益肺健脾化痰。

处方:姜半夏6g,茯苓6g,陈皮6g,生甘草3g,煨葛根6g,藿香6g,煨木香6g,桔梗3g,桂枝3g,炒白术6g,炮姜2g,太子参6g。颗粒剂7剂,每日1剂,分2次开水冲服。

复诊:患儿咳嗽明显减少,晨起偶咳,有痰,胃纳增加,大便调,舌淡红,苔薄白,指纹淡紫。拟益肺健脾化痰。

处方:姜半夏6g,茯苓6g,陈皮6g,生甘草3g,炒白术6g,太子参6g,黄芪9g,防风3g,杏仁6g,山药6g。颗粒剂7剂,每日1剂,分2次开水冲服。服药7剂后病愈。

按语 该案例患儿为肺炎恢复期,咳嗽半月余,痰多,纳呆便溏,舌淡苔腻,辨证为脾虚痰湿,从脾胃论治,治其本,而不用解表之药,故用益肺健脾、温运化痰法,以七味白术散和苓桂术甘汤加味,取得较好疗效。

《素问·咳论》曰:"五脏六腑皆令人咳,非独肺也。"这是对咳嗽病机的高度概括。"肺为贮痰之器,脾为生痰之源……因痰致咳者,痰为重,主治在脾;因咳动痰者,咳为重,主治在肺。"即使是其他脏腑所致的咳嗽,其痰浊的化除及脏腑功能的调理,亦赖脾胃之气的健运。因此,对于各种咳嗽的治疗,除了注意治肺外,还应注意治脾胃。

本案充分体现了中医辨证论治之特色,不能因肺炎或听诊呼吸音粗或啰音未吸收而一味"消炎"、清热止咳等。辨证为脾虚痰湿之咳嗽,当从脾治,从湿治,其病在肺而其本在脾。临床对素体脾虚患儿或使用抗生素后易腹泻的患儿,在治疗咳嗽时均要注意健脾、护脾、运脾、温脾。

医案2 陈某,女,7岁,因咳嗽1个月余,于2015年8月11日初诊。

患儿于1个月余前出现咳嗽,渐加剧,呈阵发性,少痰,伴发热,体温为39℃左右,无气急,稍有鼻塞流涕。予口服头孢克肟等治疗3日无好转。

查胸部 X 线片示右肺下叶片状影，住院诊断为支原体肺炎，予静脉滴注阿奇霉素等治疗 1 周出院，出院后口服阿奇霉素 2 个疗程，仍咳嗽，单声咳，痰少，白天为主，胃纳正常，大便偏干。咽稍充血，舌红，苔少，脉细滑。中医辨证为阴虚咳嗽。治以养阴清肺。

处方：生地 9g，麦冬 9g，玄参 6g，浙贝 9g，桔梗 6g，甘草 6g，丹皮 9g，白芍 12g，北沙参 9g，竹沥半夏 9g，杏仁 9g。7 剂。

患儿服 7 剂后咳止，大便转润。

按语 患儿平素大便偏干，属阴虚体质，此次支原体肺炎后，高热伤津，致肺阴不足，故咳嗽迁延，辨证为阴虚咳嗽，治以养阴清肺，选用养阴清肺汤加减。加北沙参润肺去燥，竹沥半夏清肺化痰，桔梗引药上行，配杏仁助肺升降，气顺咳止。

生地、玄参、麦冬的配伍出自《温病条辨》的增液汤，盛老将此对药用于阴虚型的咽痛咽干，或阴虚咳嗽（如养阴清肺汤）或口干口渴等肺胃阴虚表现的患儿。也经常与桔梗甘草联合配对应用于咽喉肿痛者，往往能收到很好的疗效。

医案 3 季某，男，13 个月，因咳嗽伴喘息半月余，于 2017 年 12 月 26 日初诊。

患儿半月余前出现咳嗽，呈阵发性，昼夜均咳，痰少，伴气喘，流清涕，初有低热，无呕吐腹泻，在当地医院就诊，诊断为呼吸道合胞病毒肺炎，先后予静脉滴注头孢呋辛、甲泼尼龙、阿奇霉素及雾化吸入 10 日余，仍咳嗽未净，喉中痰鸣，时有喘息，鼻塞流清涕，胃纳欠振，大便溏，日多次。既往有湿疹史。查体：营养发育可，精神可，前囟平，呼吸平稳，咽稍充血，两肺呼吸音粗，可闻及痰鸣音及少许哮鸣音，心脏听诊无殊，腹软无殊，舌淡红，苔白腻，指纹淡紫。辅助检查：血常规无殊；胸部 X 线片示两肺纹理增多。西医诊断：呼吸道合胞病毒肺炎。中医诊断：肺炎喘嗽（痰湿闭肺）。治拟宣肺开闭，燥湿化痰。

处方：炙麻黄 3g，杏仁 6g，甘草 3g，桂枝 3g，姜半夏 6g，茯苓 6g，陈皮 6g，炒白术 6g，桔梗 3g，干姜 3g。颗粒剂 7 剂。

复诊：偶咳嗽，喉间痰鸣，无喘息，流涕减，胃纳正常，大便溏，日解 1～2 次，舌淡红，苔薄白，指纹淡紫。治拟健脾温化。

处方：姜半夏 6g，茯苓 6g，陈皮 6g，炒白术 6g，桔梗 3g，甘草 3g，桂枝 3g，干姜 3g，太子参 6g。服 7 剂后痊愈。

按语 该患儿素体脾虚，健运不力，湿困于脾，静脉滴注抗生素 10 日，更易伤脾。感外邪后肺失宣发，不能敷布津液，津停而为痰，痰湿互结，阻于气道，致肺气郁闭，失其宣肃之职，故咳嗽气喘，喉中痰鸣、苔白腻为湿痰之象。本案中医辨证为湿痰闭肺，其病机为脾阳不足，无以化气行水，散津归肺，水津停聚而为痰饮。故化痰化饮是治其标，温运脾阳才是治其本。方中三拗汤宣肺开闭，二陈汤、白术健脾化痰，佐以桂枝、干姜温化痰饮。复诊时外邪已解，重在健脾温化，故选理中汤、苓桂术甘汤、二陈汤加味温运脾阳以杜生痰之源。

医案 4 齐某，女，6 岁，因咳嗽半月余，于 2016 年 7 月 16 日初诊。

患儿半月余前出现咳嗽，呈阵发性，病初伴发热、气喘，血常规 +C 反应蛋白未见明显异常，胸部 X 线片提示支气管肺炎，予静脉滴注抗生素及激素、口服退热药、雾化吸入等治疗，热退，喘平。但咳嗽未净，干咳无痰，动则汗出，疲倦乏力，胃纳欠振，二便正常，舌红苔少，脉细。西医诊断：肺炎（恢复期）。中医诊断：咳嗽（肺脾两虚，气阴不足）。治拟益肺健脾，益气养阴。

处方：太子参 9g，麦冬 6g，五味子 3g，南、北沙参各 9g，黄芪 9g，白术 9g，防风 3g，玄参 9g，桔梗 6g，甘草 6g。颗粒剂 7 剂，每日 1 剂，分 2 次服用。

复诊：患儿咳嗽渐平，胃纳增，出汗减少。即以原方加减巩固治疗 1 周。

按语 小儿肺炎后气阴耗伤，脾肺两虚，脾气不旺，肺卫不固而见咳嗽日久不愈，干咳无痰，动则汗出，疲倦乏力，胃纳欠振，舌红苔少，脉细，故以生脉饮和玉屏风散补肺健脾，益气养阴治疗，7 剂后咳嗽渐平。

生脉散方中君以人参甘温，大补元气，止渴生津，臣以麦冬甘寒，清心育阴，润肺生津；佐以五味子酸温，敛肺止汗，固肾生津。三药合用，一补一清一敛，共成益气生津、敛阴止汗之功，可使气充而脉复，故以"生脉"名之。现代常用于治疗心血管疾病，儿科此类适应证较少，盛老临床将本方用于急性发热性疾病、久病重病之后气阴耗伤，或素体气阴两虚患儿的病后调养，如肺炎、病毒性心肌炎等疾病的恢复期，以形体消瘦、汗出较多、神萎不振、口干、唇舌淡红、苔少或花剥为特点。

小儿"脏腑娇嫩，形气未充"，卫外功能较差，触感外邪而易罹患肺炎、心肌炎等病，此类疾病病程长，邪正斗争过程中正气耗伤，气伤而致气虚；

小儿为"纯阳之体"，感邪后易从热化火，热迫汗出，或治疗过程中一些药物特别是退热药的运用，致出汗过度，阴津亏损，故造成气阴两虚。外邪已去，心肺气虚，夹有热象（阴虚所致），故以生脉散为基础方，益气养阴，调补心肺。临床应用时，盛老喜用太子参，因其补气不峻猛，生津不恋邪，平补之性契合儿童稚阴稚阳之体。如伴纳少不眠，不时汗出，为气阳偏虚，可合玉屏风散益肺固表；如伴心烦难寐，容易惊醒，为心脾不足，可合归脾汤补养心脾；如伴低热不退，手足心热，为虚热较甚，酌加地骨皮、丹皮清退虚热。

六、过敏性鼻炎

过敏性鼻炎是鼻腔黏膜的变应性疾病，易反复发作，并可引起中耳炎等多种并发症，属于中医"鼻鼽"范畴。金代刘完素在《刘河间医学六书·素问玄机原病式》中说："鼽者，鼻出清涕也。"过敏性鼻炎反复发作者多见于年长儿，素体阳气不足，又外感风寒，内有少阴阳虚，外有太阳风寒，故可从太少两治，盛老常用麻黄附子细辛汤治疗过敏性鼻炎长期反复发作者，疗效显著。

医案 李某，男，8岁，2013年5月12日初诊。

患儿反复鼻塞、流清涕5年，既往有过敏性鼻炎史，近来反复频繁发作，鼻痒鼻塞严重，清涕较多，晨起明显，喷嚏，伴有咳嗽，发热，扁桃体红肿，大便偏溏，舌淡胖，边有齿痕，脉沉。曾口服氯雷他定、酮替芬等西药，均为初起有效，久则无效。治拟温阳散表，疏风解表。拟方麻黄附子细辛汤加味。

处方：生麻黄6g，淡附片9g，细辛3g，蝉蜕6g，僵蚕9g，桔梗6g，甘草6g，浙贝10g，黄柏9g，阳春砂9g，辛夷9g，白芷9g，苍耳子9g。7剂。

二诊：患儿鼻塞减轻，清涕好转，扁桃体肿大，舌淡胖，苔薄白腻，脉弦细。治拟温经散寒，益肺和营。

处方：生麻黄6g，淡附片9g，细辛3g，桂枝9g，炒白芍12g，甘草6g，炒白术12g，防风6g，黄芪15g，红枣15g。7剂。

三诊：患儿鼻窍畅通，上方去麻黄、附子、细辛，加用党参、干姜、黄柏、阳春砂等，治疗1个月余，鼻炎未发，大便未溏。

按语 患儿阳虚外感，肺窍失和，其病机关键在于少阴少阳虚夹太阳表寒，属太少两感，法当表里双解。选用麻黄附子细辛汤温阳散寒，疏风解表，合用苍耳子散宣肺通窍，全方温寒并用，表里双解，顾护里阳，外解表寒，达宣肺开窍之功。

麻黄附子细辛汤是为素体阳虚，复感风寒之证而设。阳虚之体，应不发热，今反发热，并见恶寒甚剧，虽厚衣重被，其寒不解，是外受风寒，邪正相争所致；表证脉当浮，今脉反沉微，兼见神疲欲寐，是知阳气已虚。此阳虚外感，表里俱寒之证，若纯以辛温发散，则因阳虚而无力作汗，或虽得汗必致阳随液脱，治当助阳与解表并行。方中麻黄辛温，发汗解表，为君药。附子辛热，温肾助阳，为臣药。麻黄行表以开泄皮毛，逐邪于外；附子温里以振奋阳气，鼓邪达外。二药配合，相辅相成，为助阳解表的常用组合。细辛归肺、肾二经，芳香气浓，性善走窜，通彻表里，既能祛风散寒，助麻黄解表，又可鼓动肾中真阳之气，协附子温里，为佐药。三药并用，补散兼施，使外感风寒之邪得以表散，在里之阳气得以维护，则阳虚外感可愈。喉为肺系之门户，少阴肾经亦循喉咙至舌根。若为暴哑，乃大寒直犯肺肾，上窒窍隧，下闭肾气所致。方中麻黄散寒宣肺，附子温壮肾阳，细辛协二药辛通上下，合用则具宣上温下、开窍启闭之功。此为以表里同治之方，易作上下同治之剂，乃灵活运用，异病同治之体现。

第三节　升清降浊理肝脾

脾为"后天之本"，"气血生化之源"。脾居中央灌四旁，为水液及精微升运转输之枢纽，脾虚则中枢升运转输功能失常，脾不升清，则浊气亦不得下降，清浊不分，杂陈而下。李东垣在《脾胃论·脾胃虚实传变论》中有云："元气之充足，皆由脾胃之气无所伤，而后能滋养元气。"他又在《脾胃论·脾胃虚则九窍不通论》中强调："真气又名元气，乃先身生之精气也，非胃气不能滋之。"其在二者之中，独重脾胃。《素问·平人气象论》又云："人以水谷为本，故人绝水谷则死，脉无胃气亦死。"盛老认为后天之本的强弱直接关系到其他脏器的强弱，关系到人整体的强弱。顾舞脾胃，不仅能治疗本脏虚弱，还可解除他脏之疾。故"无论防病治病，顾舞脾胃均为要旨"乃盛老学术特点之一。小儿脾胃之体成而未全，脾胃之气全而未壮，因此易出现运化、升清降浊等功能的异常，而出现一系列病症。盛老临床把握脾胃燥湿相济、刚柔相伍的特性，并十分注意脾升胃降之气机。

一、口疮

口疮是小儿时期常见的口腔疾患，是一种发生于口腔黏膜的溃疡性损伤病症，多见于唇内侧、舌头、舌腹、颊黏膜、前庭沟、软腭等部位，以局部疼痛为主要临床特征。小儿口疮多由胎热内蕴，感受外邪，心脾积热，或调护不当，口腔不洁，秽毒内侵，或大病久病素体虚弱，虚火上炎熏灼口舌所致。治疗以清热解毒泻火为基本法则，临证应注意辨别实证与虚证。

医案　邵某，男，9 岁，因反复口腔溃疡 1 年余，再发 1 周，于 2017 年 3 月 17 日初诊。

患儿 1 年余来反复口腔溃疡，近 1 周又口腔疼痛，口腔黏膜、舌边出现数个溃疡，无鼻塞流涕，无发热，时有咳嗽，有痰，夜寐不安，多汗，纳便正常。家长予服清热解毒中成药治疗，未见好转。查体：营养发育可，精神可，呼吸平稳，无气急发绀，咽红，扁桃体 II°肿大，口腔颊黏膜、舌边见数个溃疡，心肺听诊无殊，腹软，无压痛，未触及包块，舌红，苔白腻，脉细滑。辅助检查：血常规、C 反应蛋白无殊。中医诊断：口疮（心脾积热）。治拟清热泻脾。

处方：生地 9g，淡竹叶 10g，甘草 6g，通草 2g，黄连 2g，蝉蜕 6g，姜半夏 9g，茯苓 9g，陈皮 6g，姜竹茹 9g，枳壳 6g，石菖蒲 6g。7 剂，水煎服，每日 1 剂，分 2 次服用。

复诊：溃疡已愈，咳嗽偶有，夜寐磨牙，多汗，呼吸音重，唇舌红，苔薄腻，脉细滑。治拟前方加减。

处方：姜半夏 9g，茯苓 9g，陈皮 6g，甘草 6g，姜竹茹 9g，枳壳 6g，生地 9g，淡竹叶 10g，通草 2g，黄芪 9g，防风 6g，炒白术 10g。7 剂。

按语　该患儿反复口腔溃疡，夜寐不安，多汗，舌红，苔白腻，脉细滑。辨证为心脾积热。选用泻心导赤散加减。泻心导赤散泻心脾积热，加石菖蒲既化湿和胃，又开窍醒神宁神，蝉蜕利咽平肝。复诊时溃疡愈，咳嗽减，去黄连、蝉蜕、石菖蒲，加玉屏风散益肺固表。患儿之咳嗽有痰鸣，无鼻塞流涕，无发热，且舌红苔白腻脉滑，又舌边溃疡，可知非外感之咳，乃心脾积热，痰热内扰之内伤咳嗽，故治以泻火清心之黄连导赤散合清胆理脾之温胆汤加减，不治咳而咳自愈。

二、泄泻

泄泻是小儿时期最常见的脾胃疾病之一，一年四季均可发生，但以夏秋两季为多见。辨证论治时，需辨病因，辨轻重，辨虚实。一般大便稀溏夹乳凝块或食物残渣，气味酸臭，或如败卵，多由伤乳伤食所致。大便清稀多泡沫，色淡黄，臭气不甚，多由风寒引起。水样或蛋花汤样便，量多，色黄褐，气秽臭，或见少许黏液，腹痛时作，多由湿热所致。大便稀薄或烂糊。色淡不臭，多食后作泻，是为脾虚所致。大便清稀，完谷不化，色淡无臭，多属脾肾阳虚。泄泻病程短，泻下急暴，量多腹痛，多属实证。泄泻日久，泻下缓慢，腹胀喜按，多为虚证。迁延日久难愈，泄泻或急或缓，腹胀痛拒按者，多为虚中夹实。

医案 1 张某，男，15个月，因腹泻3日，于2017年9月27日初诊。

患儿3日前无明显诱因出现呕吐，共吐3～4次，吐出胃内容物，次日呕吐止，出现腹泻，大便呈蛋花汤样，日解5～6次，有少许黏液，无脓血，每次量中等，便前时有哭吵，伴低热，体温为38℃左右，无寒战抽搐，无明显咳嗽，胃纳差，小便量减少，色黄。至医院就诊，诊断为轮状病毒肠炎，予蒙脱石散、双歧杆菌三联活菌口服治疗2日，病情无好转，转诊中医。查体：精神尚可，皮肤弹性可，心肺无殊，肠鸣音活跃，肛门周围稍红赤，舌偏红，苔薄腻，指纹紫滞。理化检查：便常规+OB示白细胞3～5个/HP，潜血阴性。中医诊断：泄泻（湿热型）。治拟清热燥湿。

处方：葛根6g，黄芩3g，黄连2g，煨木香6g，炒白芍9g，焦山楂6g，槐花6g，马齿苋10g，姜半夏4g，甘草3g。颗粒剂5剂，分2次开水冲服。

复诊：患儿服药后大便呈糊状，每日1～2次，未见黏液脓血，胃纳增，小便量可，舌淡红，苔薄，指纹淡紫。复查便常规正常。治拟健运脾胃。

处方：太子参6g，炒白术9g，茯苓9g，甘草3g，藿香6g，煨木香6g，煨葛根6g，炒白芍9g，炮姜2g，焦山楂6g，炒谷芽6g。服药7剂病愈。

按语 患儿为轮状病毒肠炎，泻下急迫，大便呈蛋花汤样，夹少许黏液，伴发热，肛门灼热，为湿热中阻，脾失健运，清浊不分而致腹泻，属湿热泻。初诊选葛根芩连汤加味。方中葛根升发脾胃清阳之气而止下利，黄芩、黄连、槐花、马齿苋清热解毒利湿，木香、焦山楂行气止痛、健脾消食，芍药、甘草缓急止痛。全方清热燥湿，行气止痛。复诊时病情好转，大便每日1～2次，

浙江中医临床名家·盛丽先

成形，继予七味白术散健运脾胃以善后。

汪昂在《医方集解》中谓："葛根能升阳明清气，又为止泻圣药。"故葛根对无论有无表证之腹泻，对寒热虚实之腹泻通过配伍均能应用。本案配芩连为《伤寒论》的葛根芩连汤，治湿热泻疗效明显。

医案2 邱某，女，11个月，因腹泻3周，于2016年11月3日初诊。

患儿3周前出现腹泻，大便呈糊状或水样，色黄，无黏液血丝，日解6～7次，每次量中等，无便时哭吵，无呕吐，无发热咳嗽，小便量略减少，曾至当地医院就诊，诊断为急性肠炎，予蒙脱石散、双歧杆菌三联活菌胶囊口服1周，病情好转，大便日解3～4次，呈糊状，量时多时少，后服益生菌治疗，腹泻反复不愈，胃纳欠振，小便量正常，夜寐欠安，时有惊哭，来就诊。查体：精神可，皮肤弹性可，面色欠华，咽无充血，心肺无殊，腹软，无明显腹胀，肠鸣音活跃，舌淡红，苔薄腻，指纹淡紫。辅助检查：便常规无殊，轮状病毒阴性。中医诊断：泄泻（脾虚泻）。治拟益气升清，健脾助运。

处方：太子参6g，白术6g，茯苓6g，甘草3g，煨葛根6g，木香6g，藿香6g，陈皮5g，蝉蜕3g，钩藤6g，炒谷芽10g，芡实10g。颗粒剂7剂，每日1剂，分2次开水冲服。

复诊：患儿大便每日1次，先干后溏，胃纳渐增，夜寐哭吵好转，舌淡红，苔薄，指纹淡紫。拟前方加减巩固治疗。1周后痊愈。

按语 患儿腹泻日久，脾胃受损，脾气虚弱，运化失司，清降失司，水谷不化，并走大肠，故腹泻迁延，证属脾虚泻，用七味白术散加减，另加芡实健脾止泻，诸药相合，健脾益气升清，使脾运复健而泄泻止。患儿脾胃虚弱，不能制约肝木，致肝阳上亢，则夜寐不宁，故加蝉蜕、钩藤平肝扶脾，镇惊安神。

七味白术散源于宋代钱乙《小儿药证直诀》，其谓此方："治脾胃久虚，呕吐泄泻，频作不止……不论阴阳虚实并宜服。"本方内寓四君子汤补脾气，藿香、木香降泄浊阴，葛根升腾清气，脾气升则健运复，脾湿运则泄泻止。盛老临床常以此方为基本方加减治疗脾气虚、脾阴虚、脾阳虚之迁延及慢性腹泻。

医案3 赵某，女，10个月，因反复腹泻4个月余，于2007年11月19日初诊。

患儿4月余来反复腹泻，大便时为水样，时为糊状，每日5～6次，形体瘦小，毛发稀黄，胃纳欠振，夜寐不宁，舌淡，苔白腻。此乃脾虚健运不力，升降失司，治拟益气健脾，升清降浊，以宋代钱乙之七味白术散加减。

处方：太子参 6g，炒白术 6g，茯苓 6g，生甘草 3g，藿香 6g，煨木香 3g，煨葛根 12g，炒苍术 6g，炒山药 12g，炒薏仁 12g，蝉蜕 3g，乌梅 3g。7 剂，水煎服，分 2 次服用。

二诊：2007 年 11 月 26 日。患儿素体脾肺两虚，反复腹泻，大便偏淡，近日缓解，又加新感，鼻塞流涕，咳嗽不爽，胃纳尚可，夜寐不安，舌偏淡，指纹淡紫。治以疏宣温运。

处方：炙麻黄 3g，杏仁 6g，炙甘草 3g，炒白术 6g，茯苓 6g，炒桂枝 3g，炮姜炭 3g，煨木香 6g，清防风 3g，姜半夏 6g，陈皮 3g，炒苏子 6g。7 剂。

三诊：2007 年 12 月 3 日。患儿新感控制，仍泄泻，大便每日 5 次，时为糊状，时为水样便，胃纳正常，苔白腻，指纹淡紫。患儿素体脾虚肝旺，饮食失常，治拟益气健脾，升阳温中。

处方：党参 6g，炒桂枝 3g，炒苍术 6g，炒楂炭 6g，地锦草 9g，茯苓 6g，炒白术 9g，生甘草 3g，炒木香 3g，煨葛根 12g，广藿香 6g。7 剂。

四诊：2007 年 12 月 10 日。患儿大便仍为水样，每日 4～5 次，温中效不显，面色少华，舌淡，苔薄，指纹色淡。治拟温补脾肾。

处方：淡附子 3g，炮姜 6g，桂枝 6g，太子参 6g，炒白术 9g，茯苓 9g，生甘草 3g，煨葛根 12g，藿香 6g，煨木香 3g，仙鹤草 12g，桔梗 3g。7 剂。

五诊：2007 年 12 月 17 日。患儿大便渐为糊状，每日 3 次。继前方加减。

处方：淡附子 3g，炮姜 6g，焦神曲 9g，太子参 6g，炒白术 9g，茯苓 9g，生甘草 3g，煨葛根 12g，炒山药 12g，煨木香 3g，仙鹤草 12g，桔梗 3g。7 剂后患儿病愈。

按语 患儿反复腹泻，大便稀溏，病程较长，此乃脾虚健运不力，升降失司，以益气健脾，升阳温中治疗，但效不显。久泻不止，大便清稀，完谷不化，面色少华，舌淡，苔薄，指纹色淡。即病情进一步发展，由脾及肾，出现脾肾阳虚，最后以温补脾肾而收效。

三、便秘

便秘一般是指排便周期延长，或周期不长，但粪质干结，排出艰难，或粪质不硬，但便而不畅的病症。其病因病机为素体热盛，过食辛辣厚味，热病之后，余热留恋，致肠胃燥热，津液耗伤，大肠失润而干涩则便秘；或气机郁滞，致大肠传导失职，则便秘；或素体阳气不足，过用苦寒之品，致阳气虚少，寒自内生，寒凝肠胃，大肠传导无力，则便秘；或先天禀赋不足，脾胃虚弱，气虚则大肠传导无力，出现便秘；或大病久病后体弱，阴血不足，阴血虚则大肠津枯失润，出现便秘。

便秘的病因是多方面的，其中主要的有外感寒热之邪，内伤饮食情志，病后体虚，阴阳气血不足等。本病病位在大肠，并与脾胃肺肝肾密切相关。正确辨证论治是关键。

盛老常用增液汤加减治疗津亏肠燥之便秘。阳明温病不大便，不外热结、液干两端。若阳邪炽盛之热结实证，则用承气汤急下存阴；若热病阴亏液涸，《温病条辨》所谓"水不足以行舟，而结粪不下者"，当增水行舟。本方所治大便秘结为热病耗损津液，阴亏液涸，不能濡润大肠，"无水舟停"所致。津液亏乏，不能上承，则口渴；舌干红，脉细数为阴虚内热之象；脉沉而无力，主里主虚之候。治宜增液润燥，方中重用玄参，苦咸而凉，滋阴润燥，壮水制火，启肾水以滋肠燥，为君药。生地甘苦而寒，清热养阴，壮水生津，以增玄参滋阴润燥之力；又肺与大肠相表里，故用甘寒之麦冬，滋养肺胃阴津以润肠燥，共为臣药。三药合用，养阴增液，以补药之体为泻药之用，使肠燥得润、大便得下，故名之增液汤。本方咸寒苦甘同用，旨在增水行舟，非属攻下，欲使其通便，必须重用。

医案　周某，男，1岁7个月，因便秘2个月，于2018年4月21日初诊。

患儿2个月前开始出现大便干结，3～4日一次，曾就诊于当地省儿童医院，予服用益生菌、乳果糖等治疗，效果不佳。近来胃纳差，夜间哭啼，汗出较多。查体：一般情况可，气平，咽红，心肺听诊无殊，腹软，稍腹胀，肝脾未及肿大，舌红，苔薄少，指纹淡紫。中医诊断：便秘（阴虚肠燥）。治拟养阴益气，润肠通便。

处方：生地9g，玄参9g，麦冬9g，黄芪10g，北沙参10g，麻仁6g，当归6g，炒枳壳6g，炙甘草5g，淮小麦15g，大枣10g，瓜蒌仁6g，炒莱菔子9g。颗粒剂7剂，每日1剂，分2次服用。

复诊：患儿便秘好转，大便1～2日一次，胃纳增，出汗减少，以原方加减巩固治疗。

处方：生地9g，玄参9g，麦冬9g，黄芪10g，当归6g，炒枳壳6g，炙甘草5g，淮小麦15g，大枣10g，瓜蒌仁6g，炒莱菔子6g。7剂后病愈。

按语　患儿便秘日久，易出汗，舌红苔薄，多为气血不足，阴阳失调，选用增液汤益气养阴，配伍瓜蒌仁、炒菜菔子补脾和中，润肠通便。方中甘麦大枣汤养心安神，在此用于缓解患儿夜间哭啼，躁动不安。

本方为治疗津亏肠燥所致大便秘结之常用方，又是治疗多种内伤阴虚液亏病证的基础方。临床应用以便秘、口渴、舌干红、脉细数或沉而无力为辨证要点。

四、夜惊

夜惊是一种儿童睡眠障碍，表现为入睡后突然惊醒坐起，呈恐怖状且喊叫，同时可有极端恐惧的自主神经和行为改变的睡眠障碍。一般患儿在醒时对夜惊发作一事通常没有记忆，白天安静。盛老认为小儿脏腑娇嫩，形气未充，稚阳未充，稚阴未长，在生长发育中，容易出现阴阳状态不稳定。如后天失养，喂养不当，脾胃积热日久伤阴，或贪玩过度，大发脾气，耗伤气阴，导致心神怯弱，或遭遇突然惊吓、环境改变等原因导致阴阳失调，呈偏颇状态。阴不守阳，而见夜惊夜啼。故治疗应予调阴阳，和营卫，辅以镇惊养心安神之剂。桂枝加龙骨牡蛎汤调和阴阳，潜镇摄纳，正合此意。临证可灵活加减，如脾气急躁、大便干、舌红者，可加钩藤、黄芩平肝清热，如胆小气弱、遭受惊吓者，可加合欢皮、茯神宁心镇静，健脾安神。

桂枝加龙骨牡蛎汤由桂枝、芍药、生姜、甘草、大枣、龙骨、牡蛎组成，主治阴阳两虚所致之遗精、梦交。阴阳相互对立，相互维系，阴充于内，阳守于外，以保持阴平阳秘之状态。盖失精之人，不仅阴液耗损，而且阳气亦因久泄而亏虚。如《素问·生气通天论》曰："凡阴阳之要，阳秘乃固。"阳虚不能固摄阴精，故走而不守；阴液不能涵养阳气，则浮而不敛，故而致男子失精、女子梦交等证。本方以桂枝汤调和阴阳（桂枝、甘草辛甘化阳，芍药、甘草酸甘化阴），加龙骨、牡蛎，不仅固敛走失之阴精，而且潜纳浮越之阳气，与桂枝汤相伍，可谓刚柔相济，标本兼治。张仲景原方主治成人阴阳两虚所致之遗精、梦交，然正如叶天士在《临证指南医案》所云："立法之所在，即理之所在，不遵其法，则治不循理矣"。证之临床，当遵其病机，凡阴阳两虚者均可应用，不必拘于遗精、梦交。

盛老以桂枝加龙骨牡蛎汤应用于儿科临床，尤其在小儿夜惊、遗尿病的治疗方面取得了较好疗效。

医案 陈某，女，3岁，因夜间哭闹1个月，于2014年10月23日初诊。

患儿1个月前自入幼儿园后夜间哭闹，闹后入睡，白天如常。汗多，大便偏稀，小便正常，胃纳减少，咽不红，舌淡红，苔薄白，指纹淡紫，现于风关。患儿自幼怕生，喜独自玩，胆小气弱。治拟调和阴阳，平肝安神。

处方：桂枝6g，芍药6g，甘草3g，龙骨12g，牡蛎12g，钩藤6g，合欢皮9g，茯神6g，生姜2片，大枣3枚。7剂，水煎服，每日1剂，分2次服用。

二诊：7剂后患儿哭闹好转。上方加炒白术、怀山药健脾益气，鼓舞中焦而善后。

按语 患儿自幼怕生，喜独自玩，胆小气弱，在生长发育中，容易出现阴阳状态不稳定。平素汗多，大便偏稀，为肺脾气虚。入幼儿园后环境改变，导致阴阳失调，阴不守阳，出现夜间哭闹，而白天如常。当予调和阴阳，养心安神。予桂枝加龙骨牡蛎汤调阴阳，和营卫，合欢皮、茯神养心安神，健脾益气。

第四节 辨病辨证愈肾疾

一、儿童肾病综合征

儿童肾病综合征是由各种病因引起的肾小球滤过膜对血浆蛋白通透性增高，大量血浆蛋白自尿中丢失，并引起一系列病理生理改变的临床综合征。其以大量蛋白尿、低蛋白血症、高脂血症、水肿为主要特征。本病是小儿时期泌尿系的常见病，且部分患儿病情反复、病程迁延，严重影响小儿健康。盛老在诊治本病中积累了丰富的临床经验，并形成了独有的学术特色。

中医认为小儿禀赋不足，久病体虚，外邪入里，致肺、脾、肾三脏亏虚是发生本病的主要因素。而肺脾肾三脏功能虚弱，气化、运化功能失常，封藏失职，精微外泄，水液停聚则是本病的主要发病机理。外感、水湿、湿热、瘀血及湿浊是促进肾病发生发展的病理环节，与肺、脾、肾三脏虚弱之间互为因果。总之，肾病的病因病机涉及内伤、外感，关系脏腑、气血、阴阳，均以正气虚弱为本，邪实蕴郁为标，属本虚标实、虚实夹杂的病证。

儿童肾病综合征病程长，变证多，盛老在临证过程中始终立足辨证论治，于诸多症状中抓住本质，分阶段而论，急则先治标，缓则治其本。她认为肾病本证虽责之于肺、脾、肾三脏，但以中土脾脏最为关键，故倡导从脾治肾的学术观点，然治脾又有健脾、温中、升清等诸法，临床常选补中益气汤、升阳益胃汤、固元汤（自制经验方，主要由黄芪、太子参、白术、茯苓、防风、甘草、黄柏、砂仁等组成），根据患儿病情选择切合的方剂，充分体现祖国医学辨证论治的指导思想。

医案 1 赵某，男，2 岁 5 个月，因反复全身浮肿少尿 20 日，加剧伴咳嗽 4 日，于 2010 年 3 月 31 日入院。

患儿于 20 日前感冒，最高体温达 38.5℃，鼻塞，流涕，同时伴双眼睑浮肿，晨起明显，尿量减少，无肉眼血尿，无发热咳嗽，无吐泻，遂赴杭州市某医院求治，以肾病综合征收住入院，查尿常规示尿蛋白（+++），予抗生素及低分子右旋糖酐对症治疗 2 日后，浮肿略退，尿量仍少，多泡沫，查尿蛋白仍（+++），家长要求出院后于当地医院服中药治疗。3 日前，患儿全身浮肿较前加剧，眼睑及双下肢浮肿明显，尿量每日约 400ml，尿混浊，多泡沫，尿检蛋白（+++），同时伴咳嗽、鼻塞流涕。既往史、个人史及家族史均无明显异常。查体：体温 36.5℃，脉搏 116 次 / 分，呼吸 27 次 / 分，体重 15kg。神清，精神弱，呼吸平，营养及生长发育一般。全身皮肤未见黄染、出血点及皮疹，双眼睑浮肿，咽充血，颈软，无抵抗，两肺呼吸音粗，未及干湿啰音，心律齐，心率 116 次 / 分，心音中等，未及杂音，腹部略膨隆，移动性浊音（-），肝脾肋下未及，双下肢明显浮肿，四肢活动自如，神经系统未引出阳性体征。辅助检查：尿常规示尿蛋白（+++），血常规示白细胞增高，C 反应蛋白尚正常，生化示低蛋白血症、高脂血症。入院后予低盐低蛋白饮食，头孢噻肟钠抗感染，输注低分子右旋糖酐、血浆等对症治疗。4 月 3 日起开始足量激素［1.5mg/（kg·d）］治疗，4 月 12 日复查尿常规示蛋白阴性，但随后患儿出现尿频、腹泻，4 月 24 日至 5 月 11 日复查尿常规示尿蛋白（+++ ～ ++++），尿白细胞正常，5 月 14 日至 5 月 21 日复查尿常规示尿蛋白阴性而出院。

中医诊治经过：

2010 年 4 月 4 日初诊：患儿症见全身浮肿，眼睑及下肢甚，咳嗽，鼻塞，流涕，咽红，腹略膨，舌淡红，苔薄白，指纹淡红。表邪未解，急者先治标。治以宣肺利水，解表散寒。方用桂枝加厚朴杏子汤合五皮散加减。

处方：桂枝 6g，白芍 6g，川朴 9g，杏仁 3g，枳壳 9g，桑白皮 6g，大腹皮 9g，茯苓 20g，泽泻 6g，玉米须 20g，益母草 9g。7 剂，水煎服，每日 1 剂，分 2 次服。

2010年4月11日复诊：患儿咳嗽、鼻塞鼻涕缓解，浮肿较前减退，眼睑及下肢略肿，咽不红，舌淡红，苔薄白，指纹淡红。外邪渐解，湿邪为患。治以利水退肿，引而竭之。方用猪苓汤合五皮散加减。

处方：猪苓9g，茯苓15g，泽泻9g，滑石9g，阿胶珠9g，玉米须20g，淡竹叶9g，枳壳9g，大腹皮9g，益母草9g。7剂，水煎服，每日1剂，分2次服。

2010年4月29日复诊：患儿尿检尿蛋白仍未转阴，尿量少而色黄，每日约500ml，大便时干时溏，易吵易惊，胃纳可，少眠，咽红，舌淡红，苔白腻，指纹淡红。气化不利，阳虚水停。治以通阳化气，健脾化饮。方以五苓散、苓桂术甘汤、桔梗汤加减。

处方：淡附子3g，桂枝6g，茯苓10g，白术10g，玉米须30g，大腹皮9g，桑白皮9g，泽泻9g，猪苓9g，桔梗6g，甘草6g。

上方加减治疗至出院。出院后患儿激素逐渐按医嘱减量，复查尿蛋白阴性，无其他不适症状而未坚持中医治疗。3个月后患儿又出现小便数，大便溏，尿蛋白（+）而复至中医门诊。

2010年7月25日诊见：尿频1周，无排尿哭吵，饮水即尿，每次量不多，大便溏薄，每日3～4次，纳欠振，少眠，舌淡红，苔薄白腻，指纹淡紫。近1周尿检示尿蛋白（+），目前激素剂量为15mg，每日1次。脾运不健，水湿不化。治以健脾温中燥湿。方以七味白术散合理中汤加减。

处方：太子参10g，茯苓10g，甘草6g，炒白术10g，藿香9g，煨葛根15g，炒木香6g，姜半夏9g，炮姜3g，玉米须15g，车前草10g，炒米仁15g。7剂，水煎服，每日1剂，分2次服。

2010年8月1日复诊：尿检示尿蛋白（+），小便仍数，大便溏，每日4～5次，纳欠振，眠不宁，舌红，苔薄白，指纹淡紫。清阳下陷，浊阴有余。治以健脾升清温运。方以补中益气汤加减。

处方：黄芪10g，炒白术6g，陈皮6g，柴胡6g，升麻6g，太子参6g，通草6g，茯苓9g，甘草3g，炮姜6g，防风6g，苍术6g。7剂，水煎服，每日1剂，分2次服。

2010年8月8日复诊：患儿尿检示尿蛋白阴性，大便成形，每日1次，尿频减，纳稍增，眠可，舌淡红，苔薄白，指纹淡紫。继予前方加减巩固治疗1个月，尿频缓解，复查尿常规未见异常。

按语 本案患儿系肾病综合征初发，感染是肾病综合征的重要诱因和常见

浙江中医临床名家·盛丽先

并发症，因患儿蛋白大量漏出，组织水肿而循环不良，激素抑制免疫功能，饮食限制而使营养摄入不足，故易出现感染，以呼吸及泌尿道感染多见。

本案肾病伴有感染的治疗，西医考虑为上呼吸道感染，予抗生素治疗，中医辨为肾病标实为主，急则先治标，因势利导，驱邪外出。病因主要为风邪、寒邪，病所主要在上下二焦，故用桂枝加厚朴杏子汤以宣肺疏风，解表散寒，猪苓汤及五皮散加减利水退肿，引而竭之，并加益母草血水共治，待标实去而以本虚为主时症见浮肿、少尿，则病因主要为湿邪，病所在肺、脾、肾，湿为阴邪，非温不化，故取桔梗汤、苓桂术甘汤、五苓散之意通阳化气，健脾化饮；肾为元阴元阳寄所，加淡附子温阳利水，益火之源以消阴翳。

本案患儿住院期间及出院后的治疗中，多次出现小便数而少，大便溏烂，初治以通阳化气、温中健脾、淡渗利湿有效，后再以此法则效不著。因正常情况下"饮食入胃，阳气上行，津液与气，入于心，贯于肺，充实皮毛，散于百脉"，患儿疾病迁延，脾胃虚衰，中气不足，溲便之变较久，土虚金衰，肺脾均虚，清阳下陷，浊阴有余，而湿胜之病丛生。用淡味渗利之药则脾气下陷而复渗泄之，是降之又降；单从中治，投以温中燥湿之法，无法使下陷之阳上升。故当遵"下者举之"之法，补中升阳，恢复脾胃的升清、散精功能，下陷之阳气升腾则肺气得补，湿气可除，其病可愈。故后以补中益气汤加减获效。方中以补中益气汤去当归而使脾胃健，清阳升，水精四布全身而不下泄，加防风取风药胜湿之意，并合黄芪、白术即玉屏风散补肺固表，加炮姜温涩止利，加苍术燥湿气，通草、茯苓淡渗利湿，则余湿去有出路。

补中益气汤是李东垣升阳补中的代表方，由黄芪、人参、甘草、炒白术、陈皮、升麻、柴胡、当归组成，原书记载主治"一切清阳下陷，中气不足之证"，并在方后注"泄泻去当归，加茯苓、苍术、益智"，《医方集解》评价此方为"足太阴、阳明药也"，可见用于本案中治疗患儿清阳下陷、肺脾不足之溲便疾病甚为合拍，但在临床应用辨证时应抓住中虚气馁的病机关键。

医案2 许某，男，5岁5个月，2017年9月7日初诊。因反复蛋白尿1年半，再发4日就诊。

患儿1年半前因发热咳嗽后出现双眼及双下肢浮肿伴少尿，肉眼可见泡沫尿等症，至当地儿童医院就诊，诊断为肾病综合征。予静脉滴注甲泼尼龙30mg，每日1次治疗，病情好转，改为口服甲泼尼龙片20mg，每日1次，1个月后查尿常规示尿蛋白（-），改为口服甲泼尼龙片12mg，每日1次，后激素逐渐减量。在此后1年半的减量过程中共复发3次，皆由呼吸道感染诱发。

4日前于当地医院查尿常规示尿蛋白（+++），转来此就诊。患儿目前无发热、咳嗽，无鼻塞流涕，无眼睑、下肢浮肿，感乏力，胃纳减，尿量尚可，尿色欠清，泡沫多，大便无殊。查尿常规示尿蛋白（++），潜血（-）；血白蛋白为35.8g/L。满月脸，舌淡红，苔白腻，脉滑数。治以健脾固肾，予固元汤加减。

处方：太子参10g，炒白术10g，茯苓9g，生甘草6g，黄柏6g，砂仁6g，姜半夏9g，黄芪10g，防风6g，玉米须30g。7剂。

之后每隔1周来门诊复诊，处方随症加减，患儿查尿蛋白逐渐转阴，胃纳正常，二便正常。2017年12月21日拟原方出入，再服28剂。于2018年3月13日回访，未复发。

按语　盛老认为小儿频复发肾病的机转枢纽在中土脾脏，倡导肾病治脾的学术观点，并学习李东垣从脾治肾之升阳益胃汤和董宿补土伏火之封髓丹，创立固元汤，主要药物由黄芪、太子参、白术、茯苓、防风、甘草、黄柏、砂仁等。此患儿在服激素的1年半期间共复发3次，皆由呼吸道感染诱发。肾失开阖，封藏失司，以及肺失治节，脾失健运，造成精微的输布失常可致蛋白尿。"肾主蛰藏，封藏之本，精之处也"，后天之精主要来源于脾胃化生的水谷精微，并通过肾中阳气的固摄作用而封藏于肾。故肾病患儿脾虚，精微化生不足本身就是肾中精气匮乏的原因之一。患儿长期应用激素会不断消耗肾中精气，表现为乏力，抵抗力差，胃纳减，舌淡红，苔白腻，脉滑数。当予固元汤加减健脾固肾治疗。

二、血尿

血尿是儿科较常见的症状之一，有肾小球性和非肾小球性之分。肾小球性血尿有原发性和继发性，原发性常见的病证有单纯性血尿、急性及慢性肾小球肾炎、急进性肾炎、IgA肾病、薄基底膜肾病、遗传性肾炎等，继发性常见的病证有紫癜性肾炎、乙肝病毒相关肾炎、狼疮性肾炎等。小儿常见的非肾小球性血尿病证有尿路感染、特发性高钙尿症、胡桃夹综合征、泌尿系统畸形等。盛老临床治疗小儿血尿通常进行个体化、阶段性、动态性的辨证论治，可以改善患儿体质，控制诱发因素，减少肉眼血尿的发生，防止病程迁延和发展，达到减轻或消除血尿、保护肾脏、改善预后的目的。盛老临床常以小蓟饮子加减治疗急性泌尿系统感染、原发性肾小球肾炎、紫癜性肾炎、单纯性血尿等，中医辨证为湿热蕴结下焦，症见肉眼或镜下血尿，乏力困倦，胃纳欠振，大便或干或溏，舌红，苔黄腻，脉滑数。临证处方中将木通易通草，炙甘草易生甘草，小蓟可重用至 15g，加白茅根 15 ～ 30g，白茅根味甘性寒，能清血分之热而凉血止血，其性寒降，入膀胱经，故善治下部之尿血。《本草求原》曰："白茅根……清脾胃伏热，生肺津以凉血，为热血妄行上下诸失血之要药。"若尿血较甚酌加侧柏叶、地榆；若热不甚或尿血日久气阴耗伤，去山栀、通草、滑石寒凉清利之品，酌加仙鹤草、旱莲草、黄芪等益气养阴止血。

医案 黄某，男，8 岁 7 个月，2016 年 5 月 19 日初诊。因反复肉眼血尿 1 年半就诊。

患儿半个月前因发热、咳嗽伴肉眼血尿 2 日，就诊于当地医院，查尿常规示红细胞（+++），尿蛋白（±），尿异形红细胞为 67%，诊断为血尿待查（单纯性血尿？）、急性上呼吸道感染。予氨苄西林舒巴坦钠抗感染等治疗，肉眼血尿消失，但查尿常规示潜血（++），镜检红细胞（++）。患儿 1 年半间多次因急性上呼吸道感染而出现肉眼血尿。患儿血尿日久，面色少华，神疲乏力，胃纳欠振，有时可见肉眼血尿，尿量正常，大便无殊。舌淡胖，脉细弱。治以益气健脾，固摄止血，予归脾汤加减。

处方：炒白术 10g，太子参 9g，黄芪 10g，当归 6g，木香 5g，茯苓 9g，生甘草 6g，防风 6g，牡丹皮 9g，紫草 9g，姜半夏 9g，白茅根 30g。7 剂。

复诊：患儿胃纳增，神疲乏力好转，大便正常，尿量正常，无肉眼血尿，舌淡红，苔薄白，脉细弱。病情好转，随症加减治疗 6 个月余，患儿尿检正常。后以六君子汤合玉屏风散调理月余，复查尿常规、血常规及血生化均正常。

按语 患儿病程迁延日久，反复不愈，抵抗力低下，反复呼吸道感染而诱发血尿。属脾气虚弱，气不摄血，故选用归脾汤加减，以益气健脾，固摄止血。在辨证的基础上可酌情选用旱莲草、紫草、生地榆、侧柏叶、白茅根、大小蓟、连翘、仙鹤草、茜草、三七等。盛老认为脾为后天之本，其强弱直接关系到其他脏器的强弱，关系到人整体的强弱，脾居中央灌四旁，为水液及精微升运转输之枢纽，清纯部分精微经肺宣发至皮毛、肌腠，浓厚部分经肺肃降下行至五脏六腑，继而被利用后化为浊液归肾，经过肾之气化作用，浊中之清上升，浊中之浊最后下注膀胱为尿液排出。顾舞脾胃，不仅能治疗本脏虚弱，还可解除他脏之疾。

三、过敏性紫癜、紫癜性肾炎

紫癜性肾炎是儿科临床常见的继发性肾脏疾病之一，以皮肤紫癜或伴关节肿痛、腹痛、便血，兼见血尿和（或）蛋白尿为主要临床表现。且97%患儿的肾损害发生在紫癜起病的6个月以内。由于诊断标准不统一，观察随访时间差异，过敏性紫癜患儿中发生肾损害的报告率差别较大，临床报道为40%～50%。紫癜性肾炎虽有一定的自限性，但仍有部分患儿病程迁延，甚至进展为慢性肾功能不全。

近年来对紫癜性肾炎的临床及病理研究发现，肾小管间质损伤与紫癜性肾炎的疗效及转归密切相关。其临床分型主要有如下几种：①孤立性血尿型；②孤立性蛋白尿型；③血尿和蛋白尿型；④急性肾炎型；⑤肾病综合征型；⑥急进性肾炎型；⑦慢性肾炎型。

肾小球病理分级如下。Ⅰ级：肾小球轻微异常。Ⅱ级：单纯系膜增生，分为a.局灶/节段、b.弥漫性。Ⅲ级：系膜增生，伴有＜50%肾小球新月体形成/节段性病变（硬化、粘连、血栓、坏死），其系膜增生可为a.局灶/节段，b.弥漫性。Ⅳ级：病变同Ⅲ级，50%～75%的肾小球伴有上述病变，分为a.局灶/节段，b.弥漫性。Ⅴ级：病变同Ⅲ级，＞75%的肾小球伴有上述病变，分为a.局灶/节段，b.弥漫性。Ⅵ级：膜增生性肾小球肾炎。

中医学无紫癜性肾炎病名，从文献记载看，本病可归属于"斑毒""葡萄疫""紫癜风""溺血""溲血""尿血"等范畴。本病病因病机涉及外感、内伤诸多方面。小儿禀赋不足，易感外邪，风、热、寒、湿之邪入侵是其病之外因，肺、脾、肾三脏功能失调是其病之内因。封藏失职、精微外泄、湿浊（湿热毒）之邪内蕴是其主要发病机理。本病以正气虚弱为本，尤以气虚、阴虚之虚为主；邪实蕴郁为标，尤以湿热之实为主，属本虚标实、虚实夹杂的病证。其主要辨证分型有血热妄行型、下焦湿热型、脾肾气虚型和阴虚湿热型。

盛老认为本病临证中应紧扣本虚标实的病机，辨证分型论治要点及药物治疗特点如下。

（1）血热妄行型：症见皮肤紫癜鲜红稠密，尿镜检红细胞较多、甚则肉眼血尿，发热，面赤，咽干而红，心烦。舌红，苔黄腻，脉滑数。治宜清热解毒，凉血止血，以清瘟败毒饮加减，主药为生石膏、知母、甘草、元参、水牛角、生地、丹皮、赤芍、黄连、黄芩、山栀、桔梗、连翘、淡竹叶等。

本型辨证要点，一是发生在紫癜性肾炎急性起病阶段，表现为热证、实证；二是皮肤紫癜鲜红稠密，尿镜检红细胞较多，甚则为肉眼血尿，舌红，苔黄腻，脉滑数。若热毒不甚、紫癜渐退，去石膏、知母、黄连、焦山栀、水牛角；若以血尿为主，加白茅根、紫草、地榆、侧柏叶、小蓟草；若见蛋白尿，酌加玉米须、泽泻、蝉蜕；若见发热、咳嗽、咽痛等外感风热症状，酌加银花、牛蒡子、荆芥、淡豆豉。

（2）下焦湿热型：症见肉眼血尿或镜下血尿为主，尿频、尿急、尿黄赤。舌偏红，苔薄黄或黄腻，脉滑数。治宜清热利湿，凉血止血，以小蓟饮子加减。主药为小蓟、生地、竹叶、通草、甘草、藕节、蒲黄炭、焦山栀、滑石、当归等。

本型辨证要点，一是肉眼血尿或镜下血尿为主；二是舌偏红，苔薄黄或黄腻，脉滑数。若尿血较甚酌加侧柏叶、地榆；若热不甚或尿血日久气阴耗伤，去山栀、通草、滑石寒凉清利之品，酌加仙鹤草、旱莲草、黄芪等益气养阴止血。

（3）脾肾气虚型：症见血尿、蛋白尿迁延日久，面色欠华，容易疲劳，胃纳欠振。舌不红，苔薄腻或带黄不燥，脉细。治宜健脾补肾，益气升清，以升阳益胃汤加减，主药为太子参、白术、茯苓、甘草、姜半夏、陈皮、黄芪、防风、柴胡、羌活、独活、泽泻、白芍等。

本型辨证要点，一是紫癜性肾炎迁延日久；二是面色欠华，容易疲劳，胃纳欠振，舌不红，苔薄腻或带黄不燥，脉细。临证一般用升阳益胃汤去苦寒之黄连；若舌苔偏燥，去羌活、独活、泽泻，酌加玉米须、白茅根；尿中红细胞为主，酌加仙鹤草、阿胶珠、山茱萸；尿蛋白为主，酌加山药、芡实、莲子。

（4）阴虚湿热型：症见血尿、蛋白尿反复不已，烦热多汗、夜寐不宁、胃纳欠振、大便或干或溏。舌偏红或暗红，苔白腻或黄腻，脉细弦。治宜清热养阴，行气利湿，以甘露饮加减，主药为生地、熟地、天冬、麦冬、石斛、黄芩、茵陈、甘草、枇杷叶、枳壳等。

本型辨证要点，一是紫癜性肾炎属肾病综合征型或慢性肾炎型，激素和（或）免疫抑制剂治疗中；二是舌偏红或暗红，苔白腻或黄腻，脉细弦。若舌体胖大边有齿印多为气阴两虚，因激素为阳热之品，日久必耗伤气阴，以致气阴两虚，用甘露饮去枇杷叶、枳壳、茵陈，加玉米须、白茅根；若蛋白

91

尿为主，酌加黄芪、太子参、莲子等；若血尿为主，酌加地骨皮、旱莲草、仙鹤草。

（5）病程中可酌情选用活血化瘀药，如丹参、川芎、益母草、牛膝。

医案1 方某，男，9岁，2012年10月12日初诊。因反复双下肢皮疹伴尿检异常1年余就诊。

患儿近来皮疹未发，尿红细胞（++），潜血（+++），尿蛋白（-），胃纳正常，大便偏干，咽红，扁桃体Ⅱ°肿大，舌红，苔薄黄腻，脉细弦。平素反复患扁桃体炎。西医诊断：紫癜性肾炎。中医诊断：尿血（下焦湿热）。治拟凉血止血，清利湿热。

处方：小蓟草15g，生地10g，通草6g，淡竹叶10g，甘草6g，藕节10g，蒲黄炭10g，白茅根30g，蝉蜕6g，丹皮6g，桔梗6g。14剂。

复诊：尿红细胞（+）。咽红好转，扁桃体仍Ⅱ°肿大，不红，纳可，大便润，舌偏红，苔薄白，脉细弦。上方去蝉蜕、丹皮、桔梗，加乌梅炭6g，生地榆10g，加减服用近3个月。病情未再反复，得以缓解。

按语 本案患儿病程较长，虽皮疹无反复发作，但肾脏损害持续，且平素反复患扁桃体炎。中医以小蓟饮子加减治疗，湿热症状改善，反复扁桃体炎得以控制，血尿亦缓解，体现了中医药在儿童血尿治疗中的优势。

小蓟饮子以导赤散加味组成。方中小蓟凉血止血，祛瘀生新；大量生地清热凉血、止血消瘀，共为君药。臣以炒蒲黄凉血止血，且利水道；藕节收涩止血，兼能化瘀。滑石清热利水，通草、竹叶、山栀清心、肺、三焦之火，使其从下而去，共为佐药。当归性温养血和血，以防诸药寒凉太过，炙甘草缓急止痛，调和诸药共为使药。全方配伍得当，止血之中寓以化瘀，使血止不留瘀；清利之中寓以养阴，使利水不伤正。本方药物多入心、小肠、膀胱经，直达病所，是历代医家治疗尿血的有效方剂。

医案2 石某，男，5岁4个月，2018年4月初诊。因反复镜下血尿7个月余就诊。

患儿于7个月余前无明显诱因下出现双下肢皮疹，色红，量较多，无明显瘙痒，无腹痛，无关节痛；查尿常规示红细胞（+～++），在当地医院住院治疗后好转（具体用药不详）。出院后双下肢皮疹偶有，但多次查尿常规示红细胞（+++）。胃纳正常，大便正常，尿量正常。查体：神清，精神可，心肺听诊无殊，腹软，无压痛、反跳痛。双下肢少量皮疹，舌红，苔薄，脉细。西医诊断：紫癜性肾炎。中医诊断：尿血（阴虚血热）。治宜清热养阴凉血为主。

处方：生地 10g，丹皮 9g，山药 10g，茯苓 10g，黄肉 9g，泽泻 9g，玉米须 30g，白茅根 30g，桔梗 6g，甘草 6g，陈皮 6g，淡竹叶 10g，丹参 9g。14 剂。

复诊：尿检红细胞减少，红细胞 5 个/HP，尿蛋白（±），双下肢皮疹未发，仍以六味地黄汤加减治疗。

按语 患儿反复皮疹、镜下血尿，病程较长，下焦阴津暗耗，阴虚火旺，虚火灼络，故选六味地黄汤加减清热凉血，滋阴降火。

医案 3 李某，男，11 岁，因双下肢皮疹半月余，于 2014 年 8 月 16 日初诊。

患儿半月余前出现双下肢皮疹，皮疹稠密，色鲜红，无明显腹痛及关节疼痛，无发热咳嗽，纳欠振，大便干结，小便正常，舌红，苔黄腻，脉滑数。西医诊断：过敏性紫癜。中医诊断：血证（血热妄行）。治拟清热解毒，凉血止血。

处方：水牛角 30g，生石膏 30g，生地 9g，知母 9g，连翘 6g，赤芍 6g，玄参 9g，丹皮 9g，紫草 9g，桔梗 9g，蝉蜕 6g，甘草 9g。7 剂，水煎服，每日 1 剂，分 2 次服用。

二诊：皮疹隐退，大便转润，治拟原法出入。继守上方去生石膏、水牛角，加姜半夏 9g。继服 14 剂。药后诸羔均和，随访年余，未见新发。

按语 过敏性紫癜以皮疹为主时可归中医学"血证"范畴。本案因邪热入血，迫血妄行，血溢脉外而成，治拟清热解毒，凉血止血。方选清瘟败毒饮加减治疗，药证相符，契合病机，疹退人和。

清瘟败毒饮虽是为治疗温热病所设，但盛老临床运用并不局限于传染病。盛老认为整个方剂以清泻气分大热为主，并清血分之热，防止温邪直入营血，且清中有透，清透相合使邪有出路，遵循温病"先安未受邪之地""入营尤可透热转气"的治疗原则，而小儿为稚阴稚阳之体，发病容易，传变迅速，特别是一些儿科杂病如过敏性紫癜、紫癜性肾炎、传染性单核细胞增多症、川崎病等，只要抓住热毒火邪充斥内外、气血两燔的病机特点，即可应用本方，这也充分体现了"异病同治"的辨证论治精神。

盛老运用清瘟败毒饮治疗时抓住两个辨证要点，一是急性起病阶段，表现为热证、实证；二是皮肤紫癜鲜红稠密或尿镜检红细胞较多，甚则肉眼血尿，舌红，苔黄腻，脉滑数。若热毒不甚，紫癜渐退，去石膏、知母、黄连、焦山栀、水牛角；若以血尿为主，酌加茜草、白茅根、紫草、地榆、侧柏叶、小蓟草；若见蛋白尿，酌加玉米须、泽泻、蝉蜕；若见发热、咳嗽、咽痛等外感风热症状，酌加金银花、牛蒡子、荆芥、淡豆豉。

医案4 袁某，男，9岁，因双下肢紫癜2周余，于2013年6月10日初诊。

患儿2周余前双下肢出现紫癜，在当地医院住院治疗，诊断为过敏性紫癜。治疗后皮疹渐消退。出院后，紫癜反复，下肢为主，紫癜呈鲜红色，量多，无腹痛、便血，咽红，纳正常，便干，尿检无殊，舌红，苔白腻，脉滑。治拟凉血清利，祛风化湿，以犀角地黄汤加味。

处方：水牛角15g，生地9g，赤芍9g，丹皮9g，荆芥6g，防风6g，姜半夏9g，蝉蜕6g，白茅根30g，茜草9g，紫草10g。14剂。

二诊：治疗2周，患儿紫癜明显消退，偶发，量少，能自行消退，无腹痛，无关节痛，纳便正常，咽红，舌淡红，苔薄腻，脉细弦。尿检正常。治拟益气升阳，清热除湿。

处方：姜半夏6g，炒白术9g，茯苓9g，甘草3g，柴胡6g，独活6g，防风6g，陈皮6g，紫草9g，白茅根30g，丹皮9g。颗粒剂7剂。药后病情稳定，紫癜已隐，舌净纳可，二便均调。随访半年，未见新发。

按语 患儿初诊时紫癜色鲜红，量多，咽红，便干，舌红，苔白腻，脉滑，中医辨证素有湿热内蕴，热邪炽盛，迫血妄行。方选犀角地黄汤加味。方中犀角地黄汤加紫草凉血清热，荆芥、防风、蝉蜕祛风泻热，清透达邪，白茅根、茜草凉血清利，姜半夏燥湿，佐治凉药。服药2周，紫癜明显消退，但湿热未尽，故二诊健脾升阳，清热除湿，另加凉血止血清利之品，标本兼顾。

近年来，由于方中主药犀角，属稀缺、保护之品，多以水牛角代之，但仍不失其清热凉血、化瘀解毒之良方美誉。水牛角清心肝而解热毒，直入血分而凉血，为方中君药；臣以生地清热凉血，养阴生津；白芍养血敛阴，助生地凉血和营泻热，丹皮清热凉血，活血散瘀，共为佐使。四药合用，共成清热解毒，凉血散瘀之剂。

盛老认为犀角地黄汤适用之小儿过敏性紫癜的主要病机是热入血分，迫血妄行，故紫癜鲜红，量多或斑片状。若量少，瘀呈暗红色不甚鲜，犀角（水牛角代）不用或少用，并注意酌加荆芥、防风、羌活、独活等祛风药。若表现为紫癜色淡而稀、便溏、舌淡等气不摄血之症，则不宜用本方。临床上合并关节疼痛者加牛膝；合并腹痛者加白芍；合并尿血者加白茅根、小蓟等；合并便血者加槐花、地榆等。治疗期间应防止外感，卧床休息，限制活动。

四、IgA肾病

IgA肾病是最为常见的一种原发性肾小球疾病之一，是指肾小球系膜区IgA或以IgA为主的免疫复合物沉积，伴或不伴有其他免疫球蛋白在肾小球系膜区沉积的原发性肾小球病。病变类型包括局灶节段性病变、毛细血管内增生性病变、系膜增生性病变、新月体病变及硬化性病变等。其临床表现为反复发作性肉眼血尿或镜下血尿，可伴有不同程度蛋白尿，部分患者可以出现严重高血压或者肾功能不全。

IgA肾病的诊断必须要有肾活检病理，必须要有免疫荧光或免疫组化的结果支持。其病理学特点：光镜下常见弥漫性系膜增生或局灶节段性增生；免疫荧光可见系膜区IgA或以IgA为主的免疫复合物沉积，这是IgA肾病的诊断标志。

本病西医无特殊治疗方法，临床根据病人不同表现及病程，采用不同措施，目的是保护肾功能，减慢病情进展。

IgA肾病临床上可表现为肉眼血尿、镜下血尿、持续性蛋白尿、肾病综合征、急进性肾炎、慢性肾衰竭等，中医需根据患者不同的临床表现进行辨证治疗。IgA肾病的发生发展，以气虚为本，乃肾气、脾气、肝气、肺气的虚损，湿热、瘀血是病情发展变化的主要病理因素。补气益肾，活血清利是治疗IgA肾病的主要方法。盛老治疗IgA肾病常常采用辨病与辨证相结合的原则。

医案 陈某，男，13岁，因确诊为IgA肾病9个月余，于2007年8月6日初诊。

患儿肾病综合征，肾活检示IgA肾病，肾小球轻微病变。尿检示红细胞（+++），蛋白质（++）。无浮肿，纳平，尿量正常，面色欠华，扁桃体红肿，手心灼热，舌偏红，苔薄，脉细弦。已采用激素治疗9个月，近已停药。治宜养阴益肾，益气健脾。

处方：生地12g，山药15g，萸肉9g，泽泻9g，丹皮9g，茯苓12g，生黄芪15g，仙鹤草30g，地骨皮12g，赤芍12g，玉米须30g，白茅根30g，紫草12g，生三七粉3g。14剂，水煎服，每日1剂，分2次服用。

2007年8月20日复诊：肾病综合征，服药后尿检示红细胞（++），蛋白质（+），余无殊，舌淡红，苔薄白，脉细弦。拟原方加减。

浙江中医临床名家·盛丽先

处方：生地 12g，山药 15g，萸肉 9g，茯苓 12g，仙鹤草 30g，当归 12g，黄芪 15g，玉米须 30g，白茅根 30g，淡豆豉 10g，紫草 12g，升麻 6g，元参 12g，生三七粉 3g。共 14 剂。

2007 年 9 月 4 日复诊：IgA 肾病，肾小球轻微病变。尿检示蛋白质（±），红细胞（++），潜血（+++）。血压 110/60mmHg，胃纳、大小便正常，尿量正常，舌淡红，苔薄，脉细弦。治拟益气养阴固肾。

处方：生地 12g，丹皮 9g，陈萸肉 9g，淡豆豉 15g，泽泻 9g，生黄芪 30g，防风 9g，炒白术 15g，仙鹤草 30g，旱莲草 15g，白茅根 30g，紫草 15g，赤芍 9g。共 28 剂。

2007 年 10 月 2 日复诊：IgA 肾病，治疗后尿蛋白转阴，红细胞少许，目前感冒咳嗽好转，胃纳正常，无自觉症状。治以健脾益肾。

处方：生黄芪 10g，党参 9g，茯苓 9g，炒白术 9g，生地 10g，丹皮 9g，萸肉 9g，怀山药 9g，泽泻 9g，生甘草 3g，仙鹤草 9g，白茅根 15g，姜半夏 9g，陈皮 6g。颗粒剂，共 28 剂，每日 1 剂，分 2 次开水冲服。

2008 年 6 月 3 日复诊：患儿 IgA 肾病，感冒后病情复发，查尿常规示蛋白质微量，红细胞（++）。纳平，尿量正常，无自觉症状，面色欠华，舌淡红，苔白腻带黄，脉细滑。证属气阴两虚，湿热内蕴，治以益气补肾，健脾化湿，佐以清利。

处方：生黄芪 20g，党参 12g，茯苓 12g，炒白术 12g，生地 12g，丹皮 9g，白茅根 30g，仙鹤草 30g，紫草 15g，炒米仁 15g，豆蔻仁 6g，蛇舌草 15g。共 28 剂。

2008 年 7 月 7 日复诊：IgA 肾病，尿检示红细胞（+），余无殊，舌淡红，苔薄白，脉细弦。治以益气养阴固肾。

处方：黄芪 10g，防风 6g，炒白术 9g，茯苓 9g，炙甘草 3g，当归 6g，生地 10g，熟地 10g，党参 9g，仙鹤草 9g，白茅根 15g，米仁 10g，山药 9g。颗粒剂，共 28 剂。

2008 年 8 月 4 日复诊：IgA 肾病，尿检示红细胞（+），尿蛋白阴性。胃纳正常，小便量正常，舌淡红，苔薄白。肾气阴不足，治以益气养阴固肾。

处方：黄芪 10g，党参 9g，生地 10g，熟地 10g，怀山药 9g，牡丹皮 9g，仙鹤草 9g，白茅根 15g，炒白术 9g，紫草 9g，茯苓 9g，枸杞子 6g，炒芡实 9g，砂仁 3g。颗粒剂，共 28 剂。

2008 年 9 月 1 日复诊：IgA 肾病，尿检示红细胞（+），生化、肾小管功能均正常。纳便可，尿量正常，尿色清，舌淡红，苔薄，脉细。治以调补脾肾。

处方：生黄芪 10g，生地 10g，熟地 10g，萸肉 9g，枸杞子 6g，山药 9g，党参 9g，仙鹤草 9g，白茅根 15g，炒白术 9g，砂仁 3g，紫草 9g，芡实 9g。颗粒剂，共 28 剂。

2008 年 10 月 6 日复诊：IgA 肾病，治疗后尿蛋白消退，生化恢复正常，当地查尿常规示红细胞（＋），纳平，舌淡红，苔薄，脉细弦。治宜养阴益肾凉血。

处方：生地 12g，仙鹤草 30g，生黄芪 30g，益母草 30g，白茅根 30g，旱莲草 15g，赤芍 9g，水牛角片（先煎）30g，当归 9g，陈萸肉 9g，丹皮 12g，紫草 15g。共 28 剂。

2008 年 11 月 3 日复诊：IgA 肾病，治疗后尿蛋白阴性，尿红细胞 3 ～ 5 个 /HP，近半年来未感冒，胃纳正常，舌淡红，苔薄白。肝肾不足，气血失和，治宜补益肝肾，调理气血。

处方：生黄芪 10g，党参 9g，生地 10g，熟地 10g，怀山药 9g，陈萸肉 9g，仙鹤草 9g，炒米仁 10g，炒白术 9g，白茅根 15g，枸杞子 6g，芡实 9g，砂仁 3g，当归 6g。颗粒剂，共 28 剂。

2008 年 12 月 9 日复诊：患儿患 IgA 肾病近 2 年，肾活检示 IgA 肾病，肾小球轻微病变。治疗后尿蛋白转阴，尿红细胞 2 ～ 3 个 /HP，扁桃体红肿，纳便正常，面色欠华，舌淡红，苔薄白，脉细弦，血压 110/60mmHg。拟益肺健脾，养阴固肾，佐以清热凉血。予膏方 1 剂巩固疗效。

膏方：生黄芪 200g，青防风 60g，炒白术 150g，生甘草 60g，生地 100g，熟地 100g，枸杞子 200g，怀山药 150g，陈萸肉 150g，牡丹皮 60g，白茯苓 100g，仙鹤草 150g，泽泻 60g，五味子 60g，天冬 100g，麦冬 100g，红枣 150g，阳春砂（后下）60g，川黄柏 60g，玉米须 150g，白茅根 150g，全当归 100g，紫丹参 100g，蛇舌草 150g，佛手片 100g，紫草 150g，陈阿胶 150g，龟版胶 150g，冰糖 300g，黄酒 250g。浓煎熬膏，冬至前后服用。

近来电话回访，此患者目前病情稳定，24 岁，现在攻读博士学位。

第五节　冬令膏方护儿康

膏方全称膏滋药方，是祖国医药一大瑰宝，膏滋的字义是沃泽、滋润，

浙江中医临床名家·盛丽先

包含补养之意。自古以来，人们在冬季阳气收藏之际，服用膏方防治疾病、固本清源，不失为治疗慢性病及防病养生行之有效的康复之道。儿童也不例外，通过合理调补，能增强体质、开发智力、增进食欲、助长发育。小儿冬令膏方必须严格掌握适应证，配方用药必须根据小儿生理病理特点，因人、因证、因地、因病、因体质而异。盛老将冬令膏方用于儿童慢性病临床辨证属虚或虚中夹实者，如反复呼吸道感染间歇期、哮喘缓解期、肾病综合征激素维持阶段、血小板减少症、迁延性肾炎、紫癜性肾炎、遗尿等，取得了良好效果。

【医案举隅】

医案 1 周某，男，10 岁。

反复易感，有过敏性鼻炎，常鼻塞流涕多喷嚏，常患扁桃体炎。已行腺样体切除术。胃纳可，夜寐不宁，舌淡红，苔薄少，脉细弦。患儿肺虚卫外不固，阴虚内热，拟益肺宣窍，养阴清热。予膏方 1 剂。

处方：生黄芪 150g，防风 60g，炒白术 100g，辛夷花 100g，鱼腥草 150g，炒黄芩 100g，肥知母 60g，生、熟地各 150g，北沙参 150g，天、麦冬各 100g，五味子 60g，制川芎 60g，炒赤、白芍各 60g，制玉竹 150g，女贞子 100g，旱莲草 100g，石斛 60g，生甘草 60g，杜百合 150g，乌元参 150g，胖大海 30g，藏青果 100g，京红枣 100g，佛手花 60g，龟版膏 250g，陈黄酒 250g，冰糖 250g。

医案 2 杨某，男，5 岁。

有哮喘、过敏性鼻炎、腺样体肥大、湿疹病史，感冒后入睡打鼾，平时易鼻塞打喷嚏，皮肤干燥，去年服膏方后哮喘发作减少。拟益肺补肾，养血祛风。予膏方 1 剂。

处方：生黄芪 150g，防风 60g，炒白术 100g，大生地 150g，炒山药 200g，陈萸肉 60g，牡丹皮 60g，云茯苓 150g，建泽泻 60g，太子参 200g，炙甘草 60g，生首乌 100g，荆芥穗 60g，白蒺藜 100g，鸡血藤 100g，全当归 100g，炒赤、白芍各 60g，制川芎 30g，徐长卿 60g，辛夷花 100g，浙贝母 150g，夏枯草 100g，炒黄芩 60g，枸杞子 200g，大红枣 200g，陈阿胶（烊冲）250g，陈黄酒 250g，冰糖 250g。

医案 3 江某，女，7 岁。

已服膏方 3 年。哮喘缓解 1 年余，胃强脾弱，喜纳不运，形体偏瘦，两眼近视，舌淡红，苔薄腻，脉细。时值冬令，拟健脾助运，补土生金，根治哮喘宿疾。予膏方 1 剂。

处方：太子参 150g，白茯苓 100g，炒白术 150g，炙甘草 60g，天、麦冬各 60g，五味子 60g，陈皮 60g，生黄芪 150g，枸杞子 200g，白菊花 60g，陈萸肉 100g，生、熟地各 100g，炒山药 200g，制玉竹 150g，制黄精 150g，大红枣 200g，佛手花 60g，制半夏 60g，川贝母 60g，炙冬花 100g，全当归 100g，益智仁 100g，女贞子 100g，六神曲 100g，陈阿胶 250g，陈黄酒 250g，冰糖 250g。

医案 4 陈某，男，12 岁。

反复患化脓性扁桃体炎。每因感受外邪引发扁桃体红肿溃疡，去年服膏方后好转，大便仍干燥艰行，唇舌偏红，苔薄少，脉细弦。属肺肾阴亏，心肝火旺，继拟滋补肾阴为主，壮水之主以制阳光。予膏方 1 剂。

处方：生、熟地各 150g，牡丹皮 100g，陈萸肉 100g，云茯苓 100g，炒山药 150g，建泽泻 100g，北沙参 150g，麦冬 100g，乌元参 150g，女贞子 100g，旱莲草 100g，枳壳 60g，藏青果 100g，胖大海 30g，马勃 30g，浙贝母 100g，蒲公英 100g，肥知母 60g，生首乌 150g，枸杞子 150g，生黄芪 150g，火麻仁 100g，野荞麦根 150g，大红枣 200g，龟版胶 250g，陈黄酒 250g，冰糖 250g。

医案 5 叶某，男，10 岁，早产儿。

反复感冒，鼻塞鼻痒，面色欠华，唇周干燥，常善吮唇。舌质偏红，苔薄少，脉细弦。属肺脾不足，肾阴亏损，拟益肺健脾，滋肾养阴。予膏方 1 剂。

生黄芪 200g，防风 30g，炒白术 100g，太子参 150g，云茯苓 100g，生甘草 60g，天、麦冬各 100g，五味子 60g，生、熟地各 100g，全当归 100g，铜皮石斛 60g，陈萸肉 60g，炒山药 200g，辛夷花 100g，炒苍耳子 100g，蝉蜕 30g，女贞子 100g，旱莲草 100g，枸杞子 150g，大红枣 200g，制黄精 100g，制玉竹 100g，炒白芍 100g，佛手片 60g，龟版胶 250g，陈黄酒 250g，冰糖 250g。

医案 6 郑某，男，9 岁。

肾病综合征缓解 6 年，肺脾不足，易患感冒，健运不力，饮食不为肌肤，形体偏瘦，大便量多气秽，粗糙不化，多食多便，苔薄腻，脉细弦。拟益气补肺，健脾助运，以扶后天之本。予膏方 1 剂。

潞党参 150g，云茯苓 120g，炒苍、白术各 100g，炙甘草 60g，炙黄芪

250g，五味子 30g，软防风 30g，炒山药 200g，炒扁豆 150g，炒芡实 150g，鸡内金 100g，炒山楂 100g，炒米仁 200g，枸杞子 150g，大红枣 200g，宣木瓜 30g，煨木香 30g，全当归 100g，生、熟地各 100g，炒白芍 100g，灵芝草 100g，佛手片 60g，制川芎 30g，砂仁壳 60g，陈阿胶（烊冲）250g，陈黄酒 250g，冰糖 250g。

医案 7 吴某，男，8 岁。

肾病综合征缓解后复发，激素诱导期，满月脸，烦躁多汗，大便偏干，夜寐欠宁，舌红，苔薄少，脉细弦。属肾阴不足，虚火偏旺，拟滋补肝肾，养阴清火。

处方：生、熟地各 150g，牡丹皮 200g，建泽泻 200g，陈萸肉 150g，云茯苓 150g，炒山药 200g，生黄芪 300g，全当归 300g，肥知母 100g，川黄柏 30g，绞股蓝 200g，炙甘草 200g，灵芝草 200g，女贞子 200g，旱莲草 200g，枸杞子 200g，紫丹参 200g，制川芎 60g，炒白术 200g，炒白芍 200g，制黄精 200g，制玉竹 200g，佛手片 100g，炒枳壳 60g，龟版胶 250g，陈黄酒 250g，冰糖 250g。

医案 8 陈某，女，12 岁。

单纯性血尿 1 年余，肺肾两虚，卫外不固，反复易感，扁桃体红肿，胃纳欠振，大便偏干，形体偏瘦，唇舌红，苔薄少，脉细弦。治拟益肺养阴，滋肾凉血。

处方：生黄芪 200g，防风 60g，炒白术 200g，北沙参 150g，天、麦冬各 60g，五味子 60g，大生地 150g，炒山药 200g，女贞子 100g，旱莲草 200g，炒赤芍 100g，牡丹皮 100g，白茅根 200g，仙鹤草 200g，紫草 150g，潞党参 150g，白茯苓 200g，炙甘草 100g，陈皮 100g，川贝母 60g，制冬花 100g，胖大海 60g，生地榆 150g，枸杞子 200g，津红枣 200g，姜半夏 150g，全当归 100g，炒芡实 200g，陈阿胶（烊冲）250g，陈黄酒 250g，冰糖 250g。

医案 9 沈某，男，13 岁。

过敏性紫癜、紫癜性肾炎 4 年余，肺气不足，卫外失固，反复易感，神疲乏力，面色少华，胃纳不振，尿常规示红细胞少许。属肺脾气虚，胃阴不足，治拟益肺健脾，滋补肾阴。

处方：生黄芪 200g，青防风 60g，炒白术 150g，太子参 200g，天冬 200g，麦冬 200g，五味子 60g，生地黄 150g，熟地黄 150g，炒山药 200g，陈萸肉 100g，牡丹皮 100g，建泽泻 100g，白茯苓 200g，炙甘草 100g，枸杞子 200g，旱莲草 200g，仙鹤草 150g，炒白芍 100，炒赤芍 100g，鸡内金 100g，炒谷芽 150g，陈皮 60g，大红枣 200g，紫草根 100g，炒荠菜花 150g，制黄精 200g，陈阿胶（烊冲）250g，陈黄酒 250g，晶冰糖 250g。

医案 10 汤某，男，7 岁。

肾小球性血尿 4 年余，肺脾气虚，胃阴不足，腠理疏松，易感外邪，胃纳不振，面色欠华，形体偏瘦，舌淡红，舌苔花剥，脉细弦。拟益肺健脾，滋补肾阴，凉血止血。

处方：生黄芪 150g，防风 60g，炒白术 150g，太子参 150g，北沙参 150g，炒白芍 100g，炒赤芍 100g，大生地 200g，牡丹皮 100g，陈萸肉 150g，建泽泻 100g，白茯苓 150g，炒山药 200g，女贞子 100g，旱莲草 200g，仙鹤草 150g，紫草根 150g，白茅根 300g，天冬 100g，麦冬 100g，炒麦芽 100g，炒谷芽 100g，炒芡实 200g，生甘草 100g，乌梅炭 60g，枸杞子 200g，五味子 60g，大红枣 200g，陈阿胶（烊冲）250g，陈黄酒 250g，晶冰糖 250g。

医案 11 顾某，男，6 岁。

生长发育缓慢，消瘦，面色少华，视力减退，胃纳欠振，大便易溏，舌偏淡，苔薄腻，脉细弱。属脾胃两虚，生化乏源，水谷无以充养肌肤，治拟益气健脾，扶持后天之本。

处方：潞党参 200g，云茯苓 150g，炒苍、白术各 150g，生甘草 60g，姜半夏 150g，煨木香 60g，煨葛根 150g，炒山药 200g，炒米仁 200g，炒芡实 200g，炒莲肉 150g，砂仁壳 60g，陈皮 60g，煨姜炭 60g，菟丝子 100g，补骨脂 60g，五味子 60g，益智仁 100g，枸杞子 150g，陈萸肉 60g，佛手片 60g，鸡内金 100g，六神曲 100g，津红枣 200g，陈阿胶（烊冲）250g，陈黄酒 250g，冰糖 250g。

医案 12 傅某，男，18 岁。

乙肝小三阳，面色少华，双眼睑时有浮肿，神疲乏力，胃纳正常，尿检正常，舌淡红，苔白腻。属脾肾不足，气滞湿蕴，拟补益肝肾，健脾化湿。

处方：潞党参 200g，白茯苓 200g，炒白术 200g，生甘草 100g，软柴胡 60g，炒赤、白芍各 100g，枸杞子 200g，生地黄 200g，全当归 200g，广郁金 100g，炒山药 200g，炒米仁 200g，姜半夏 200g，砂仁壳 60g，大红枣 200g，陈萸肉 150g，建泽泻 100g，牡丹皮 100g，青、陈皮各 60g，紫丹参 100g，制黄精 200g，蒲公英 150g，炙黄芪 200g，绵茵陈 200g，陈阿胶（烊冲）

150g，龟版胶 150g，冰糖 250g，陈黄酒 250g。

医案 13 马某，男，16 岁。

胃纳欠振，面部青春痘反复不已，肝肾不足，虚阳上扰，时有头痛，睡中惊跳，舌淡红，苔白腻，脉细弦。属脾虚湿热内阻，拟滋肾平肝，健脾助运佐以清利。

处方：生、熟地各 200g，陈萸肉 100g，炒山药 200g，牡丹皮 150g，建泽泻 100g，云茯苓 200g，明天麻 200g，炙甘草 100g，枸杞子 200g，白菊花 200g，煅龙骨 200g，鸡内金 200g，炒山楂 200g，决明子 200g，桑椹子 200g，炒白术 200g，炙鳖甲 100g，肥知母 100g，川黄柏 60g，津红枣 200g，制玉竹 200g，炒米仁 200g，紫丹参 200g，生黄芪 200g，龟版胶 250g，陈黄酒 250g，冰糖 250g。

（朱永琴，王其莉　整理）

第五章

学 术 成 就

第一节　四诊合参重舌诊

　　方药为临证治疗之凭借，有效的方药依赖精确的辨证，否则无论良方秘方，无明确之病因病机认识，不能显其用。墨子云："必知疾之所自起焉，方能攻之；不知疾之所自起，则弗能攻。"盛老临床上重视辨证论治，主张四诊合参辨别疾病之所因，病位之所在，病情之所属，病体之所异，最后才下处方。

　　四诊合参，即四诊并用，是中医诊断学的基本观点之一。望、闻、问、切四诊，是调查了解疾病四种不同的诊断方法，四诊之间是相互联系、不可分割的，因此在临床运用时，必须将它们有机地结合起来，也就是要"四诊合参"。只有这样才能全面而系统地了解病情，作出正确的判断。但由于乳婴儿言语未通，即使是年长儿也难以准确地表述其病情，杨云峰在《临证验舌法》中言："幼稚之病，往往闻之无息，问之无声，而唯有舌可以验。"幼儿切脉又难以配合，而舌诊相对客观，故盛老诊疗儿疾时非常注重舌诊。如京城名医肖友龙先生在新刻《三指禅》序中曾云："中医治病以望闻问切为四要诀：问诊在于得其病情，别其寒温，审其虚实；闻诊以辨别声音之调及嗅味，以诊察其疾病之所在，如儿科咳嗽声音、呕吐物的气味等。切诊注重辨脉。望诊要观神、察色、审体质、别形态，尤以舌诊更为重要。"

　　舌诊是祖国医学望诊中的重要内容之一，因舌体在口腔里面，和脏腑关系密切，故脏腑病症从舌苔上可以看得出来。早在《黄帝内经》和《伤寒论》等古典医籍中就有关于望舌诊病的记载。清代傅松元在《舌苔统志》自序中指出："盖舌为五脏六腑之总使。"《医门棒喝》一书指出："观舌质，可验其病之阴阳虚实，审苔垢，即知邪之寒热深浅也。"《辨舌指南》指出："四诊以望居先，察目色、观目神、辨舌苔、验齿垢四者中，尤以辨舌最为重要，盖舌为心之外候，苔乃胃之明征。"舌诊可通过观察机体内在的病变反映在舌质、舌苔方面的各种异常现象来获取诊断资料，分析疾病的性质、变化、转归及预后，为辨证施治提供科学依据。临床实践也证明，在疾病发展的过程中，舌象的变化迅速而明显，并能较客观地反映机体气血的盛衰，病邪的性质，病位的深浅，病势、病情的进展，成为指导临床辨证论治的依据。现将盛师临证舌诊体会叙述总结如下。

一、望舌可辨体质类型

《辨舌指南》有云："是以望舌可测其脏腑、经络、寒热、虚实也。"清代医家俞根初提出："观舌本，舌以候元气的盛衰。"舌为脾之外候，舌与胃相连，故望舌最能反映人体气血阴阳的盛衰，反映患儿的体质特点。

如小儿慢性咳嗽的病因复杂，病程长，临床常表现为表里同病、寒热错杂，虚实夹杂，故给分型带来一定难度。而每个患儿的素体体质是临床表现差异的内在因素，通过望舌辨体，有助于慢性咳嗽的临床证型分析。如舌偏淡，苔薄腻，平时多汗，遇风遇寒则咳嗽加剧者，考虑肺脾气虚体质；舌偏红，苔花剥，平时常单声干咳者，考虑阴虚内热体质；舌偏红，苔白腻，平时咳嗽痰多者，考虑痰热体质。又如小儿过敏性鼻炎，常见肺脾气虚型，但若望舌见舌淡胖苔白滑腻，考虑阳虚体质，临证予麻黄附子细辛汤加减，效果显然。

二、望舌可辨邪气性质

《医门棒喝》云："审苔垢即知邪之寒热。"苔薄者病邪在表为浅，苔厚者病邪在里为深；薄白苔常为外感风寒；薄黄苔常由外感风热之邪所致；若薄白夹有微黄苔，为外感风寒，邪渐化热之象；若苔黄带白，属邪在半表半里，或里热渐盛，表邪未尽。白腻苔者多夹痰、夹湿；苔黄腻或厚者则多夹湿热或食滞；若舌苔浅黄而腻，湿热尚轻，多邪在气分，湿重于热；若深黄而厚腻，为湿热并重之象。兼有津伤者则舌干苔燥；兼有阴虚者则舌红苔少。结合具体病证，如咳嗽，表寒证的舌苔一般为白苔，若为表热证，虽可出现黄苔，但小儿白苔者亦多见。痰湿咳嗽一般苔白而厚腻；化热出现痰热咳嗽时苔为黄或黄腻。若苔白湿润而厚腻，往往提示湿邪滞留。

三、望舌可测疾病预后

随着正邪消长和病情进退，舌象也往往呈现相应的变化。舌象出现异常，其根本原因是机体阴阳气血的异常，舌的形态改变是其外在表现。若舌苔由白转黄，表明病邪由表入里，由轻变重，由寒化热；若舌色由红转淡红为邪退之征。临床上，舌苔反应较舌色更为明显。若患儿舌苔厚腻或黄腻，若药对其证，往往 3 剂后舌苔就会转薄；如若之前苔薄，服药后舌苔转厚，提示闭门留寇，邪气无法外达。有时舌苔会先于症状而表现机体变化。如盛老临床常看到无明显外感症状的患儿，但舌苔较平常增厚，苔白腻或黄腻，往往提示患儿邪气外袭，闭郁肌表，随之会出现恶寒发热，有哮喘病史者有出现喘息发作之虞，故处方会注重应用疏宣解表之品以驱邪外达，可谓"先证而治"。

【医案举隅】

医案 洪某，男，1997 年 8 月 12 日出生。

2001 年 5 月 7 日，患儿因浮肿少尿 3 日于某医院住院治疗，诊断为肾病综合征（单纯型），肾穿活检示系膜增生，予常规治疗，激素治疗方案为泼尼松 10mg，每日 3 次（患儿当时体重为 15kg），当泼尼松减至 25mg，隔日 1 次时患儿出现眼睑浮肿，尿蛋白（+++）。因病情不明原因反复，家长要求出院，至当地省儿童医院就诊，诊断为肾病综合征复发，重新泼尼松诱导缓解治疗，并逐渐减量，当减至 20mg，隔日 1 次时又不明原因病情反复。至 2005 年 4 月减量时第 3 次复发，医院建议用环磷酰胺（CTX）冲击治疗，家长不同意而来求中医治疗。

2005 年 4 月 17 日，将患儿收住儿科病房，常规处理后，泼尼松改为曲安西龙片 16mg（早）、12mg（中）、12mg（晚）（患儿当时体重为 25.5kg），并用真武汤合五苓散加减治疗，2 周后尿蛋白转阴，病情缓解，继用 4 周，曲安西龙片减为 12mg，每日 2 次。患儿库欣综合征明显，面红多汗，食欲亢进，大便偏干，入睡不易，舌红，苔黄腻，脉弦滑。此为肝肾阴虚，虚阳上浮，湿热内阻，治拟滋阴潜阳，清利湿热。

处方：生地 12g，萸肉 6g，丹皮 9g，山药 12g，泽泻 9g，茯苓 9g，知母 9g，黄柏 6g，米仁 30g，玉米须 30g，白茅根 30g，砂仁 6g，甘草 6g。

上方加减服至 8 月 30 日，患儿病情稳定，此时曲安西龙片为 24mg，隔日 1 次和 16mg，隔日 1 次，交替口服。后激素按计划减量，继续上方加减服用 2 个月后，随着激素减量及中医治疗，库欣综合征渐渐改善，肾病未反复，但舌苔一直黄腻，继用二陈汤、平胃散、藿朴夏苓汤、三仁汤、香砂六君子汤加减治疗，尿常规、生化指标均正常，但舌苔仍黄腻。

2005 年 12 月 24 日，因反复口腔溃疡近 1 个月于门诊就诊。诊见面色欠华，乏力多汗，口腔多个溃疡，胃纳欠振，大便偏干，小便量少色黄，不易入睡，舌红，苔黄腻，脉细弦。尿检正常，此时曲安西龙片用量为 24mg，隔日 1 次。此为气阴两虚，湿热内阻，方以《太平惠民和剂局方》之甘露饮加减。

处方：生、熟地各 9g，天、麦冬各 9g，石斛 10g，黄连 3g，枇杷叶 10g，枳壳 6g，甘草 6g，人中白 6g，玉米须 30g，白茅根 30g。

7 剂后尿量增多，溃疡好转，舌苔仍黄腻，以三才封髓丹加减。

处方：太子参 10g，生、熟地各 10g，天、麦冬各 10g，黄柏 10g，砂仁 10g，甘草 10g，玉米须 30g，白茅根 30g，丹皮 9g，肉苁蓉 10g。

上方加减治疗月余舌苔转薄腻，继以健脾固肾法配合激素拖尾。

随访：2007 年 2 月，曲安西龙片减为 4mg，隔日 1 次时患儿出现尿蛋白（+），复查血常规、血生化、24 小时尿蛋白、尿肾小管功能均正常，上午 8 时血清皮质醇偏低，曲安西龙片改为 4mg，每日 1 次，7 日后尿蛋白转阴，继以曲安西龙片 4mg，隔日 1 次维持治疗。2011 年 1 月复查以上项目均正常，停激素，继中医调治 3 个月后停药，跟踪观察，2015 年 11 月因感冒来诊，肾病未复发。

按语 本案患儿西医诊断为肾病综合征（激素依赖），曾用二陈汤、平胃散、三仁汤、藿朴夏苓汤等不效后以甘露饮、三才封髓丹获效。大量、长期应用激素及温阳药会助热化火，火热与水湿互结，而成湿热，加之肾病过程迁延，蛋白流失过多，使真阴亏损而虚热内生，热与湿互结而成湿热。气阴两虚、湿热内阻可能是激素依赖的主要病机，也是黄腻苔的形成原因。肾病患儿湿热形成涉及肺、脾、胃、肾及三焦，且日久伤及肾之真阴真阳。"肾者主蛰，封藏之本，精之处也"，肾为水火之宅，水中之阳为真阳、元阳、命门之火也。只有真阳潜藏才能温养生气，真阳不足必危机四伏。故肾病患儿见黄腻苔仅从脾治、从湿治无效，改为治肾为主的三焦兼治，以《太平惠民和剂局方》之甘露饮和三才封髓丹加减获效。

（王其莉 整理）

第二节　善用和法调阴阳

　　和法属于八法之一，"和"者，平也，缓也，其作用既不同于汗、吐、下诸法专事攻邪，又不同于补法专事扶正。它是通过其特有的和缓、和解、疏通、调和、平衡等作用调其偏胜、扶其不足、驱除寒热，使病去人安。和法是中医独具特色的治疗大法，在临床中具有广泛的应用价值，也是中华传统文化中"和"的哲学思想在中医中的具体体现。和法的历史发展总共有两条主线。其一是从《黄帝内经》到《伤寒论》再到张景岳这一条线，即"和方之制，和其不和者也"；另一条是成无己提倡的少阳病用小柴胡汤和解。通过对历代和法方剂的分析，发现和法方的治疗重点在于肝脾，以小柴胡汤、泻心汤为代表，主要分为调和肝脾和调和脾胃。

　　小儿形气未充，腠理不实，阴阳两气均属不足，易感外邪，易夹痰夹滞，且感邪后易寒易热，易虚易实，寒热虚实相互转化或同时并存，且容易余邪不尽，故多见虚实相兼之证。盛老师认为和法用药平缓，不涉及大寒大热，大攻大补，适合小儿稚阴稚阳之体，在历代调和肝脾、调和脾胃的基础上提出调和营卫、调和肝脾、表里双解、温凉并用等是和法在儿科的具体应用。戴北山在《广瘟疫论》中论和法："寒热并用之谓和，补泻合剂之谓和，表里双解之谓和，平其亢厉之谓和。"

一、调和营卫

　　此法用于复感儿急性感染控制后或哮喘缓解期咳嗽迁延、多汗、时有低热等，盛老常以柴胡桂枝汤调和营卫。此方为小柴胡汤和桂枝汤的合方，小柴胡汤用太子参、甘草、大枣补益中焦脾土、化生气血、培土生金，以为胜邪之本；合柴胡、黄芩、半夏、生姜，从少阳之枢达太阳之气，逐在外之邪；桂枝汤，"外证得之解肌和营血，内证得之化气调阴阳"。两方合二为一，扶正祛邪，契合此时气虚邪恋之病机。盛老临床也常配以玉屏风散，仍不失扶正祛邪之配伍。

二、调和肝脾

　　此法盛老临床常用于小儿脾胃系病证，以四逆散加减。如急性胃炎、呕吐，合用温胆汤；厌食患儿苔白腻者合二陈汤加砂仁，苔少者加乌梅、芍药、石斛；肠痉挛腹痛者重用白芍，加乌梅、元胡；胃、十二指肠溃疡疼痛者合小建中汤等。

三、表里双解

小儿感冒高热，常现外寒内热之证，盛老常用羌活配石膏、柴胡配黄芩、葛根配白芷，宗柴葛解肌汤法以辛温配辛寒，表里双解，在表开通玄府，引热外泄，在里清透蕴热，使邪去热退。

四、温凉并用

如治疗感冒或外感咳嗽初起，盛老会以疏宣七味汤为基础方。用荆芥、防风辛微温与蝉蜕、薄荷辛微凉配伍，佐以桔梗、甘草、僵蚕。全方微温微凉，不寒不热，药性平和，能疏风宣肺、散结利咽，无论风寒、风热转化与并存，均可祛邪外达而无闭门留寇之弊。

【医案举隅】

医案1 杨某，男，3岁，低热三四日，2013年6月21日初诊。

体温为37.5～37.8℃，偶咳，痰少，无鼻塞流涕，不渴，胃纳欠振，大便偏干，咽红，扁桃体红肿，唇舌红，苔白腻，脉弦。治拟和解助运。

处方：柴胡6g，黄芩6g，姜半夏6g，桔梗3g，甘草3g，蝉蜕3g，大力子6g，浙贝6g，枳壳6g，炒谷芽9g，炒麦芽9g。7剂。

复诊：热退，清晨偶咳，胃纳欠振，大便偏干，咽红，舌淡红，苔薄腻，脉弦。拟和解助运。

处方：柴胡6g，黄芩6g，太子参6g，姜半夏6g，陈皮6g，红枣15g，桔梗3g，甘草3g，杏仁6g，浙贝6g，炒谷芽9g，炒麦芽9g。7剂后诸症好转。

按语 患儿低热三四日，不欲食，偶咳，少阳之气不得疏泄，郁而内扰，故以小柴胡汤加减疏通少阳之气，咽红、便干、唇舌红、苔白腻，为有热、有积滞之表现，故去扶正之参枣，加蝉蜕、大力子、桔梗、浙贝宣肺清热，炒谷麦芽消积运滞，以祛邪为主，服药后热退，舌转淡红，腻苔渐化，加参枣益气扶正以杜绝邪气入里，扶正与祛邪兼顾，全方表里同治，补泻兼施，邪去而正安。

医案 2 厉某，女，5 岁，发热 3 日，2013 年 4 月 1 日初诊。

体温峰值为 39.8℃，服布洛芬后热退而复升，无汗，咳嗽不爽，昼夜均咳，痰不易咯，鼻塞流清涕，大便偏干，咽红，扁桃体红肿，舌红，苔薄腻，脉浮数。血常规及 C 反应蛋白检查无殊。治拟疏宣清解化痰。

处方：柴胡 10g，黄芩 6g，葛根 15g，羌活 6g，三叶青 6g，桔梗 6g，蒲公英 15g，甘草 6g，浙贝 10g，杏仁 9g，白芷 9g。4 剂。

复诊：患儿热退，咳嗽减少，夜间不咳，纳平，大便偏干，咽红，扁桃体红肿，舌红，苔薄腻微黄，脉滑。拟清宣化痰。

处方：桔梗 6g，甘草 6g，浙贝 10g，杏仁 9g，竹沥半夏 9g，前胡 9g，大力子 9g，蝉蜕 6g，僵蚕 6g，姜黄 6g，陈皮 6g。5 剂后痊愈。

按语 患儿发热 3 日，无汗，鼻塞清涕，为风寒未解；咽红，扁桃体红肿，便干，舌红为邪渐入里，乃表寒里热之证，治当解表清热，以柴葛解肌汤加减。明代《伤寒六书》之柴葛解肌汤为治邪在三阳之方，柴胡解少阳之表，葛根、白芷解阳明之表，羌活解太阳之表，如是则表邪无容足之地，黄芩、三叶青、蒲公英清泻里热，全方辛温清凉同用，表里双解，故获效。

医案 3 俞某，男，13 个月，入睡多汗 1 周，2012 年 12 月 28 日初诊。

患儿日前新感，治疗后热退，不咳，但入睡后全身汗出湿衣，偶有流涕，面色少华，咽稍红，舌淡红，苔薄，指纹淡紫。治拟调和营卫，益气养阴。

处方：桂枝 3g，白芍 9g，大枣 10g，甘草 3g，黄芪 6g，太子参 6g，麦冬 6g，五味子 3g，糯稻根 6g，瘪桃干 6g，佛手 6g。7 剂。

复诊：患儿夜间汗出减少，胃纳可，大便调，舌淡红，苔薄，指纹淡紫。前方继服 1 周。

按语 患儿外感治疗后热退，邪去而正虚，营卫失和，致营气不能内守而敛藏，卫气不能卫外而固密，则津液从皮毛外泄而遍身汗出。方选黄芪桂枝汤调和营卫，生脉饮益气养阴以固本为治，瘪桃干、糯稻根固涩敛汗从标而治，标本结合。桂枝汤解表中寓敛汗之意，和营中有调卫之功，实质上是一首和解的方剂，用药缓和，药简效宏，符合小儿稚阴稚阳的生理特性。

医案 4 朱某，男，5 岁 4 个月，反复腹痛半年余，2014 年 4 月 24 日初诊。

脐周痛，呈阵发性，不剧，可自行缓解，无呕吐腹泻，无发热，胃纳欠振，大便调，舌淡红，苔薄腻，脉细弦。西医检查：血常规及 C 反应蛋白正常，生化无殊，腹部 B 超示肠系膜淋巴结增大。治拟健脾疏肝。

处方：柴胡 6g，枳壳 6g，白芍 12g，炙甘草 6g，太子参 10g，茯苓 9g，炒白术 10g，陈皮 6g，桔梗 3g，炒谷芽 10g。此方加减治疗 1 个月，随访半年腹痛未再发。

按语 患儿腹痛反复，时作时止，痛而无形，长期胃纳欠振，苔薄腻，脉细弦，乃小儿脾常不足，运化不及，气机失常，肝脾失和。选四逆散疏肝理脾，异功散益气健脾，行气化滞，桔梗升提上行，枳壳下降行散，二药互用，顺应脾升胃降之势，而增消胀散痞之力。肝气得疏，脾复健运，肝脾和调，腹痛愈。

小儿脏腑娇嫩，形气未充，阴阳两气均属不足。感邪后易寒易热，易虚易实，且往往寒热虚实相互转化或同时并存，故盛老认为临床治疗采用和解之法最为合拍，通过调和疏解，使患儿表里寒热虚实的错杂证候、脏腑阴阳气血的偏盛偏衰归于平和。和法用药平和，不涉及大寒大热、大攻大补，适合小儿稚阴稚阳之体，故往往一药即愈。

（王海云，王其莉 整理）

第三节　顾舞中焦呵生机

《素问·平人气象论》云："人以水谷为本，故人绝谷则死，脉无胃气亦死。"张仲景继承了《黄帝内经》的思想，进一步发展了脾胃理论，在儿科疾病的治疗中给予了重要的理论基础，具有重要的临床指导意义。如《金匮要略·脏腑经络先后病脉证》云"四季脾旺不受邪"，强调脾在四季中抵御外邪的重要性。并从治疗方面分别提出了五脏与脾胃的联系，如从肺脾论治的麦门冬汤，从心脾论治的甘麦大枣汤，从肝脾论治的左金丸，从肝胃论治的四逆散，从脾肾论治的四逆汤，同时嘱药后吃糜粥以养胃气，达到存护脾胃之阴的目的。李东垣是补土学派的创始人，在《脾胃论》中谈到："元气之充足，皆由脾胃之气无所伤，而后能滋养元气"，"百病皆由脾胃生"。《景岳全书》谓："土气为万物之源，胃气为养生之主，胃强则强，胃弱则衰。"明代儿科医家万全在《育婴家秘》中曰："万物五行皆籍土，人身脾胃是根基，四时调理和为贵，胃气常存怕损亏。"由此可见，历代医家从疾病的病因到治病思路及防病措施都非常重视中焦脾胃。

脾胃为后天之本，主运化水谷，承担着后天给养之功能，对于处于生长发育时期的小儿尤为重要。小儿由于五脏六腑成而未全，全而未壮，其气血津液的化生，四肢肌肉、筋骨的丰满，赖于脾胃的不断运化以化生和补充精微物质。陈复正在《幼幼集成》中说"小儿脏腑和平，脾胃壮实，则荣卫宣畅，津液流通，纵使多饮水浆，不能为病"，并指出"大凡小儿原气完顾，脾胃素强者，多食不伤，过时不饥。若儿先因本气不足，脾胃素亏者，多食易伤"。提出脾胃功能强弱与否是影响小儿疾病产生的关键，揭示了脾胃功能在小儿生长发育过程中的重要地位。脾胃的强弱直接关系到其他脏器的强弱，关系到人整体的强弱，故盛老临床无论防病治病均以顾舞脾胃为要旨。盛老认为小儿脾常不足，加之后天喂养不当，营养失衡，加重脾胃负担，不仅病脾胃者多，而且容易滋生他脏疾病，"脾胃内伤，百病由生"。无论本脏之病或他脏之疾，中土脾胃，生化之源，宜护不宜伐，宜运不宜滞。盛老的脾胃观具体体现在以下三个方面。

一、脾胃需刚柔相济

清代著名医家叶天士指出，脾与胃虽同属中土，但其功能有别、喜恶不同，提出了"胃喜润恶燥""脾胃异治"的观点。正如《临证指南医案》所云："太阴脾土得阳始运，阳明燥土得阴自安""以脾喜刚燥，胃喜柔润也""腑宜通即是补，甘濡润，胃气下行，则有效验"。盛老认为，脾和胃相互关联，失一则中运不健而致病。故临床应把握脾胃燥湿相济、刚柔相伍的特性，以指导用药、配伍。脾喜燥恶湿，用药忌柔用刚，常选党参、白术、苍术、砂仁、蔻仁等；胃喜润恶燥，用药忌刚用柔，常用山药、白芍、玉竹、石斛等。如以白术配白芍，健脾阳而不燥胃津；乌梅配甘草，酸甘化阴而不助脾湿。

二、脾胃需气机畅达

《临证指南医案》指出"脾宜升则健，胃宜降则和"。脾与胃，一阴一阳，脾宜升为健，胃宜降为和，脾胃升降相因。脾气升则水谷之精微得以输布，胃气降则水谷及其糟粕得以下降。盛老在前人理论基础上，根据自己的体会，指出无论虚实，调理脾胃，必要十分注意气机之升降，因脾胃之健运全赖以升降。临证处方中常配以柴胡、枳壳、桔梗、陈皮、木香、佛手片等行气药，以助脾胃升降出入之常。气机畅达才能使脾胃伏遏之热、蕴滞之湿、胶结之痰、停积之食得以推动荡涤，邪去而正安。

三、四旁诸疾执脾胃

《素问·经脉别论》中说:"食气入胃,散精于肝,淫气于筋,食气入胃,浊气归心,淫精于脉……饮入于胃,游溢精气,上输于脾,脾气散精,上归于肺,通调水道,下输膀胱,水精四布,五经并行。"概括了饮食消化的全部过程,是对脾胃运化水谷精微及输布水液功能的全面的认识。脾胃通过受纳、运化、升降,以化生气血津液而奉养周身,故称之为"生化之源""后天之本"。正所谓"平人之常气禀于胃""五脏六腑皆禀气于胃""人以胃气为本"。脾胃居中央灌四旁,因此顾舞脾胃,不仅能治疗本脏虚弱,也可解除他脏之疾。所谓四旁诸疾执脾胃,盛老常常提及,治病不忘本,除了脾胃自身本证外,与之息息相关的其他诸疾的治疗,如肺气虚、肾气不足等,健脾和胃法、健脾益气法也常用。如临床常见面色萎黄、形体消瘦、生长发育迟缓之患儿,多为脾胃本脏虚弱,治脾是正法。盛老常以黄芪、党参、太子参、白术、茯苓、甘草等甘味补益中州,健运脾胃,中土斡旋,生化有源,则生长发育恢复其常。然对感冒咳嗽不断,肺炎迁延难愈,哮喘反复发作之患儿,亦可从脾胃论治,选用异功散、六君子汤、二陈汤等加减培土以生金。对肾炎、肾病、遗尿等泌尿系统疾患,盛老常以实脾饮、平胃散、补中益气汤、理中汤等补土制水,从脾治肾。

【医案举隅】

韩某,男,2008 年 2 月 16 日出生,因腹胀 40 余日来诊。

患儿于出生后 18 日出现全身肌肤晦暗,腹部胀满,不能平卧,平卧则憋气哭闹。无恶心呕吐,无腹泻,无发热。于某医院就诊,诊断为肠道菌群失调,予地衣芽孢杆菌活菌胶囊口服及腹部按摩热敷处理,均未见好转。半个月后患儿因腹胀憋气加重,哭声弱,面色发灰,体重不增,有时大便、气体排出呈"爆炸样",至当地省儿童医院就诊。当时即被收入消化科住院,入院诊断为败血症、先天性巨结肠。住院期间,完善各项检查,并予头孢曲松、苯唑西林抗感染,小檗碱灌肠及补液支持治疗,腹胀憋气症状稍有好转。2008 年 4 月 6 日,外科会诊后仍考虑为先天性巨结肠,并要求进行全麻下直肠活检进一步明确诊断。家长(父母均是中医医师)考虑婴儿太小且全身状况极差,全麻风险过大故不同意活检,于 2008 年 4 月 8 日自动出院求治他们曾经的中医儿科老师盛老(此时患儿为出生后 58 天)。

既往史：有新生儿 ABO 溶血史，住院治疗后好转。

个人史：患儿系 G1P1，患儿早产 1 个月，出生时体重 3kg，身长 50cm，Apgar 评分 10 分。胎粪于出生 5 小时后排出，呈墨绿色。否认产伤窒息抢救史，母孕时体健，否认特殊用药史，母乳喂养 1 个月，后来以人工喂养为主，母乳喂养为辅混合喂养。就诊时为出生后 58 天，生长发育明显滞后于同龄儿，现体重为 3.25kg，按计划预防接种。

家族史：患儿父母体健，否认家族遗传病史。

查体：生命体征平稳，神清，精神软，消瘦，面部及全身皮肤晦暗无华，心肺无殊，腹膨隆，腹壁静脉显现，腹部脂肪消失，叩诊鼓音，未触及包块。神经系统检查未引出阳性体征。

辅助检查：2008 年 3 月 23 日，血常规：C 反应蛋白未见明显异常；胸部 X 线片示两肺纹理增多；腹部平片示肠胀气，低位肠梗阻征象；腹部 B 超示肝脾未见明显异常，腹腔胀气。2008 年 3 月 26 日，钡灌肠未见明显器质性病变。2008 年 3 月 28 日，下消化道动力功能检查未见明显异常。2008 年 3 月 30 日，血培养及 TORCH 未见异常。

西医诊断：先天性巨结肠。

中医诊疗：

初诊：2008 年 4 月 15 日。

中医四诊及辨证分析：患儿，男，58 天，腹胀 40 余日来诊。腹胀如鼓，不能平卧，平卧则憋气哭闹，腹壁青筋显现，腹部脂肪消失，叩诊鼓音，面部及全身肌肤晦暗无华，体重仅 3.25kg，胃纳可，大便时干时溏，每日 1～3 次，有时大便、气体排出呈"爆炸样"，夜寐不宁，苔白腻，指纹淡滞。拟健脾疏肝，行气导滞为先。

处方：姜半夏 9g，茯苓 9g，陈皮 6g，蔻仁 9g，柴胡 6g，生山楂 10g，炒枳壳 6g，炒白术 9g，苍术 9g，炙鸡内金 6g。颗粒剂，共 1 剂（服 3 日）。

二诊：2008 年 4 月 18 日。患儿"爆炸样"排便排气消失，大便每日 2～3 次，呈糊状，仅肠鸣矢气，腹胀膨隆如故，但平卧自如，无憋气哭吵，面色少华，皮肤晦暗好转，苔白腻，指纹淡滞。治拟益气健脾，升清降浊。

处方：太子参 10g，茯苓 9g，炒白术 9g，甘草 3g，葛根 9g，木香 6g，藿香 9g，炒麦芽 10g，蔻仁 9g，炙鸡内金 6g，炒枳壳 6g，厚朴 6g。颗粒剂，共 2 剂（服 6 日）。

三诊：2008 年 4 月 25 日。患儿腹胀好转，腹部平软，常矢气，大便每日 1 次，暗黄色，成形，食乳量逐渐增多，易呃逆，面色转华，苔白腻，指纹淡紫。拟前方加减。

处方：太子参10g，炒麦芽10g，砂仁3g，炙鸡内金6g，炒枳壳6g，厚朴6g，茯苓9g，炒白术9g，甘草3g，大腹皮6g，藿香9g，姜半夏9g。颗粒剂，共5剂（服15日）。

四诊：2008年5月15日。患儿腹胀完全消失，纳便如常，舌淡红，苔薄腻，指纹淡紫。予六君子汤加减以善后。

随访至2015年3月，患儿7岁1个月，身高125cm，体重22.5kg，无腹痛、腹胀等不适症状，胃纳大便正常。平时易感冒，一般中药治疗后能好转。

按语 患儿腹胀且高高鼓起，腹壁静脉显现，不能平卧，平卧则憋气哭吵。其中医病名为"䐜胀"。《素问·阴阳应象大论》曰："清气在下则生飧泄，浊气在上则生䐜胀""厥阴气至为䐜胀"。《辞海》解释"䐜"字为"即胀满而鼓起"。

患儿出生即患ABO溶血，潜在肝气郁滞，肝胆湿热之病机。又系早产，先天不足，加上两次住院期间大量抗生素的使用及母乳缺失所致后天失养，脾胃日渐虚弱。故土虚木亢，肝脾失和是患儿腹胀的病机关键。脾土不运，失却升清降浊之职，肝木乘之，浊气上逆则生䐜胀，毛发、肌肤失去濡养，故而面色晦暗无华。此乃虚实夹杂之候。首诊以二陈汤、四逆散及平胃散加减，健脾疏肝理气运滞为先，重在疏导。药后肠鸣、有矢气，说明气机开始运转，升清降浊功能有所恢复。二诊选钱乙的七味白术散为主方，重在扶土。寓四君子汤补脾气，藿香、木香降泄浊阴，葛根升腾清气。去柴胡加麦芽，疏肝理脾而无温燥劫阴之弊。著名老中医朱良春教授说："麦芽其性微温，味甘入脾，不仅消食和中，且为疏肝妙药。"本案后续治疗中均配伍麦芽，旨在疏肝不伤阴，消食又理脾。1周后患儿腹胀好转，大便成形，面色及肌肤转华，说明中土斡旋，气机升降出入逐渐恢复。嗣后，以六君子汤加麦芽调理2月余，腹胀完全消失，纳便逐渐好转，体重渐增，至患儿7周岁时其生长发育完全正常。这说明中医中药在治疗病因及诊断不甚明确的疑难病症时，从中焦脾胃入手，辨证准确，平淡之中可建奇功。

（连俊兰，王其莉，应　瑛　整理）

第四节　轻可去实伍风药

"轻可去实"之论追本溯源，其最早出典于《黄帝内经》。《素问·至真要大论》云："帝曰：气有多少，病有盛衰，治有缓急，方有大小，愿闻其约奈何？岐伯曰：气有高下，病有远近，证有中外，治有轻重，适其至所为故也……近者奇之，远者偶之……补上治上制以缓，补下治下制以急，急则气味厚，缓则气味薄，适其至所，此之谓也……奇之不去则偶之，是谓重方。"其又云"其在皮者汗而发之""因其轻而扬之"等，指出邪气在表之轻浅病证，可用发汗、轻扬宣散的治法。

"轻可去实"一词的明确提出，当见于元代王好古的《汤液本草》，其宗徐之才、成无己之说，曰："轻可去实，麻黄葛根之属是也。"指用轻扬疏解的药物治疗风温初起的实证。

温病学家善用轻剂是温病治法的特色之一。如吴鞠通在《温病条辨》中云："治上焦如羽，非轻不举。"创辛凉平剂银翘散治疗肺卫证，轻宣肺卫，清肃上焦。叶天士对"轻可去实"有较多论述，遣方用药多选质轻味薄之紫苏子、荆芥穗、牛蒡子、金银花、连翘、桑叶、菊花、薄荷叶、橘皮、桑白皮等。

近代蒲辅周老中医对"轻可去实"亦有发挥，其效法叶氏，处方用药，轻灵纯正，时于清淡处见神奇。曾以辛凉轻剂之桑菊饮治危重乙型脑炎，力挽危局。《蒲辅周医疗经验》载蒲老以麻杏苡甘汤加前胡、桔梗治疗急性肾炎之无汗、水肿，提壶揭盖，宣肺以发汗，开肺以利尿，收疏上源以利下流之效，药量虽轻而疗效彰显。

盛老总结历代医家论述，把"轻可去实"的含义主要概括为以下几点：以轻扬疏散、宣肺解表药物治疗卫表实证；以扬轻抑浊、开上启下药物治疗实证；以质轻味薄、轻清平淡量小药物治疗重病实证。

小儿为稚阴稚阳之体，脏腑娇嫩，形气未充，故罹疾之后，大辛大热、大苦大寒、重镇降泄之剂均应慎用。历代儿科医家遣方用药均求轻灵、平稳，以攻不伤正、补不恋邪。张景岳在《景岳全书·小儿则》中云："小儿脏气清灵，随拨随应，但能确得其本而撮取之，则一药可愈。"清代心禅僧所撰《一得集》指出："小儿脏腑柔脆，药入不能运化，是以用药宜轻。如外感风寒之邪，解肌疏表之药，每味几分可矣。药味亦不宜多，如药多而重，则药反过病，病必不能愈也。"因而轻可去实法非常适应小儿"脏气轻灵""随拨随应"之特性。盛老在儿科临床中常用此法，临证处方遵"轻灵活泼"之旨，用药善伍用风药。

风药是指荆芥、防风、柴胡、升麻、葛根、薄荷等一类药性升浮，气味辛薄，具有升、散、行、透、动等多种特性，能从不同的角度发挥功效的药物。风药升散向上，质轻可去实，味薄无碍胃气，是轻可去实法在选药上的具体体现。盛老在治疗小儿肺系、脾系、肾系病时均灵活辨证伍用风药，达到轻可去实之效。

盛老治疗小儿感冒，遣方选药宁轻勿重，宁浅勿深。而风药质轻味薄，可上行于肺，有轻扬升散、轻灵透邪之效，使肺清肃宣通之性恢复，用于治疗感冒实是正治之法；且味薄之品，无碍胃气，并且便于入口。盛老治疗小儿感冒，常选择荆芥、防风、苏叶、桑叶、菊花、薄荷、蝉蜕等风药，轻扬升散，疏风透表。

小儿慢性咳嗽病因以风邪贯穿始末，病位在肺，旁涉肝、脾、肾，病性多表现为寒热虚实错杂，表里同病。盛老根据多年临床经验，将慢性咳嗽分五型辨证，对于辨证属肺虚失固，风邪久恋型和风燥伤肺，咽失濡养型之咳嗽，在分别用玉屏风散益气固表扶助肺气、养阴清肺汤养阴润燥的同时，临证常配以辛温、辛凉的风药疏风解表、宣畅肺气，如辛夷、白芷、荆芥、防风、薄荷、蝉蜕、僵蚕等。

哮喘是儿童时期最常见的慢性非感染性呼吸系统疾病。其病程迁延，常反复发作。盛老经过长期临床观察，认为哮喘发作期主要病邪是风、痰、瘀，三者之中，又以风邪起主导性作用；缓解期主要病机是正虚邪恋，正虚有肺脾气虚、营卫失和、肺肾阴虚、肺脾肾三脏俱虚等，邪有风、寒、热、湿、痰、食等。风痰恋肺、营卫失和型，多见于有过敏性鼻炎史的特禀质患儿，表现为哮喘缓解期有鼻塞、流涕、鼻痒、喷嚏、咳嗽，平时多汗，治疗以调和营卫，益肺祛风。盛老常以桂枝汤为基础，重在调和营卫，合玉屏风散益肺固表，酌加风药辛夷、白芷、防风、蝉蜕等祛风宣窍，共奏调和营卫、益肺祛风之功效。

再如小儿反复呼吸道感染，盛老认为属中医"虚人感冒"范畴，多因正虚不固，易感外邪，邪毒恋肺，稍愈又作。初起多有外感表证，急则治其标，盛老临证时常配伍辛温、辛凉之风药先疏风宣肺为主。迁延期及恢复期，病情时缓时著，往来不已，证候错杂，病机主要为少阳枢机不利，盛老多以和解少阳法，取柴胡桂枝汤加减，风邪未尽者，临证常配以蝉蜕、防风、辛夷等风药祛风。孙弼纲在《咳喘专辑》中云："诸风药既可行卫气充肌肤以疏表逐邪，亦可行气血达于四末而逐寒复温，又可助阳入里以温脏腑。"

小儿过敏性鼻炎，盛老认为其辨证属虚、属寒者多。虚者以肺气虚、脾气虚为主，用玉屏风散、补中益气汤等补益肺脾，以升清阳。寒者以中阳不足、脾肾阳虚为主，以苓桂术甘汤温阳散寒，或以麻黄附子细辛汤、肾气丸加强温肾阳作用。同时过敏性疾病都与风邪有关，符合"风善行而数变"的特点，盛老常在辨证的基础上灵活运用风药疏风升散，上通鼻窍，如辛夷、苍耳子、白芷、荆芥、防风、蝉蜕、僵蚕等，可获良效。

风邪伤及小儿脾胃，多兼湿邪或寒邪。六淫致泄，湿为主邪，但多不离风邪。而风药多燥，既能行气，又能燥湿，盛老临床常选用羌活、独活、防风、藿香等风药，祛风胜湿，使表证得解，肺气得宣，脾胃健运，而泄泻自止。《素问·阴阳应象大论》曰："清气在下，则生飧泄。"盛老循东垣之法，下者举之，临床常配伍一二味祛风药，如柴胡、升麻、羌活、葛根之属，升发脾胃清阳之气，使泄泻自止。

小儿肾病综合征的中医病理特点为本虚标实，正虚为本，主要表现为肺、脾、肾三脏不同程度的虚损，邪实为标，主要是外感、水湿、湿热、瘀血等病理因素，从而构成各脏腑失调、阴阳失衡等错综复杂的病机。在深入探讨小儿肾病综合征复发的病因病机基础上，盛老总结出一套对应的中医防治方法和用药特点，并且十分注重风药在肾病治疗中的应用，有独到的经验和见解。盛老认为，肺卫不固，治节失司是小儿肾病综合征复发的原因之一，她治疗小儿肾病复发，常以固卫通阳法配以风药，以复肺之宣肃。肺复宣肃，则水液精微归其正道。脾虚失运，湿浊中阻也是其复发原因之一。脾居中央，为气机升降之枢纽，亦为水液及精微转运之枢纽，精微清纯者经由肺宣发于肌腠皮毛，精微浓厚者经由肺肃降至脏腑，其中浊液归于肾，再经由肾之气化，使浊中之清上升，浊中之浊下注膀胱，化为尿液。如脾虚湿困，脾不升清，浊亦不降，清浊杂陈，而致水肿、蛋白尿等病变。服用激素之肾病患儿，脾胃功能亢进，多表现为消谷易饥。但小儿脾常不足，摄食过多易生内湿，脾为湿困，则致湿浊中阻，清浊不分，肾病反复。中药味薄之品可引脾胃清气上行，升发阴阳之气，李东垣在《脾胃论》中云："脾胃不足，须用升麻、柴胡……升发阴阳之气。"其所创升阳益胃汤、补中益气汤等运用风药，正体现了鼓舞正气、运脾胃清升浊降的配伍方法。因此，盛老认为，小儿肾病蛋白尿持续不消者，可酌情配伍羌活、防风等风药，轻扬升散，恢复脾胃升降运化，可减少尿蛋白。

紫癜性肾炎的病因病机涉及外感、内伤诸多方面。盛老认为风、热、寒、湿之邪入侵是其病之外因，肺、脾、肾三脏功能失调是其病之内因。封藏失职、精微外泄、湿浊（湿热毒）之邪内蕴是其主要发病机理。该病以正气虚弱为本，尤以气虚、阴虚之虚为主；邪实蕴郁为标，尤以湿热之实为主。属本虚标实、虚实夹杂的病证。盛老治疗过敏性紫癜、紫癜性肾炎常配伍风药，注重风血并治、理血祛风。过敏性紫癜早中期多为风热、血热证，治宜凉血止血以祛风，方选清热地黄汤配伍祛风药。若紫癜性肾炎迁延日久，证属脾胃虚弱，清阳不升，湿邪留恋或湿蕴化热者，患儿多表现为蛋白尿或血尿、面色萎黄、四肢困倦、胃纳欠振、大便易溏、舌不红、苔白腻或薄黄腻、脉细等，盛老常以升阳益胃汤加减治疗。若患儿紫癜时发时止，皮肤干燥甚或脱屑，肤痒挠之起风团块，多因血虚肌燥生风，或血热伤阴生风，治宜养血滋阴以祛风，盛老常用养血滋阴药联合风药治疗。

小儿是稚阴稚阳之体，阳气柔弱，阴津未充，气血未盛，因此小儿湿疹用药戒峻攻呆补，慎燥烈苦寒，力求柔润平和。盛老认为，治疗小儿湿疹应注重因势利导用药。初则祛风清热、燥湿解毒为主，日久配以养血祛风；而风药必不可少，取其疏邪外出、开郁畅气、通阳胜湿的作用，常用消风散、当归饮子加减。

【医案举隅】

医案 1　金某，男，2 岁 6 个月，流清涕 2 个月余，2013 年 4 月 8 日初诊。

患儿 2 个月余前受凉后出现流清涕，量多，晨起明显，打喷嚏、鼻痒，无鼻塞，无咳嗽，无发热，无呕吐腹泻，胃纳欠振，大便正常，舌淡红，苔薄白，指纹淡紫。曾自服"感冒药"，未见明显好转，五官科诊断为过敏性鼻炎，予鼻喷剂治疗，家长考虑其为激素类药物未用，转诊中医。中医诊断：鼻鼽（肺脾气虚，风邪恋肺）。治拟益气固表，健脾升清。

处方：生黄芪 9g，炒白术 9g，防风 6g，升麻 3g，柴胡 6g，陈皮 6g，太子参 9g，茯苓 9g，桂枝 3g，甘草 6g，生麦芽 12g，五味子 6g。7 剂。

二诊：流涕明显减少，仍未净，为清涕，无咳嗽，无发热，服药后易呕吐，大便偏烂，日解 1～2 次，胃纳欠振，咽不红，舌淡红，苔薄腻，指纹淡紫。

治拟益肺健脾，和胃助运。

处方：姜半夏 6g，茯苓 9g，陈皮 6g，甘草 6g，炒白术 9g，太子参 6g，炒谷芽 10g，炒麦芽 10g，防风 3g，生黄芪 9g，炙枇杷叶 9g。7 剂。

按语 患儿肺脾气虚，风邪恋肺，益肺健脾的同时，配伍风药升麻引甘温之药上行，柴胡引少阳之气助脾升运，药证相符，标本兼治。

医案 2 吴某，女，4 岁 8 个月，反复腹泻 25 日，2013 年 1 月 20 日初诊。

患儿 25 日前出现腹泻，蛋花样便，常有泡沫，每日 5～6 次，每次量中等，有少许黏液，无血丝，不哭闹，时有肠鸣，无呕吐，无发热咳嗽，小便量减少，胃纳欠振，舌淡红，苔薄腻，指纹淡紫。曾在当地医院就诊，诊断为消化不良，予蒙脱石散、枯草杆菌二联活菌颗粒口服，腹泻时轻时重。便常规（2012 年 12 月 30 日）示白细胞 2～5 个 /HP；2013 年 1 月 20 日复查便常规示 0～1 个 /HP；轮状病毒阴性。西医诊断：消化不良。中医诊断：泄泻（脾胃气虚，湿热内蕴）。治拟健脾益气，清热利湿。

处方：太子参 6g，炒白术 6g，茯苓 6g，甘草 3g，煨葛根 6g，煨木香 3g，藿香 6g，炮姜炭 2g，黄连 1g，地锦草 6g，白芍 6g，羌活 6g。5 剂。

患儿服 5 剂后大便成形，每日 1 次。

按语 患儿泄泻日久，脾虚湿盛，湿郁日久则化热，湿热内蕴。故在健脾化湿清热的同时，配伍风药羌活可祛风胜湿，升发脾胃清阳之气。

医案 3 王某，男，7 岁 8 个月，反复浮肿、蛋白尿近 4 年，2014 年 6 月 2 日初诊。

患儿 4 岁时首次发病，在当地儿童医院住院治疗，诊断为肾病综合征，经激素治疗后尿蛋白转阴，在之后激素减量过程中，因外感多次复发。曾服匹多莫德等增强免疫，效果不甚理想。同年 5 月 1 日患儿又因外感出现尿蛋白（+++），至今尿蛋白未转阴，始来要求中医治疗。当时服用泼尼松 15mg，隔日 1 次，吗替麦考酚酯 0.25g，每日 2 次，眼睑浮肿，胃纳正常，大便偏干，日解 1 次，尿蛋白（+++），生化提示低蛋白血症、高脂血症，咽稍红，舌红，苔薄腻，脉细弦。诊断为肾病复发，泼尼松加量至 15mg，每日 1 次。中药予温阳固肾。

处方：桂枝 9g，制附子 6g，生地 10g，熟地 10g，山药 9g，山萸肉 9g，泽泻 9g，丹皮 9g，茯苓 9g，炒米仁 10g，乌梅 6g，黄芪 10g，玉米须 30g。颗粒剂 7 剂。

此剂加减用药 2 周，服药 1 周尿蛋白即转阴，泼尼松移行减量。

复诊：2014年6月26日。患儿无浮肿，未感冒，鼻不舒，无涕，纳佳，大便可，偶夜尿，尿检蛋白阴性，舌红，苔薄，脉细滑。治拟益肺固肾。

处方：生地10g，熟地10g，山药9g，萸肉9g，生黄芪10g，防风6g，白术9g，五味子6g，乌梅6g，玉米须30g，蝉蜕6g。颗粒剂。

此方加减服用3个月，激素逐步减量。

复诊：2014年10月6日。患儿感冒后出现尿蛋白（+++），当地医院治疗后尿蛋白转阴，激素未加量，现服用泼尼松15mg，隔日1次，不咳，动则多汗，纳便正常，舌淡红，苔薄，脉细。拟益肺和营固肾。前方去乌梅、五味子、蝉蜕，加桂枝汤。之后因感冒曾加以辛夷、白芷疏风通窍。

复诊：2015年1月26日。患儿尿蛋白（+）（运动多后），纳便可，无夜尿，汗不多，舌淡红，苔薄白，脉细弦。拟益肺健脾。

处方：太子参10g，茯苓9g，炒白术9g，甘草3g，黄芪10g，防风6g，黄柏6g，砂仁3g，山药9g，玉米须30g，白茅根15g。颗粒剂。

此方加减服药至今，患儿外感次数减少，肾病亦未反复，复查生化等各项指标正常，病情稳定，激素得以顺利减量。

按语 患儿素体虚弱，久用激素，肺虚卫外不固，每因外感而复发。盛老以益肺健脾固肾治其本，配伍风药以复肺之宣肃、脾之健运，则水液精微归其正道，兼有外感亦配伍风药疏散外邪。

（王海云 整理）

第五节 成果累累传薪火

盛老从事中医临床、教学、科研工作50余年，以身作则，兢兢业业诊治儿疾。时刻关心中医儿科事业的发展与传扬，在培养中医儿科人才上不遗余力。她除了师承带徒和培养研究生，还尽心带教进修生、留学生、规培生等，悉心教学，倾心授业，将毕生钻研中医理论和临床积累的丰富经验，通过专题讲座、临证带教、师生答疑互动等方式传播给学生，从经典理论学习到临床诊疗思路等，对师承人员进行悉心指导，发挥了良好的学术引领与辐射作用。盛老现每年在全省或全国儿科学术会议上作儿科学术专题讲座，传授学术思想、临床经验、经典读书体会等，专题名称如"儿童喉源性咳嗽中医证治思维""紫癜性肾炎辨证选用方药体悟""小儿咳喘病中医辨证选方"。

一、培养学术传承队伍

盛老培养学术继承人 19 名，传承团队中现有省级中青年名中医 1 人，高级职称 5 人，中级职称 14 人，硕士生导师 1 人，多人在各学术团体中任职，具体如下。

朱永琴主任医师，浙江省中医院，硕士生导师，任浙江省医学会儿科分会血液组委员，中华中医药学会儿童紫癜肾病协同创新共同体常务委员。

王海云副主任中医师，浙江省立同德医院，浙江省中青年名中医，任浙江省中医药学会儿科分会青年委员。

张源副主任医师，浙江省中医院，任浙江省医师协会儿科专业学组委员。

连俊兰副主任中医师，浙江省中西医结合医院，任全国高等教育学会儿科分会理事、全国中医促进会综合儿科分会理事、浙江省中医药学会儿科分会委员、杭州市中医药协会儿科分会秘书。

傅大治副主任中医师，杭州市第一人民医院，任浙江省中医药学会营养和食疗分会委员，杭州市中医药协会儿科专业委员会委员，杭州市中医药协会肿瘤专业委员会委员。

王艳主治中医师，浙江省中医院，任浙江中医药学会儿科分会青年委员、中国民族医药学会儿科分会理事。

王其莉主治中医师，浙江省中医院，任中国民族医药学会儿科分会理事。

胡芳主治中医师、童一心主治中医师，浙江省中医院。

王庆主治中医师，浙江省新华医院。

白月双副主任中医师，南京红十字会医院。

齐丽丽主治医师，浙江省台州医院。

董庆主治中医师，浙江大学医学院附属儿童医院。

陈银银主治中医师，浙江大学明州医院鄞州妇女儿童医院。

郭燕主治中医师，宁海县妇幼保健院。

李佩佩主治中医师，浙江中医药大学附属温州中医院。

林翔主治中医师，宁波市妇女儿童医院。

丁婷主治中医师，原就职于台州市中心医院，现调至当地社保中心。

杨雯雯主治中医师，临海市中医院。

叶龙主治中医师，温州市中西医结合医院。

二、学术传承人传承创新成果

在盛老师的悉心教导和关切下，学生们不断成长，足迹遍布省内外，为不同地区的中医儿科事业贡献自己的力量。他们学习恩师边临证边读书，边临证边科研，边实践边总结，兹将部分学术体会和成果收录于下。

1. 冬令扶正膏对哮喘缓解期患儿抗复发治疗疗效观察及对外周血 CD19、CD23 表达影响的研究

支气管哮喘是小儿常见的呼吸道疾病，其发病率及病死率有逐年上升的趋势。其发病与多种因素有关，包括特异性体质等内在因素和过敏原等外在因素，涉及自主神经系统、免疫、内分泌、感染和个体精神因素等。外周血 T、B 淋巴细胞等的异常活化在哮喘发病中起到重要作用。而外周血中 CD19 分子表达高低可代表 B 淋巴细胞水平，它具有调节 B 细胞的活化与增殖、参与 B 细胞的信号传导的功能，对 CD23 具有调控作用。已有研究表明治疗哮喘的药物能影响 CD23 的表达，如糖皮质激素可使 CD23 表达下降，说明治疗哮喘的药物作用机制之一可能在于调控 CD23 的表达，继而影响 IgE 的生成和释放，达到治疗的目的。

冬令扶正膏是盛老治疗哮喘缓解期的验方，由《医宗金鉴·幼科心法》之扶元散化裁而来，以六君子汤加黄芪、防风、山药、当归、石菖蒲、阿胶、冰糖、黄酒为主，浓煎取汁成膏。本膏方以六君子汤健脾燥湿化痰为主，加黄芪、防风，突出补益脾肺之气，尤以补脾为主，培土以生金；加当归养血活血，调和气血；加石菖蒲，辛温芳香醒脾，更能佐六君促中州运化，使上下气机贯通，久伏之痰湿得除。全方标本两顾，扶脾治本兼化痰湿，重在治脾，执中央脾运四旁，以后天补先天，中焦之治可达事半功倍之效。

该实验研究将 80 例哮喘缓解期患儿随机分成两组，各 40 例，治疗组采用冬令扶正膏口服治疗，对照组在疾病缓解期无药物治疗。随访观察 1 年，评估冬令扶正膏治疗前后患儿咳嗽、喘息、盗汗等症状的改善情况，并与对照组比较。同时采用抗 CD19、CD23 单抗免疫荧光标记流式细胞仪分析技术，测定 40 例哮喘缓解期患儿冬令扶正膏治疗前后和 40 例健康儿童外周血 $CD23^+$、$CD19^+$ 淋巴细胞的百分率，进行比较。结果：①哮喘缓解期患儿冬令扶正膏治疗总有效率为 92.5%，显效率为 75%；中医证候疗效总有效率为

浙江中医临床名家·盛丽先

97.5%，显效率为 77.5%。对照组总有效率为 37.5%，显效率为 15%；中医证候疗效总有效率为 30%，显效率为 12.5%。经统计学分析差异有显著意义。②哮喘缓解期患儿冬令扶正膏治疗前外周血 CD23$^+$ 淋巴细胞百分率（%）为 10.31±4.10、CD19$^+$ 淋巴细胞百分率（%）为 15.40±3.44；治疗后 3 个月 CD23$^+$ 淋巴细胞百分率（%）为 8.07±3.59、CD19$^+$ 淋巴细胞百分率（%）为 13.36±2.12，经统计学分析差异有显著意义。结论：①冬令扶正膏能减轻哮喘缓解期儿童哮喘发作程度，减少哮喘发作次数；能明显改善患儿的自汗、盗汗、倦怠乏力、纳差、便溏症状；能增加脾胃运化功能，从根本上改善患儿体质，减少感冒。冬令扶正膏治疗哮喘缓解期患儿有较好的临床疗效。②冬令扶正膏治疗后哮喘缓解期患儿外周血淋巴细胞 CD19、CD23 表达有所下降。

　　祖国医学将支气管哮喘归为"哮病"范畴，其发作期的病因病机为宿痰内伏，屡感外邪，引动伏饮，以致痰气交阻，壅塞气道，肺失宣降，喘促痰鸣。伏痰类似于呼吸道慢性炎症，为哮喘宿根。一有外邪触动伏痰，痰即随气升，气因痰阻，相互搏击，使呼吸道炎症和呼吸道高反应性加剧而哮喘发作，痰食互结亦能加重呼吸道炎症。盛老认为哮喘缓解期主要病机是本虚标实。正虚为本，邪实为标是哮喘缓解期的病理特征。其本虚有肺脾气虚，营卫失和和肺肾阴虚、肺脾肾三脏俱虚等；其邪实有风、寒、热、湿、痰、食等。临床上以肺脾气虚，痰湿内伏型最为多见，治疗上则以益气健脾，燥湿化痰为要。

（朱永琴等，浙江省中医药管理局资助课题，No.2006C031）

2. 扶正颗粒对免疫低下模型大鼠呼吸道免疫功能及 NK 细胞影响的研究

　　扶正颗粒是盛老临床使用多年的经验方，由《医宗金鉴·幼科心法》扶元散化裁而来，由四君子汤加黄芪、防风、当归、石菖蒲组成，具有补脾肺气，调和气血之功，其重在治脾，执中央脾运四旁，以后天补先天，从而增强人体抵抗力。临床观察发现其能有效地预防小儿呼吸道感染，减少反复呼吸道感染及哮喘小儿冬春季节感冒的发生率。朱永琴主任等在此基础上研究了扶正颗粒对环磷酰胺所致免疫低下模型大鼠免疫功能的影响及其作用机制。

　　研究方法：选用体重为 200g 左右的雄性 SD 大鼠共 50 只，随机分成正常组、模型对照组和扶正颗粒低、中、高剂量组，分别给予相应的处理，用流式细胞仪检测血中 $CD4^+$、$CD8^+$、$CD45R^+$、$CD161^+$ 淋巴细胞含量（%）的变化；并测定脾脏和胸腺的脏器指数。

研究结果：与模型对照组比较，不同剂量扶正颗粒能不同程度地提高肺脏、脾脏脏器指数；扶正颗粒中剂量组 $CD4^+$、$CD8^+$、$CD45R^+$、$CD161^+$ 淋巴细胞含量明显提高，高剂量组 $CD4^+$、$CD8^+$、$CD45R^+$ 淋巴细胞含量也明显提高，但 $CD161^+$ 淋巴细胞含量与治疗前无明显差异；扶正颗粒低、中、高剂量组之间 $CD4^+$、$CD8^+$、$CD45R^+$、$CD161^+$ 淋巴细胞含量有明显差异。

结论：扶正颗粒可以提高环磷酰胺所致免疫低下大鼠血淋巴细胞亚群的含量，提高肺脏、脾脏脏器指数，从而改善大鼠免疫功能。

（朱永琴等，浙江省中医药科技计划项目，2012ZB037）

3. 盛丽先教授儿童喉源性咳嗽辨证分型研究

研究目的：通过对 150 例喉源性咳嗽儿童的临床资料的采集与分析，探讨盛丽先教授儿童喉源性辨证分型的规律，并分析其与患儿年龄、性别及症状和证型的相关性，为以后临床儿童喉源性咳嗽的中医辨证分型及治疗提供一定的参考依据。

研究方法：临床收集 150 例儿童喉源性咳嗽病例，记录儿童喉源性咳嗽中医证候分型研究病例观察表，包括患儿性别、年龄、既往史、咳嗽病程、咳嗽情况、咽喉症状、咽部望诊、扁桃体情况、舌质、舌苔、脉象、兼证、饮食习惯等基本情况，运用 SPSS17.0 软件对相关数据进行统计学分析。

研究结果：①按盛丽先教授儿童喉源性咳嗽辨证分型分析得出结果，风邪久恋，肺气失宣型 60 例，占 40.0%；肺肾阴虚，咽喉失养型 45 例，占 30.0%；痰气互滞，肝脾失和型 32 例，占 21.3%；其他（痰热蕴肺型，禀质过敏型）13 例，占 8.7%。②各中医证型喉源性咳嗽患儿的年龄差异有统计学意义（$P < 0.01$），学龄前儿童以风邪久恋，肺气失宣型为主；学龄期至青春期以痰气互滞，肝脾失和型和肺肾阴虚，咽喉失养型为主。③喉源性咳嗽患儿性别的差异与中医证型分布无统计学意义（$P > 0.05$）。④症状与证型的相关性：风邪久恋，肺气失宣型的临床症状以咽痒即咳、干咳无痰、遇风或遇凉咳嗽加剧、滤泡增生、舌苔薄白或薄黄或薄腻为多见；痰气互滞，肝脾失和型的临床症状以咳嗽痰黏不易咳、咽喉似有异物感、咽壁白色黏液附着、苔白腻或厚腻为多见；肺肾阴虚，咽喉失养型以干咳少痰、咽干而咳、咽壁干燥而红、苔薄少或花剥为多见，说明以上各症状与证型的分布差异有统计学意义（$P < 0.01$）。

结论：儿童喉源性咳嗽辨证分型以风邪久恋，肺气失宣型为主，其次为肺肾阴虚，咽喉失养型。辨证分型的分布与患儿年龄有显著相关性，与性别无相关性；症状与各证型间有显著相关性。

（王珊珊，王海云，朱永琴等）

4. 益气健脾法治疗小儿肺脾气虚型肾病综合征47例临床分析

复发是肾病综合征治疗的难点。盛老经过多年的临床经验总结，认为小儿"肺脾常不足"是肾病发病和复发的内在基础，当以益气健脾法治疗。益气健脾法中，选用异功散合玉屏风散作为基本方。方中四君子汤为治疗脾气虚之要药，具有健脾调胃、扶正益气的作用。益气主要是补后天中气，即脾胃之气，也包括了肺气。因为肺气来源于脾，通过脾上归于肺后，肺气才能升降，通调百脉。如李东垣云："真气又名元气，乃先身生之精气，非胃气不能滋之。"故通过补益中气可以补益一身之气，而实现这一效果的正是脾的枢纽作用。脾虚宜健不宜补，脾土健运一方面可以充实和恢复一身之气；另一方面健脾可以化湿，可以升清。故益气健脾法以调动脾脏枢纽作用来达到补益肺脾，祛除湿邪，畅通水道，清升浊降，恢复肺、脾、肾三脏自然气化功能之效。

王其莉等在激素治疗的基础上，加入中药治疗了47例肺脾气虚型肾病综合征患儿，取得了较好的临床疗效，现报道如下。

研究方法：47例肾病综合征（肺脾气虚证）患儿均为2012年9月1日至2013年12月21日门诊就诊符合诊断标准的患儿。其中男35例，女12例；平均年龄为5.98±3.32岁；平均病程为2.10±2.40年；肾病初发12例，非频复发8例，频复发27例。

西医治疗：①诱导缓解阶段：2.0～1.5mg/（kg·d）；②巩固维持阶段：1.5～0.5mg/kg，隔日1次；③拖尾阶段：0.5～0.25mg/kg，隔日1次。

中药治疗：基本方以玉屏风散合异功散加减（黄芪、太子参或党参、白术、茯苓、防风、陈皮、甘草），剂量随年龄增减。随症加减：浮肿期，酌加温阳利水药如桂枝、麻黄、淡附子、猪苓等；大剂量激素阶段酌加滋阴潜阳药如黄柏、砂仁、知母、生地黄等；激素减量到隔日口服时，如呈现脾肾不足时，益气健脾同时酌加用温补肾阳药如巴戟天、山茱萸、补骨脂、菟丝子。激素停用后，继服益气健脾中药 1～3 个月。每日 1 剂，水煎 120～150ml，分 2 次服用。并随访观察 1 年。

观测指标：对于全部 47 例患儿，分别于治疗前和治疗后 1 年晨取血测免疫球蛋白类（IgA、IgG、IgM）、T 淋巴细胞亚群（$CD3^+$、$CD3^+/CD4^+$、$CD3^+/CD8^+$、$CD4^+/CD8^+$），选取处于激素拖尾阶段的 22 例患儿分别于治疗前和治疗半年后晨取血测血清皮质醇（上午 8 点）的变化，并观察复发情况。

研究结果：①治疗后 IgA 升高（$P < 0.05$），IgG 升高（$P < 0.001$），IgM 降低，但无统计学意义。② T 淋巴细胞亚群：治疗 1 年后 $CD3^+/CD4^+$ 细胞百分率值、$CD4^+/CD8^+$ 细胞百分率值均高于 1 年前（$P < 0.05$），$CD3^+/CD8^+$ 细胞百分率值低于 1 年前（$P < 0.05$），$CD3^+$ 细胞高于 1 年前，但无统计学差异。③血浆皮质醇：统计了处于激素拖尾阶段的 22 例患儿治疗半年前后血清皮质醇（上午 8 点）的变化，结果表明半年后皮质醇高于半年前（$P < 0.05$）。④复发情况：中医介入治疗 1 年后有 19 例未复发患儿，其中 6 例为频复发性肾病患儿。观察中医介入治疗前后复发次数变化，结果示治疗后肾病复发次数明显小于治疗前（$P < 0.001$）。

结论：加入中药治疗小儿肺脾气虚型肾病综合征可明显减少复发次数，调节免疫功能，促进肾上腺皮质功能恢复。

（王其莉等）

5. 30 例小儿难治性肾病激素巩固维持及拖尾阶段中医证型分布的相关研究

难治性肾病综合征（RNS）仍属中医"水肿"范畴，病情复杂，激素疗程较长，不同激素阶段的中医证候分型标准尚未统一。我们通过回顾性研究分析处于激素巩固维持及拖尾阶段的难治性肾病患儿证型，总结中医证候分布特点，并探讨不同中医证候与发病及预后的相关性。

研究方法：选取 30 例符合西医肾病综合征诊断，使用糖皮质激素长程疗法进行治疗，且处于激素巩固维持阶段（泼尼松或泼尼松龙 1.5～0.5mg/kg，隔日 1 次）和（或）拖尾阶段（泼尼松或泼尼松龙 ≤ 0.5mg/kg，隔日 1 次）的难治性肾病儿童患者，按中医辨证分型标准进行证型判断。

设计回顾性分析调查表，调查内容包括一般情况、复发因素、病程、临床表现、实验室检查、中医辨证分型等，填写调查表并建立 Excel 数据库，进行统计分析。

研究结果：①激素阶段与中医证型关系，激素巩固维持阶段，本证以气阴两虚证为主，兼夹证以湿热证兼夹为主；而拖尾阶段以脾肺气虚证为主，兼夹证多以外感证为主。②难治性肾病患儿中医证型与西医临床类型分布情况，脾肾阳虚证多以激素依赖型为主，脾肺气虚证、气阴两虚证多为频复发型。③各证型患儿实验室指标不同水平分布情况，在激素巩固维持及拖尾阶段，气阴两虚证较脾肾阳虚证和脾肺气虚证更容易出现尿 β_2 微球蛋白和尿微量蛋白升高的情况；在激素巩固维持及拖尾阶段各证型的血清白蛋白多为正常，气阴两虚证较易出现血浆总胆固醇升高，脾肾阳虚证三酰甘油升高较多。在激素巩固维持及拖尾阶段，脾肾阳虚证血浆皮质醇降低的比例相较其他各证型大，气阴两虚证次之。在激素巩固维持及拖尾阶段，脾肺气虚证血浆免疫球蛋白降低的比例较脾肾阳虚证和气阴两虚证大。④各证型 RNS 患儿复发情况，在激素巩固维持阶段，脾肺气虚证的复发率最高，脾肾阳虚证次之。在激素拖尾阶段，气阴两虚证复发率较高。其中呼吸道感染仍然是复发中感染的主要类型，其次是皮肤感染。而在无证患儿中，复发的主要原因则是非感染因素（如激素减量、饮食不节或原因不明等），且其在其他各证型患儿的复发因素中，也占到一定比例。

结论：在激素巩固维持阶段，本证证型以气阴两虚证为主，兼夹证多为湿热证，脾肺气虚证的复发率最高；激素拖尾阶段，本证则以脾肺气虚证为主，兼夹证则以外感证为主，气阴两虚证的患儿复发率较高。在激素巩固维持及拖尾阶段，气阴两虚证出现尿 β_2 微球蛋白和尿微量蛋白升高的概率最高，脾肺气虚证最容易出现免疫球蛋白降低，有统计学差异。

（丁 婷，童一心）

6. 98 例儿童原发性肾病综合征的临床分析

原发性肾病综合征（NS）的复发问题及转归影响因素多是患儿和儿科医师面临的主要问题。因此，在全国儿童肾脏协作组规定的诊断指南和标准化治疗原则下，如何分析患儿个体临床情况，因人施治，是诊治成功的关键。现代研究发现，中医药的配合运用可在减少药物副作用、巩固激素疗效、调整免疫功能、预防感染等方面发挥作用。本研究在西医激素正规治疗基础上，辅以中医阶段性辨证论治，对98例患儿进行临床疗效观察。

研究方法：选择在2000年1月～2013年4月在浙江省中医院儿科就诊，接受中医介入治疗的NS患儿作为研究对象，共98例。将资料完整的患儿根据以下情况分组：①中医介入治疗前曾复发的纳入复发组；②中医介入治疗前属频复发性肾病综合征（FRNS）、激素依赖性肾病综合征（SDNS）、激素耐药性肾病综合征（SRNS）的患儿纳入难治性肾病综合征（RNS）组。西医治疗按指南推荐的激素治疗方案。中医治疗方案根据盛老的治疗经验制订，具体如下。

（1）激素诱导缓解阶段：①初期，激素治疗2～3周内，多为脾肾阳虚证，治拟温阳利水，方选真武汤、实脾饮、五苓散、五皮饮加减，基本方药为淡附片、干姜、茯苓（皮）、炒白术、炒白芍、桂枝、猪苓、泽泻、甘草、玉米须、陈皮。②中后期，大剂量激素治疗2～3周后，多为阴虚阳亢证，治拟滋阴潜阳，方选知柏地黄丸、三才封髓丹加减，基本方药为知母、黄柏、砂仁、甘草、生地、丹皮、黄肉、怀山药、玉米须。

（2）激素巩固维持阶段：①初期，仍以阴虚阳亢为主证，治拟滋阴潜阳，基本方药同诱导缓解阶段中后期。②后期，激素引起的阴虚阳亢证逐渐转化为肺脾气虚证或脾肾两虚证。肺脾气虚证当益气健脾，方选异功散、玉屏风散加减，基本方药为生黄芪、党参（或太子参）、白术、茯苓、防风、陈皮、甘草、玉米须；脾肾两虚证当健脾固肾，方选异功散、保元汤和左归丸加减，基本方药为党参（或太子参）、炒白术、茯苓、黄芪、熟地、补骨脂、菟丝子、五味子、枸杞子、怀山药、甘草。

（3）激素拖尾阶段（约泼尼松≤0.5mg/kg，隔日1次）：该期患儿多为肺脾气虚证，以益气健脾为主，基本方药同巩固维持阶段后期肺脾气虚证，可酌加温补脾肾药，如巴戟天、山茱萸、补骨脂、仙灵脾等。

（4）激素停用阶段：在辨证论治基础上，患儿可继服健脾益肾中药1～3个月，预防感染，减少复发。

若兼见外感证，据四时季节不同及风邪兼夹之异，常用荆防败毒散、银翘散、麻黄连翘赤小豆汤、杏苏散等；若兼见湿热证，常用三仁汤、藿朴夏苓汤、甘露饮等；兼血瘀证，需适当选用活血化瘀药，如川芎、丹参、益母草等。

若患儿在病程中肾病复发或出现各种并发症及其他疾病时，中医治疗均根据患儿实际情况辨证施治，西医治疗参见各疾病诊断治疗标准。

从治疗疗效、激素停用情况、复发情况、感染情况、尿蛋白转阴时间、完全缓解时间等多方面进行观察。

研究结果：①近期临床疗效：98 例患儿中的 77 例纳入时病情未缓解（尿蛋白≥ +++）的患儿，结合中医阶段性辨证治疗 3 个月后，有 76 例病情缓解，缓解率为 98.7%。②长期临床疗效：98 例患儿中，临床治愈 21 例，完全缓解 75 例，部分缓解 2 例。③复发情况：随着中医介入治疗时间延长复发率呈降低趋势（相关系数为 −0.965，$P < 0.01$）。复发组 58 例患儿中医介入治疗后总复发率为 50%；中医介入治疗后的 1 年的感染次数、平均 1 年复发次数较前减少（$P < 0.01$），平均尿蛋白转阴时间较前缩短（$P < 0.01$），平均完全缓解持续时间较前延长（$P < 0.01$）。FRNS 组的 33 例患儿纳入后频复发率降至 21%。

（叶　龙，杨雯雯，王其莉 整理）

第
六
章

桃 李 天 下

第一节　桃李芬芳结硕果

枝繁茂盛，硕果累累，盛老辛勤耕耘 50 载，已桃李满天下。部分主要学术传承人介绍如下。

王海云，女，42 岁，山东泰安人，副主任中医师。1999 年，她于山东中医药大学本科毕业，同年考入浙江中医药大学，攻读中医儿科学硕士学位，师从盛丽先教授；2002 年毕业后，在浙江省立同德医院工作至今；为第五批全国老中医药专家学术经验继承人，指导老师是盛丽先教授；2017 年，入选"浙江省中医药传承与创新'十百千'人才工程（杏林工程）"省级中青年名中医；任浙江省中医药学会名老中医经验与学术流派传承分会委员、浙江省中医药学会中医诊断与方剂学分会委员、浙江省中医药学会儿科分会青年委员；主持、参与课题多项，发表论文 10 余篇，获浙江省中医药科技创新二等奖、三等奖。

傅大治，男，1977 年 10 月 26 日出生，浙江杭州人，中共党员，医学硕士，杭州市第一人民医院中医科副主任中医师，第五批全国老中医药专家学术经验继承人，师承盛丽先教授；现为盛丽先全国名老中医药专家传承工作室主要成员；担任浙江省医学会中西医结合过敏性疾病学组委员、浙江省中医药学会营养与食疗分会委员、杭州市中医药协会儿科专业委员会委员等职；擅长儿科肺系和肾系疾病的中医治疗。2001 年其本科毕业于浙江中医学院中医系后，一直在杭州市第一人民医院中医科从事临床工作；2012 年 9 月，经国家中医药管理局考核后，入选第五批全国名老中医药专家学术经验继承人，师承著名儿科专家盛丽先教授，并攻读师承硕士学位；2015 年 12 月完成学业，顺利出师，并获得专业硕士学位。其发表核心期刊论文 10 余篇；参与编写出版《盛丽先儿科临证经验选》《盛丽先儿科名方》等学术著作 3 本；主持杭州市卫生健康委员会课题 2 项（1 项已结题，1 项在研），合作浙江省中医药管理局课题 5 项。

朱永琴，女，1966 年出生，浙江长兴人，主任医师，硕士生导师。1989年，其于温州医科大学（原温州医学院）医学系本科毕业，毕业后在浙江省中医院儿科从事临床及教学工作至今。在工作期间完成了研究生课程学习；2002 年获得浙江大学医学院儿科硕士学位；2005 年 10 月至 2007 年 10 月参加浙江中医药大学成人教育学院举办的西医人员学习中医培训班，获结业证书。其现任盛丽先全国名老中医药专家传承工作室负责人、浙江省医学会儿科分会血液组委员、浙江省医师协会青春期医学专业委员会委员、浙江省人口与健康学会儿童健康专业委员会委员。其对儿科常见病、疑难病的诊治积累了丰富的临床经验，擅长中西医结合治疗儿童性早熟、矮小症、紫癜、肾病及慢性咳嗽、哮喘、鼻炎等疾病；主持和参与省部级及厅局级科研项目 9 项，获科研奖项 2 项，在国内学术期刊上发表论文 20 余篇，作为编委编写了《盛丽先儿科临证经验》。

王艳，女，1979 年 10 月出生，浙江桐庐人。2006 年，其毕业于浙江中医药大学中医儿科专业，硕士学位，研究生学历，毕业后工作于浙江中医药大学第一临床医学院中医儿科教研室、浙江省中医院儿科，任讲师、主治中医师。其现为中国民族医药学会儿科分会理事、浙江省中医药学会儿科分会青年委员、盛丽先全国名老中医药专家传承工作室成员。其在核心期刊上发表论文 5 篇，SCI 1 篇，主持厅局级课题 2 项，主持校级课题 2 项；临床主攻方向为中医药防治小儿肺系、肾系疾病。

连俊兰，女，40 岁，山西宁武人，副主任中医师。2002 年，其于山西中医药大学本科毕业，同年考入浙江中医药大学，攻读中医儿科学硕士学位，师从浙江省名中医盛丽先教授；2005 年毕业后，在杭州市红十字会医院工作至今。其为杭州市红十字会医院院青年中医人才，任中华中医药学会儿科分会委员、全国中医药高等教育学会儿科教育研究会理事、浙江省中医药学会儿科分会委员、杭州市中医药协会儿科专业委员会秘书。其主持、参与省厅级和局级课题多项，在国内期刊上发表了多篇文献，作为编委编写了《盛丽先儿科临证经验》；致力于中医儿科科普工作，创建"君子兰中医"公众号，其作品荣获 2017 年浙江省优秀中医药健康文化科普作品、第四届全国悦读中医活动悦读中医好感悟奖。其从事儿科临床工作 10 余年，擅长中医内、外治结合治疗小儿咳嗽、厌食、腹痛、遗尿、汗证、肾病、性早熟、矮小症等疾病。

王其莉，女，浙江上虞人，中医儿科学硕士，毕业于浙江中医药大学七年制中医学专业，2010 年成为盛丽先教授的研究生。其现任浙江省中医院儿科主治中医师、中国民族医药学会儿科分会理事、盛丽先全国名老中医药专家传承工作室秘书及成员。其从事儿科工作以来，发表 2 篇学术论文，5 篇会议论文，主持 2 项厅局级课题，参与 4 项厅局级课题，作为副主编编写了《盛丽先儿科临证经验》。

陈银银，女，1985 年 6 月 22 日出生，浙江象山人，硕士，主治中医师，2010 年 6 月毕业于浙江中医药大学七年制中医学专业，研究生方向中医儿科学，师从盛丽先教授。毕业后一直从事中医儿科门诊工作，目前就职于浙江大学明州医院鄞州妇女儿童医院中医儿科。

林翔，男，33 岁，浙江宁波人，主治中医师，2004 年考入浙江中医药大学，就读七年制中医学专业，师从浙江省名中医盛丽先教授。2011 年其毕业后在宁波市妇女儿童医院中医儿科工作至今；从事中医儿科临床工作近十年，擅长中医治疗小儿呼吸、消化系统常见疾病及儿童抽动症、遗尿、性早熟、肾病等疑难杂症；作为编委编写了《黄帝内经白话图解》。

第二节　从盛师治学侧记

一、传承人王海云治学侧记

1999 年 9 月，我进入浙江中医学院，师从盛丽先老师攻读中医儿科学硕士学位。入学没多久，盛老师交给我一项任务，写一篇关于小儿肾病研究进展的综述。当时我在图书馆，通过文献检索查到了很多相关文献，按照一般综述的思路和方法分类整理，撰写综述。盛老师翻阅之后，告诉我，对于每一篇文章，都要认真研读，要读出每篇文章的主旨，寻找每篇文章的不足之处。通过对众多文献的阅读，一定要形成自己的想法，不要人云亦云，不要跟着别人的思路走，无论是科研还是临床工作，都要求真、求实。后来，这篇综述我反复写了三遍，才最终定稿。从一篇综述的撰写中，我深深地体会到了盛老师严谨认真的工作态度和一丝不苟的工作作风。

研究生第二年，我开始跟随盛老师临床侍诊。找盛老师看病的病人很多，而且很多病人从外地赶来，想要当天返回，就要求盛老师加号。盛老师对于患者的加号请求，总是有求必应。对每一个患儿都仔细问诊，详阅病史，处方书写认真仔细，而且字迹有力、清楚。医院门诊是下午 5 点下班，盛老师总是要到晚上七八点才结束门诊。初次抄方的我，早已饿得头晕眼花。看着满脸疲惫的盛老师，我问："盛老师，你不饿吗？每个周六下午都是这样吗？"而盛老师回答："每次都这样，我都习惯了。患者大老远跑来看病不容易，总要都给他们看完。"盛老师当时已经是浙江省名中医，但一直保持原来 9 元的挂号费。之后几次调整挂号费，盛老师也总是推迟，多年后才调。"大医精诚"，古人之语，仍为今日之鉴。盛老师始终心存患儿，对患儿所受的疾苦，感同身受，经常教导我们："恻隐之心，人皆有之"。医生要以解除病人疾患为己任，"大医精诚"要用毕生的力量去践行。

2012 年，在工作 10 年之后，我入选了第五批全国老中医药专家学术经验继承人，再次跟随盛老师深入学习。再次跟师学习，带给我更多的感触。盛老师一直谨遵导师中医儿科大家马莲湘、詹起荪教授"勤求古训，体察儿情"的教导，兢兢业业诊治儿疾、培养后学。当时盛老师是已近 70 岁的高龄，每周仍坚持出门诊 4 ～ 5 天，对于患者加号的请求仍是不忍拒绝，同时根据患儿的病情，每次都要详细叮嘱家长患儿的饮食、起居等注意事项。对于学生的培养，盛老师秉承言传身教、严格要求的原则。"读书与临证，温故而知新，继承和发扬"，是盛老师的治学座右铭。盛老师临证五十载，仍坚持阅读医籍，努力践行"精读、勤写、深思、致用"。每当我们临床中遇到问题，盛老师总是要求我们先自己多看书，寻求答案，对于《黄帝内经》《伤寒论》《金匮要略》等经典的学习，要求学有所感、学有所思、学有所用。跟师三年，在盛老师的严格要求下，我累计撰写经典学习心得 12 篇。对师承期间的作业，盛老师都是认真修改，哪怕是一个错别字。2014 年，盛丽先全国名老中医药专家传承工作室启动建设，盛老师主讲儿科经方临证师承实录，倡导师生共同读书，教学相长。每次准备讲课的讲稿，盛老师都要反复查阅资料，对于每句条文都要详证出处，引经据典，力求准确无误，将自己多年的临床经验倾囊相授，毫无保留，并且尽量以通俗易懂的方式让儿科同仁掌握如何在临床应用。

二、传承人傅大治治学侧记

我中医儿科的师承学习，每一步都是在盛老师的指导下完成的，倾注了她大量的心血。盛老师在教给我们知识的同时，更关心爱护我们，她传授了许多为人、为医、做学问的道理，可谓诲人不倦。"读书与临证，温故而知新"不仅是盛老师工作室的格言，更是我从医路上的座右铭。

每次跟随老师出门诊，我总能被她的医德医风所折服，她永远会处在患者的立场为他们考虑，她总是舍弃中午休息的时间，为路远的患儿看病，总是不厌其烦指导每个患儿家属如何更好地喂养小儿，即便一天超负荷的门诊很疲劳，但她总是会一直很耐心、很认真地看完最后一个患儿。

盛老师的讲课一贯注重临床，实用简便，易学易用，总是那么生动、浅显易懂。不管工作室里的讲课，还是省、市继教学习班的专题讲座，都能深深地吸引我们。盛老师在对我的指导中指出名老中医学术经验继承的关键点在于学生能不断地阅读经典名著和临床实践，深入理解老师的诊疗思路。我希望以后一直跟随指导老师侍诊抄方，整理病案，临证实践，继承发扬老师的学术思想和经验，造福于广大儿童患者。

特别是在我完成硕士毕业论文过程中，我必须要感谢我的导师盛丽先教授，感谢她在学习及生活中给予我的指引与帮助。盛老师学识渊博，在学术上有很大成就，对我的论文要求很严格，从开题、初稿形成到一遍一遍地修改与完善，盛老师都给予了非常认真与细心的指导，我非常敬佩盛老师严谨务实的研究精神与诲人不倦的优良美德；在生活学习中难免有困惑的时候，听盛老师讲话真的会茅塞顿开，有"听君一席话，胜读十年书"的感慨，这就是智者向我传授的人生哲学，值得我细细体会。

我在此向我尊敬的导师致以崇高的敬意！

三、传承人朱永琴治学侧记

我从温州医学院毕业进入浙江省中医院儿科工作后接触中医，刚开始因医院要求按照模板学写中医病例，在工作期间渐渐地了解了一些中医知识，看到科室的前辈们用中医中药治疗儿科常见病、多发病，如感冒、流行性腮腺炎、支气管炎、肺炎、腹泻、肾炎等疾病，每每能取得很好的治疗效果，慢慢地产生了要学点中医知识的念头。记得毕业后三四年，上海中医药大学来医院招收西学中双学位学生，我还报了名，当时因科室工作安排困难，未能如愿。从 1998 年医教结合盛老任浙江省中医院儿科主任及教研室主任起，至医院儿科门诊及病房开展临床工作，我便更多地接触到盛老，后常常听她讲课、查房。自 2007 年西学中培训班结业后，我开启了习医新旅程，后跟盛老门诊抄方，得到了盛老师耐心指导，慢慢地开始用中医中药治疗儿童疾病，如感冒、哮喘、慢性咳嗽、紫癜、性早熟等。在盛老的带领下我们儿科不断发展壮大，我们也学到了更多的中医理论知识及临床经验。更庆幸的是，2014 年我成为盛老名老中医工作室负责人，有了更多的机会学习盛老的临证经验。在跟随盛老 20 载的工作、学习旅途中，盛老的学习、工作态度给我留下了深刻的影响。

从盛老身上，我看到了一个真正的"活到老，学到老"的医务工作者。在 50 载的从医生涯中，盛老坚持读书与临证相结合，力求精益求精，她勤求古训，博采众长，衷中参西。盛老除了勤学中医经典理论、经方等之外，还努力学习和汲取与中医学科相关的西医理论及诊疗技术，如儿童肾病综合征、紫癜性肾炎、哮喘、肺含铁血黄素沉着症、系统性红斑狼疮等的诊疗规范及指南。她主张中医辨证与西医辨病相结合，使中西医优势互补，扬长避短，获得更佳的临床疗效。特别是对小儿难治性肾病综合征、过敏性紫癜、紫癜性肾炎、哮喘、儿童慢性咳嗽、慢性腹泻等疾病，进行了深入研究，并总结治疗疗效，形成了经验方，如固元汤、扶正颗粒、止咳六味汤、小儿止泻散等，供后生学习、继承与发扬。她要求我们在学好中医中药的同时，也要好好学习西医知识为中医所用。在名老中医药专家传承工作室建设期间，她常常在一天辛苦工作之后，陪我们去书店挑选书籍，如《内经知要》《黄煌经方使用手册》《重订医学衷中参西录》《胡希恕经方用药心得十讲：经方用药初探》《刘渡舟伤寒论讲稿》《药证与经方：常用中药与经典配方的应用经验解说》《张介安儿科临床经验集》等供大家学习，同时她自己也常带几本书回家细细研读。

盛老的临床工作态度也是我们自叹不如的，她临证工作认真负责、耐心仔细。盛老常常教导我们：病人的一症一状都是诊断的线索、能真实地反映药物的疗效，所以详细询问病史及认真体格检查是我们临床诊治疾病的重要环节，即四诊摘要是中医正确辨证论治的关键。当遇上危重疑难病例时，她查阅资料，更新理念，锲而不舍地解除疑难。对于有就诊需求的病人，不管多晚都给加号，因此常常是上午半天的门诊都要拖到下午三四点才能结束；

浙江中医临床名家·盛丽先

对于家庭经济困难的患者，经常免除专家挂号费；对于确实需要住院而无床位的患儿，她会亲自去病房帮助联系解决。"大医精诚"，盛老以解除病人疾患为己任，在岐黄之路上践行着自己的精和诚。

盛老热爱教育事业，热衷于给本科生及研究生讲课。"每课必备，备课必细"是盛老的教学工作态度。"授人以鱼只救一时之急，授人以渔则可解一生之需"是盛老的教学座右铭。盛老治学严谨、竭思尽虑，在严于律己的同时，也严格要求学术继承人，对他们的跟师笔记、临证心得体会等一一认真批阅，绝不马虎，她要求我们既要勤学还要活用。她常常不知辛苦地指导学生、科室下级医师开展科研研究及撰写学术论文。

盛老是我们的良师益友，也是我们的慈母，她除了给我们学术指导之外，还给了我们母亲般的关怀。

四、传承人王艳治学侧记

2013年金秋，我来到了美丽的西子湖畔，此后的3年里我师从盛丽先教授，老师给我传道、授业、解惑。毕业后又有幸与老师成为同事，一起工作、交流。15年来与老师相处的点点滴滴，历历在目。在中医的道路上，尤其是中医儿科的道路上，她是我的领路人，领我进入了中医儿科这扇神圣的大门，将"勤求古训，体察儿情"的治学临证准则深深刻入了我的脑海。记得第一次见到盛老师是在她周末门诊的诊室里，当时只见盛老师右手边是三四个小患者及家长，对面及身后坐着一群跟师的学生，其中还有两三个外国留学生。只记得当时首先看到的是老师的背影，穿着一身白大衣的温暖背影。她就坐在桌前，一边仔细询问小患者的病情，一边时不时给学生讲解医理。我进门后就这样静静站在老师背后，非常认真地听老师讲解，这就是我与中医儿科的第一次邂逅。趁着老师看完一位患儿的间歇期，我向前轻轻唤了一声："盛老师，我是今年刚上线的研究生，我想跟您。"老师很温柔地看着我，朝我微笑、点头。当时就一股暖流涌上心头，拜师前的紧张、忐忑不安感顿时消散。老师就是这样一位和蔼可亲、给人以无限温暖的人。这就是我第一次拜见老师时的感觉，至今仍记忆犹新。在以后跟师学习的日子里，老师对我们更多的是言传身教，以身作则。"读书与临证，温故而知新，继承和发扬"是她的治学座右铭。老师今年已75岁高龄，但仍坚持每周有4天左右的门诊时间，每次上午门诊都一直要忙到下午两三点才结束。现在仍保持着阅读和查阅古书、医案的习惯。老师认为只有不断地临证，不断地读书，才能理论联系实际，把医理参得更透，把病证辨得更清。这些都为我指明了一条如何学好中医、用好中医的捷径，令我终身受益。在为医做人的道路上，老师亦是我的指路人。对待病人她总怀有一颗同情之心、帮助之心、关怀之心。记得有一位新昌的肾病病人，家境贫困，来就诊交通十分不便利，每次早晨四五点出门也要下午一两点才能赶到医院。老师得知情况后，每次都免收专家费，还给予力所能及的照顾。她以看似微不足道的行动给病人带去了无限温暖。如今她曾经治疗的患儿已成家立业，结婚生子，他们的子女每每生病时仍还是会想方设法找到盛老师，她是家长们信任的好医生。在善学创新的道路上，老师亦是我的指路人。老师得名医马莲湘、詹起荪的真传，结合自己的临床心得、见解，创立了一批临床疗效肯定的验方。盛老师善于接受新事物，在五六年前微信刚兴起时，就已能熟练运用文字、语音跟我们沟通了。为了更好地使用计算机、手机等信息化工具，盛老师特地报名参加了浙江省老年大学的拼音班、手机班。盛老师在我心中，亦师，亦友，亦亲人。我会学习老师的为人处世之道，传承老师的学术思想，做好一名合格的小儿医。

五、传承人连俊兰治学侧记

从师 16 年，点点滴滴尽在眼前。生活中恩师母亲般的关怀，学习中恩师无私的教导，工作中言传身教的启迪都令学生受益终身。

（一）和蔼可亲，神采奕奕

2002 年秋天，我从遥远的北方考入浙江中医学院攻读中医儿科硕士研究生。面试前夕紧张到无法入睡的情景仍然历历在目，然真正见到盛老师时，她微笑着和蔼可亲的样子，一下子让我放松下来。盛老师拉着我的手问我对杭州印象如何，和北方差别大能否适应……聊起我大学儿科老师宋秀琴老师时更是亲切万分。对面试的担心，对未来新生活的畏惧因为这一暖心的开场而消散殆尽。心中为能遇到这样令人敬爱的、和蔼可亲的老师而暗自庆幸。直到如今，回忆我的求学生涯，最愉快的阶段当属研究生三年，这三年不仅学到了知识，丰富了阅历，更重要的是一直有温暖相伴，有盛老师的关爱呵护着。

盛老师是一位令人敬爱的长者，一位神采奕奕的讲者！

二年级上专业课期间，听盛老师讲课可谓是一种精神享受，站着授课一直是盛师的习惯，也可以说是一种坚持。她总是一堂课站到底，双目炯炯有神，

浙江中医临床名家·盛丽先

思路清晰，引经据典，理论结合临床，列举着一个个生动的临床案例，在三尺讲台上挥洒着一位专业儿科老师的风采。"神采奕奕"是对盛老师授课情形最准确的描述。无论何时，每每想到老师授课的时候，就会有一种力量鼓舞着我，不仅要做一位大医精诚的好医生，还要成为一位传道授业的好老师。唯有如此，我们热爱的中医事业才能传承和发扬，为更多因疾病而困扰的人们排忧解难。

（二）大医精诚，兢兢业业

大医精诚是每一位从医者应有的风格，然能真正做到的为数不多，盛老师是我见到的第一位。

第一次跟师抄方，我被那么多的待诊病人几乎吓到了。下午门诊看到夜幕降临，门外还有十几个病人，饥肠辘辘自不必说，坐了一下午厕所都没来得及上，自己腰酸背痛，情绪低落。再看看老师，她竟没有半点疲倦之神，依旧是认真地有条不紊地问诊、开方。中间还不忘关照外地赶来的患者，叮嘱排号的学生："不管有多晚，一定要照顾他们，不枉人家大老远赶来，是对我们的信任，大人孩子都辛苦啊！"儿科医生有一些特殊性，在我们具备中医儿科医生的素养同时，还要有一颗童心，一颗会融入孩子世界的稚嫩心灵。只有真正面诊时，才会知道儿科医生的亲和力有多重要！老师总是那么慈祥温和，患儿们来看盛奶奶，似乎与疾病无关，盛老师只是握握患儿的小手，看看他的"小白兔"牙齿而已……孩子们都喜欢盛老师，见到盛老师亲切地叫她"盛奶奶"，而盛老师也确实担得起这声称呼，老师不仅态度和蔼有耐心，急病人之所急，更有精益求精的医术，总是告诫我们："要多读书，读好书，学以致用，以方小费少治病，不给病人添负担"，"我们的病人不只是病人，我们在为孩子们看病的同时，他们为我们提供了诊治的线索。将心比心，怀有爱心和童心，治愈疾病，不仅能让我们医生感受到成就感和幸福感，更能令病人心情愉悦而不隐瞒病情，有助于疾病康复。"老师以身作则，以解除患儿疾患为己任，在岐黄之路上践行着"精"与"诚"：对经济差的病人免挂号费，加班为路远的孩子看病，用药少而精减轻他们的医疗负担。老师的经验方，方小、药精而价廉，即为证实。

上午半天门诊往往因为病人太多而无法正常吃中饭，老师总是将就着用十几分钟的时间解决午餐，也许是一份点心或者快餐。老师对饮食从不挑剔，她总说："患者还在外面等，我们得抓紧。"而这十几分钟时间她还会给我们讲解病例，回答我们在跟师过程中遇到的问题。兢兢业业是老师工作态度之一，也是最令我感动的。我常常想，也许我永远不可能达到老师的境界，唯有循着老师的足迹，尽我所能努力着。

（三）严谨治学，一丝不苟

盛老师在临床和学术上秉持一丝不苟、严谨认真的态度。无论是学生手抄还是电脑输入的处方，只要是学生完成的，老师必定要再检查一遍方才签字。如果我们粗心犯错，一定会被严厉地批评："粗心大意不能做医生"，"不管平时多邋遢，只要开始工作，坐在医生的位置上，就容不得半点马虎"。每份教案和文稿演示，在讲授前，老师总要精修数次直到觉得再无瑕疵。我们写的临证医案，她都一篇篇翻阅，从四诊合参到加减应用，甚至古籍文献都会给予点评和指正，力求完美。记得在实习期间，有一位本科实习生写的病历不合格被带教老师批评后，他若无其事地反驳："儿科医生就那么一点点收入，还要求这么严格，真是大惊小怪！"盛老师听到后，严厉地批评了他："严格要求、态度认真和哪个科、收入多少没有一点关系，你可以看不起儿科医生，但绝不能有这种工作态度！"那位学生低头不语，也许他没想到一向慈眉善目的盛主任会因为他的一句话而如此严厉。因为他不了解盛老师，吃喝可以不讲究，但学术必须讲究，一丝不苟就是老师的治学态度。

六、传承人王其莉治学侧记

我的习医、从医生涯虽然不长，但也有几个关键的转折点，影响着我现在的人生。2005 年选择学习中医是起点，而 2009 年能选到盛老师为我的研究生导师则在我的医路中留下了最深的烙印。细细算来，我跟随盛老师已近十载，盛老师对我们没有长篇大论式的教条，但从她一言一行中我体会到了她"勤求古训，体察儿情"的治学准则，"读经典，做临床"的临证要素，"授人以鱼不如授人以渔"的传承风格。我很感谢这次编著机会，能让我细细回忆我们的师徒之路，每个片段在心底的回放还是那么清晰，越是回忆，越是感恩。

（一）选定导师

我是浙江中医药大学 2005 级中医学专业七年制学生，刚学习医学的我，自是还不会看什么病，但每次回家左右邻里有什么不舒服或者有其他与医院相关的事就喜欢来找我聊几句。我家对门邻居奶奶的孙子，反复咳嗽，家人深受其扰，就带着小孩来浙江省中医院看病，挂到了盛老师的号，盛老师除了开中药，还不厌其烦地告诉他们儿童咳嗽期间饮食起居的注意事项，邻居奶奶一直很相信中医，对盛老师的医嘱执行得很好，复诊3次后其孙子咳嗽获愈。那个邻居奶奶告诉我这件事，并对我说："中医效果好，你学中医好的。"片刻闲谈，给我留下了深刻的印象。

2009年下半年，我们开始选择专业和导师，我觉得自己不适合外科系统，就在内科和儿科之间选择，从心底就冒出盛老师的名字，然后就这样选择了中医儿科。某个周六下午，我跑到盛老师门诊，在她结束门诊后忐忑地递上我的简历，盛老师非常慎重，她说因为正在考虑要不要返聘的事情，所以招不招研究生也未成定数。虽然盛老师没有明确答应，但我也厚脸皮地每个周末都去抄方，有一天，盛老师跟我说，她决定返聘了，我也可以成为她的研究生，同时一起的还有童一心。

（二）本科跟师

大学五年级我们开始学习中医儿科学这门课，总论就是盛老师来给我们讲的，盛老师上课用八个字来形容就是思路清晰、娓娓道来。我觉得好的老师上课就是这个感觉，不管过去多少年，老师讲课的内容可能不记得了，但老师讲课的神、气、精依然会留在大家心中。我现在回想，给我一支笔，仿佛就能画出盛老师第一次给我们上课，告诉我们每个中医学子都要记住节气歌，并背诵给我们听的样子。今年有位毕业后分配至湖州市妇幼保健院工作的师兄来我们科室进修，他说每次盛老师上课都不会有人逃课，我边笑边深以为然，那是因为盛老师对课堂讲学倾注了自己数十载的临床经验，讲起课来自然引人入胜。

学习了中医儿科知识后，我更是坚持周末去盛老师的门诊抄方，并觉得盛老师给我们讲的专业课太少了十分可惜，但想到自己研究生阶段可以一直跟在老师身边，又是十分兴奋。盛老师门诊非常忙碌，但总会给我们讲解患儿病情和她的辨治思路。因为那时是冬季，咳嗽的小孩非常多，有些已经为慢性咳嗽，盛老师从慢性咳嗽的现代医学指南诊断要点、中医教材上的辨证特点讲到她自己总结的儿童慢性咳嗽的证型。受此启发，我还在盛老师的指导下负责了一个关于慢性咳嗽的校级课题。

这个阶段跟我一起抄方的老师还有浙江中医药大学的余勤老师，我第一眼看到余勤老师也在抄方时萌生了两个想法：一是，哇，这个老师真是勤勉好学，做医生果然是要活到老，学到老；二是，哇，盛老师好厉害，像余勤老师这么有阅历、有资质的老师也在跟她学习。盛老师十分谦虚，她一直跟余勤老师说："其实这些你都会看了，不用来跟我抄方的。"余勤老师则笑笑回答："盛老师，有时间我一定要来的。"我听着这两位长者的对话，就觉得这是做医生最美好的样子。

（三）研究生阶段

2010 年 7 月，我正式进入研究生阶段，除了各个科室轮转和儿科病房实习外，其余时间便是跟着盛老师出诊。所以研究生时期是我跟随盛老师抄方频次最高的一个阶段，这个阶段盛老师对我们提出了新的要求：作为研究生，不要只是一味地抄写，要"精读，勤写，深思，善记"。而且盛老师自己就是这么做的。她喜欢阅读医案集，如《丁甘仁医案》《蒲辅周医案》等，细细品味，写读书笔记，并运用于临床；碰到疑难病人一时疗效不满意的，她会去查阅医学古籍，搜索最新文献；出去开会，听到新的学术观点或理论，总会拿笔记下来，并加以自己的思考。如有学者讲玉屏风散的三味剂量，白术的剂量应是黄芪加防风的剂量之和，盛老师觉得可以运用于临床但又不可一概照搬；如果病人是素体气虚又感风邪，扶正祛邪时防风剂量可稍大，因防风有祛风之效；如为气虚汗多无外感的病人，防风剂量不宜大，恐疏散太过。老师言传身教，过目难忘。

2011 年，适逢浙江省中医院建院 80 周年、中医儿科 55 周岁之际，由王晓鸣院长组织编著《儿科心悟》一书，收集了浙江省中医院儿科六位中医儿科名家（马莲湘、宣志泉、詹起荪、宣桂琪、俞景茂、盛丽先）的临床精髓。盛老师早年师从马莲湘、詹起荪两位儿科大家，故一人要负责三位医家内容，那时的我主要负责文字打印工作，把纸质稿转换为电子稿。这个工作期间，盛老师说了一句让我至今印象深刻的话，她说詹老、马老这些文章大部分都是她写，然后二老再审核的。这句话盛老师是无意间说的，但带给我很大的压力和动力：我想作为盛老师的学生，我一定要如盛老师般精读、勤写、深思、善记，及时总结老师经验，并形成文字。最有素材的就是老师的医案，所以研究生时期也试着总结了几个较疑难医案，如小儿再发性腹痛、频复发肾病综合征伴神经性尿频、生长发育迟缓伴反复呼吸道感染等。其中一个案例我工作后还以论文形式在期刊上发表，所以事实证明，这个习惯是非常让人受益的，但遗憾的是工作后这个习惯保持得越来越不好。

研究生跟师期间，我另一项被锻炼的技能是制作 PPT。盛老师经常受邀参加省内外的学术讲座，我们学生会帮她制作 PPT。制作 PPT 过程虽然不是直接创作，但我能从中学到写作思路，并对盛老师这一方面的学术内容理解得更加深刻。我记得印象最深的就是 4 个疑难病症的 PPT：特发性肺含铁血黄素沉着症、无皮肤紫癜的腹型过敏性紫癜、难治性肾病综合征频复发型和激素依赖型。盛老师从案例回顾、案例追踪、思考与启迪、文献复习四方面进行讲解，特别是案例追踪部分，当这个病人来复诊时盛老师会记录现在的病情变化、四诊摘要和生长发育数据，并进行更新。

研究生最后一个阶段便是找工作面试，我曾去绍兴某医院应聘，当看到我研究生就业简历最后一页有盛老师亲笔写的总结话语时，医院院长十分惊讶地跟我说："我不知道你优不优秀，但你的导师肯定非常认真负责，这是我今年看到的第一份学生就业简历上有老师亲笔书写的推荐语。"后来因为某些原因没去成这家医院，但我十分感谢那个一面之缘的院长，他印证了盛老师是个多么好的老师，此处我的心情真的难以用言语表达。

（四）工作阶段

珍贵的学生时代过去了，我有幸留在学校附属医院工作，还可以时常跟盛老师学习。2012 年，浙江省中医药管理局批准成立了盛丽先名老中医专家传承工作室，2014 年，国家中医药管理局批准成立盛丽先全国名老中医药专家传承工作室，工作室的成立让我们有更好的机会和条件留存、传承和发扬盛老师的经验。在盛老师亲自制定的"读书与临证，温故而知新，继承和发扬"的工作室座右铭激励下，我们学术继承团队开展经典学习、专题讲座、继教学习、临证带教、医理切磋、病例剖析等一系列学术活动。盛老师作为指导老师，亲自参与、谋划、协调，付出了巨大的心血。我时常觉得，我们这些学生和工作室团队就是盛老师的第二方子女。对于来找她抄方的各个层次的中医人，如本科生、研究生、规培生、进修医生、留学生等，盛老师都是非常欢迎和用心的，她常说："你们来抄方说明你们是爱学习的，我肯定要支持。"2017 年，《盛丽先儿科临证经验》出版时，盛老师第一时间寄给曾来进修的学生。送人玫瑰，手有余香，足见老师对中医儿科学子的爱护之心、培养之情。

七、传承人陈银银治学侧记

我于 2003 年考入浙江中医药大学七年制中医学专业，经过 5 年的系统理论学习后，于 2007 年底进入自主选择研究生导师阶段，因为盛老师当时是我们中医儿科学的授课教师，我深深折服于盛老师讲课魅力的同时又对儿科非常感兴趣，就坚定了跟随盛老师走上中医儿科之路的想法。但由于盛老师对于自己研究生的要求较高，在我提出自己的想法后，盛老师并没有立即作出决定，即没有拒绝也没有接受，我只能趁自己空闲时间去门诊跟诊抄方，以此来表达我的决心。随着选导师截止日期的接近，看着身边的同学一个个都定好了自己的导师人选，当时我心急如焚，只能侧面向师姐们打探盛老师的想法，虽然师姐们都很鼓励我，但是盛老师却一直未曾松口，使我一度有过选择其他导师人选的念头。但在犹豫的同时，通过一段时间的跟诊抄方，我认准了盛老师当我的导师。现在回想起来，我非常感激当年坚持到最后的自己。

　　盛老师对于我而言，不仅仅是研究生导师，我们既是师生，亦是朋友，更是亲人。盛老师是一个严厉的人，她的严厉不仅是对我们学生的要求，更是对自己的标准。作为一名大学的教师，盛老师治学严谨，虽然已经有多年的教学经验，但是依旧认真对待每次的教学任务，她是为数不多的一个从开始上课一直站到下课的老师，这是她对自己的严格要求，更是对学生的尊重。除了课堂学习，更重要的是在临床实践中的学习，病人是不会按照教科书来生病的，在扎实掌握理论知识的基础上，只有通过不断地临床实践来巩固自己的知识，才能提高自己的临床技能。跟师学习的一个最好方式就是门诊跟诊，在繁忙的门诊中，老师一边仔细接诊，一边教我们如何问诊查体，如何在有限的时间里抓住疾病的重点，如何因人而异，辨证施治。因为病人较多，门诊时间有限，但即便如此，盛老师宁可加班加点，耽误自己的休息时间，也要认真仔细对待每一位病人，同时还要在其间给我们这些学生讲解，回答我们的疑问，而这样的结果就是每次门诊都是延迟下班的，平时半天的门诊往往要拖到下午才能下班，下午的门诊直接延长至晚上了，有时候我们这些学生都已经有点不耐烦了，但盛老师还在耐心地向家长解释病情；现在回想起这些，每每令自己感到汗颜，也时刻提醒着自己要务必做到最好。

　　当然，盛老师虽然在学习、工作上对我们严格要求，在生活上却是像我们父母一样，对我们格外照顾。记得以前实习在门诊抄方时，下午的门诊经常会拖到晚上七八点，从而错过晚饭时间，所以盛老师经常会备着几份糕点，待门诊结束时大家一起享用缓解饥饿，虽然这只是一件很小的事，但也足以让我们感受到了老师对我们的关心。记得 2015 年至 2016 年，我在浙江省中医院进修时，因天气转凉，盛老师还把家里的被子借我用。所以在老师的影响下，我们这些学生平时私底下关系也都很好，互相帮助，毕业之后也一直保持着联系。

八、传承人林翔治学侧记

我是 2008 年底开始跟随盛老师学习的，直到 2011 年研究生毕业参加工作。这三年可以说是我进步最大的三年，从最初只了解一点书本的理论知识到后来能独立接诊病人，完成临床实践诊治的过程，盛老师给了我莫大的帮助和指导，她就是指引我在医学道路上奋进的领路人，使我最终能成为一名合格的中医儿科医生。

回想当初，拜盛老师为师学习中医儿科纯属机缘巧合。当时我大学里读的专业是中医学七年制本硕连读，先在学校里完成五年专业学习，然后开始定自己的研究方向，找好自己的研究生导师，最后两年边跟随导师学习边完成临床实习。因此，我在大五的时候已经开始规划自己今后的学科方向了。最终选择儿科也完全是从自己的兴趣出发。看着小朋友们从最初就诊时病恹恹的模样，到经过治疗后恢复健康，那一张张充满笑容的可爱的小脸蛋，那一声声稚嫩而亲切的感谢，怎能不让人心生欢喜。然后，我就在一个周末的下午到学校的附属医院——浙江省中医院寻访名师。那天正好是盛老师坐诊，诊室内外都挤满了慕名而来的病人，盛老师对每一位病人都是微笑以待，亲切询问，仔细体察病情，处方用药慎之又慎，往往需要花费许多时间才能处理好一位病人的问题，那是一个医者的仁心最真实而朴素的体现，我当即就决定要跟随盛老师学习，不仅要学习她精湛的医术，更要学习她认真对待每一位病人的医德医风。当最后一位病人离开诊室的时候，外面早已是华灯初上，我只是在一旁等待，都已是又累又饿，可想而知，经过一下午将近六个小时紧张门诊工作的盛老师更加是筋疲力尽，但盛老师还是仔细地看完我交给她的个人简历，并表示收下我这个学生，当时我内心的激动真的是无以言表，就这样我算是走上了中医儿科的道路。

最初开始跟随盛老师抄方的学习之旅，也是有些许的不适应，根本没有习惯临床看病的节奏，望闻问切，获取一手的症状体征等病史资料，迅速得出病因病机结论，进一步诊治措施，或去化验检查，或直接处方用药，叮嘱病人注意事项，往往搞得我应接不暇，记录了前面的，漏了后面的，都没有空闲来思索心中的疑问，甚是苦恼。只好在门诊结束后一点点查漏补缺，同时也在不断加强自己的基本功修炼，再加上盛老师有时候也会在门诊结束后给我们一些指点，对于几个疑难病例做一个比较详细的阐述，也能慢慢领会到盛老师处方用药的精髓。跟诊学习过程漫长而枯燥，每当我力不从心的时候，只要看到盛老师依然精神抖擞地处理着一个又一个病人，不厌其烦地一遍又一遍地交代病情，就又给了我坚持下去的动力，榜样就在身边，恩师年纪已然不小，仍能数十年如一日地奋斗在临床一线，我们又有什么理由不继续努力呢？

随着学习的不断深入，我在帮助盛老师处理门诊事务方面也越来越得心应手了，帮着书写门诊病历，帮着处方用药、开医嘱，等等，点点滴滴的进步都使我欣喜不已。那个时候，盛老师就让我试着开始独立接诊病人，由我先进行初诊，她自己再面诊一遍，有时候还会抽空给我分析一下我诊治过程中所存在的问题，这对于我的临床独立思考的能力是一个很好的锻炼方式，也是在逐步培养我从一名助手向一名医者转变，这不仅需要更丰富的理论知识，更全面的考虑问题的思路，也需要更大的责任心。

三年的跟师学习很快就过去了，我也走上了中医儿科的工作岗位，真正开始了独立行医，但是盛老师的教诲还是会时时刻刻在我耳边回响："辨证论治是中医治疗的灵魂，临床思路万不可限于定式，四诊合参切不可偷懒敷衍，要在全面充分了解患儿病情，深思熟虑之后方可遣方用药。"我想这不仅是盛老师对我们的要求，也是留给我们的宝贵财富吧。

第三节　承盛师学术经验

盛老从医50年，秉承"读书和临证，温故而知新，继承与发扬"的宗旨，不断深入学习、思考、总结、探索、发展、创新，从而形成了独具特色的学术经验及学术思想体系。现将学生总结的临床经验特色介绍如下。

一、盛老临证风药的运用

风药始见于张元素的《医学启源》，"羌活……手足太阳经风药也"，"藁本……太阳经风药"。然至其弟子李东垣著《脾胃论》，始力倡风药之应用。

现临床风药多指广义风药，泛指具有祛风解表、止痉、通络、除湿及平肝息风功效的中药，大概有 40 多种，如羌活、防风、柴胡、升麻、独活、荆芥、紫苏叶、葛根、苍耳子、蔓荆子、天麻、白蒺藜、菊花、薄荷、蝉蜕、僵蚕、藁本、川芎、白芷、细辛、辛夷、威灵仙、秦艽、地骨皮、香薷、浮萍、夏枯草、青蒿、草决明、苦丁茶、桑叶、钩藤、密蒙花、蜂房、蛇蜕等。其中以羌活、防风、荆芥为代表，质轻味薄，其性多燥。

盛老继承了马老、詹老用药轻灵活泼的学术思想，临床善用风药治疗儿科疾病。盛老师认为小儿为稚阴稚阳之体，脏腑娇嫩，《一得集》云："小儿脏腑柔脆……用药宜轻。"故遣方用药轻灵活泼是儿科用药的一大特点。具体表现在临床处方用药轻灵活泼，轻者乃轻扬而不沉重，敏捷而不笨拙，活泼而不呆滞，清灵而不腻浊。具体用药质宜轻不宜重，味宜薄不宜厚，量宜小不宜大，方宜精不宜杂。质轻之品宣扬透发，治上焦之证尤为适宜，如桑叶、菊花、连翘、薄荷、竹叶、荆芥等，轻清疏解达到轻可去实之目的。味薄之品无碍胃气，如若重浊厚腻反致恋邪或伐生生之气。风药为辛散之品，质轻味薄，适合小儿"脏气轻灵""随拨随应"之特性，既能解表，又可调和营卫。

盛老师善于运用风药，在治疗小儿肺系、脾系、肾系等疾病上灵活运用风药均可取效。如对咽炎、喉炎、扁桃体炎等病证只要有咽痒即咳均为风邪未净，当配以荆芥、防风、蝉蜕等风药疏风宣肺，因势利导；治婴幼儿腹泻水样便，色青夹泡沫，肠鸣者常配伍防风、羌活等祛风燥湿之风药，祛风胜湿而止泻；治疗小儿肾病因感染复发时，在辨证基础上选用荆芥、防风、蝉蜕、羌活、苏叶等每多获效。因风药多入肺经，肺主气，司呼吸，肺气宣畅，脾复升清，肾得封藏则三焦通调，水谷精微归其正道，实为正本清源之法。

（王海云 整理）

二、盛老"鼓舞中州，重视脾胃"之法

盛老在 50 余载的儿科临床和教学中，秉着勤求古训、体察儿情的治学准则，大医精诚、一丝不苟的工作精神，使用宣通肺气、鼓舞中州的用药之法，在临床治愈病患无数，积累了许多宝贵的经验，令后来者受益无穷。

《黄帝内经》提出"五脏六腑皆禀气于胃""人以胃气为本"的基本脾

胃理论，至张仲景的《伤寒论》形成其雏形，再至李东垣的《脾胃论》，形成了较完整的脾胃理论体系，直至清代著名医家叶天士的补充发挥，形成了完整的中医脾胃学说理论体系。

历代著名医家重视脾胃中土，盛老一直以来遵循马莲湘、詹起荪老师勤求古训、体察儿情的治学精神，吸取前人精华，在儿科临床中，重视脾胃，"正气存内，邪不可干"，"脾胃内伤，百病由生"，认为小儿脾常不足，加之后天喂养不当，营养失衡，加重脾胃负担，不仅脾胃病者多，而且容易滋生他脏疾病。无论本脏之病或他脏之疾，中土脾胃，生化之源，宜护不宜伐，宜运不宜滞，中土脾胃，恒为医者治之思。盛老师临床把握脾胃燥湿相济、刚柔相伍的特性，指导用药、配伍。脾喜燥恶湿，用药忌柔用刚常选党参、白术、苍术、砂仁、蔻仁等；胃喜润恶燥，用药忌刚用柔，常用山药、白芍、玉竹、石斛等。如以白术配白芍，健脾阳而不燥胃津；乌梅配甘草酸甘化阴而不助脾湿。盛老调理脾胃中十分注意气机之升降，处方中常配以柴胡、枳壳、桔梗、陈皮、木香、佛手片等行气药，以助脾胃升降出入之常。

（连俊兰 整理）

三、盛老治疗儿童上呼吸道咳嗽综合征的学术特点

1. 擅长风药，轻可去实

风药质轻味薄无碍胃气，轻可去实，适合小儿"脏气轻灵""随拨随应"之特性。又因风药辛散为主，如荆芥、蝉蜕、僵蚕、辛夷、白芷等，开皮毛，疏宣腠理、肺气，可达到解表驱邪的目的。盛老认为儿童上呼吸道咳嗽过程中均有风邪未净，故在治疗儿童上呼吸道咳嗽综合征中加用风药，可提高疗效。

2. 顾舞中州，从脾治肺

小儿脾常不足，盛老在临床治疗中以后天为本，牢牢把握脾胃燥湿相济，刚柔配伍的特点，十分注意脾胃气机的升降，处方中配以柴胡、枳壳、陈皮、佛手等气分药，条畅气机，斡旋中土。在治疗儿童上呼吸道咳嗽综合征时，盛老常选用异功散、六君子汤等培土生金，从脾治肺。

3. 用药平稳，法当和解

小儿脏腑娇嫩，形气未充，感邪后易出现易寒易热，易虚易实，故盛老在儿童上呼吸道咳嗽综合征的治疗上常以柴胡桂枝汤、小柴胡汤等温凉并用，

消补兼施，调和肝脾，达到扶正祛邪的目的。

4. 承前启后，依法创方

盛老处方用药上尽可能达到理、法、方、药丝丝入扣，形成辨证论治的精密体系。不仅在前人的经验基础上不断创新，而且结合现代药学的研究，加以应用，如用苍耳子散加味治疗鼻炎引起的儿童上呼吸道咳嗽综合征，用半夏厚朴汤加味治疗咽炎引起的儿童上呼吸道咳嗽综合征，均获得良好疗效。

总之，盛老认为儿童上呼吸道咳嗽综合征的病程中均有风邪未净，当配以辛温、辛凉的风药疏风解表，宣畅肺气是其正治之法，诸如荆芥、防风、桑叶、菊花、薄荷、蝉蜕、僵蚕、辛夷等，辛散清扬，不仅能开皮毛，疏腠理，宣肺气，达到解除表邪的目的，而且在解表的同时可以调理营卫之气，疏通血脉而增强自身抗病能力，即符合"祛邪而安正"之理。盛老更善于运用风药治疗儿科疾病，因风药质轻味薄，轻可去实，味薄又无碍胃气，尤适合小儿"脏气轻灵""随拨随应"之特性。在具体临床选方用药上，盛老认为选择切合辨证的方剂是临床治疗成败的关键。

（傅大治　整理）

四、盛老治疗儿童肾病综合征经验总结

儿童肾病综合征（NS，简称肾病）是小儿肾脏疾病中的常见病之一。它以大量蛋白尿、低蛋白血症、高脂血症和不同程度的水肿为主要表现。临床上原发性肾病综合征（PNS）约占小儿肾病综合征总数的 90%。其治疗目前无疑仍以糖皮质激素为首选。虽患儿在初始使用激素治疗后完全缓解率高，但复发率亦高，往往需加用或改用免疫抑制剂治疗，因此给患儿带来诸多副作用。盛老在 50 余年的临证过程中以中医理论为指导，不断探索如何缩短激素的疗程，如何降低激素及免疫抑制剂的副作用，如何防止复发，临床取得了不错的疗效，求诊患儿纷至沓来。现将跟师临证过程中的盛老治疗本病的经验总结于下。

（一）中西医结合治疗中的辨证论治

目前对于小儿肾病的治疗多采用中西医结合疗法，盛老称之为肾病综合征激素－中医协同治疗法。根据小儿肾病综合征激素治疗的不同阶段与中医

证型的相关性选方，有相应的证便选适宜的方进行治疗。

小儿肾病突出表现为全身高度浮肿，故中医辨病为"水肿"，且多属"阴水"范畴。中医认为本病系小儿先天禀赋不足，肺、脾、肾三脏功能失司，肺失宣肃、脾失运化、肾失气化，致水溢肌肤，精微外泄所致，故治疗应着眼于肺、脾、肾。但《景岳全书》中又指出水肿"其标在肺，其制在脾，其本在肾"，故小儿肾病的治疗又以脾肾为重点。

在激素治疗前，患儿常表现为高度浮肿、面色苍白、纳呆乏力、尿量减少、舌偏淡、苔白腻、脉细等，辨证属脾肾气（阳）虚证。此型盛老常用真武汤、附子理中汤加减治疗。水肿甚者桂枝、附子各重用至10g，或酌加五皮饮利水消肿；脾气虚明显者重用黄芪，用量为15～30g。

足量激素使用一段时间后，患儿常表现为面红、满月脸、多汗、烦躁、纳亢、便干、舌红苔腻、脉弦细等，辨证属肝肾阴虚，虚阳偏亢证。此型盛老常用六味地黄汤、知柏地黄汤，或加生地、天冬，含三才封髓丹之意，加减治疗。此阶段还可见部分患儿口臭、大便或溏或干、乏力多汗、难以入睡、舌偏红、苔白腻或黄腻、脉细滑等，此为夹有湿热，轻则合用三仁汤、二陈平胃散，重则合用甘露饮。

激素逐渐减量后，患儿常表现为胃纳欠振、容易疲劳、反复易感、动则汗出、入睡易汗、舌偏淡或淡红，苔薄白或白腻或黄腻、脉细滑等，辨证属营卫失和，肺脾气虚证或兼见湿热未净之证。盛老常用柴胡桂枝汤、玉屏风散、四君子汤、六君子汤、理中汤、实脾饮、平胃散加减治疗。肺脾气虚者黄芪、太子参可加大用量，酌加山药、米仁。湿热未净亦轻则合用三仁汤、二陈平胃散，重则合用甘露饮。

激素拖尾及停用阶段，患儿除营卫失和、肺脾气虚或兼见湿热未净外，常表现为生长发育明显落后于同龄儿童、胃纳欠振、舌偏淡或正常，苔薄少或薄腻，脉细弱等，辨证为肾阳（气）不足，肾精亏损。盛老常用六味地黄汤、知柏地黄汤、金匮肾气丸、左归丸、右归丸、五子衍宗丸加减治疗。盛老认为尤其是桂附补命门之火，熟地、龟板、鳖甲、鹿茸、紫河车等血肉有情之品补肾精，特别是黄肉、补骨脂、菟丝子、枸杞子、仙灵脾等温而不燥之品，较适合温补小儿肾阳。同时又必须佐以潜阳之品以恢复肾之封藏，临床常用潜阳封髓丹加减治疗。

激素使用的各个阶段，患儿均可表现为面色晦暗、皮肤紫纹、唇舌紫暗、舌暗红有瘀点、脉弦涩等，辨证属气虚血瘀证。西医相关指标提示患儿处于高凝状态。在使用西药抗凝剂的同时，盛老常酌加丹参、川芎、赤芍、当归、积雪草、马鞭草等活血化瘀治疗。《血证论》有云："水病则累血……瘀血化水，亦发水肿。"可见瘀血贯穿于小儿肾病始终，它成为肾病迁延难愈、反复发作的主要原因之一。故盛老在小儿肾病治疗中常将活血化瘀法贯穿始终，消除水肿、蛋白尿及改善肾功能方面的疗效有了很大提高。

（二）从肺脾肾三脏入手减少复发

复发是小儿原发性肾病综合征最为棘手的临床问题之一。患儿经历多次复发后可表现为对糖皮质激素耐药，且最终可能发展为慢性肾功能不全。盛老在长期临床实践中总结从以下几方面来预防肾病复发。

1. 从肺治

肺虽为肾病复发之标，但肺为水之上源，肺朝百脉，肺主一身之气，卫气之所在，熏肤、充身、泽毛无不赖于此。只有肺气通调，水液才能下输膀胱，水精得以四布，五津方可并行。故肺的治节作用正常与否，和肾病复发关系密切。临床常采用补肺固表、通阳化气、调和营卫等法来恢复肺之治节。临床可选玉屏风散、黄芪桂枝汤、五苓散、黄芪生脉饮等补肺气、固卫气、通阳气，使水之源头正常，以防水湿泛滥之变。尤其是黄芪为首选，其对实验性肾病有一定对抗作用，能增强机体免疫功能，消除蛋白尿；猪苓、茯苓能增强细胞免疫和体液免疫。

2. 从脾治

脾为中土，脾旺四时不受邪。土能治水，水病治土为治本之法，水土合德，方能世界大成。故《素问·太阴阳明论》言："脾者土也，治中央，常以四时长四脏，各十八日寄治，不得独主于时也。"虽然春夏秋冬四时均无脾所主，但四时之末各十八日（即季月的十八日）均为脾寄治。此即所谓"脾不主时而旺于四季"，小儿脾常不足，所以在防治肾病复发中治脾尤为重要。临床常采用健脾燥湿、温中化湿、益气升清等法来恢复脾之运化功能以发挥其"执中央，运四旁"的作用。临床可选四君子汤、六君子汤、理中丸、实脾饮、平胃散等方。尤其是干姜、党参、苍术、白术等益脾燥湿温中之品，经实验研究其能增加白细胞吞噬作用，提高淋巴细胞转换率和自然玫瑰花形成率，增强细胞免疫功能。

3. 从肾治

"肾者主蛰，封藏之本，精之处也"。肾为水火之宅，水中之阳为真阳、元阳、命门之火也。只有真阳潜藏才能温养生气，真阳不足必危机四伏。肾病使用激素治疗，疗效明显。从中医理解，使用激素动用了肾所封藏的精气，随着激素的大剂量运用，肾中之精气不断减少，精气少了，阳气少了，生气的来源少了，支撑生命的物质逐渐匮乏了。表面上肾病综合征客观指标恢复，实际上肾精的减少是日后复发的潜在因素。所以必须潜阳、温肾、固精以恢复封藏之本。使水中有火，肾中藏精。临床常采用补肾、温肾、固肾等法来恢复肾藏精之功能。临床常用六味地黄丸、知柏地黄丸、八味地黄丸、左归丸、右归丸、五子衍宗丸等方。尤其是桂、附可补命门之火，龟板、鳖甲、鹿茸、紫河车等血肉有情之品可补肾精，特别是黄肉、补骨脂、菟丝子、枸杞子、仙灵脾等温而不燥，特别适合小儿温补肾阳之用。肾为水火之宅，故临床补肾当注意阳中求阴，阴中求阳。阳得阴助则生化无穷，阴得阳升则源泉不绝。

4. 从瘀治

肾病日久，气虚血瘀。活血化瘀在防治肾病的复发中已被广泛运用，无论是消除水肿、蛋白尿，还是改善肾功能方面的疗效均有较大提高。现代医学认为肾病综合征的病理变化主要是肾小球毛细血管内细胞增生，基底膜变厚，部分肾小球发生变性，或进而纤维化，与之相连的肾小管呈现营养不良改变或萎缩，这些正为中医活血化瘀法的应用提供了病理基础。盛老临床常选丹参、川芎、赤芍、积雪草、马鞭草等药。药理研究证实活血化瘀药物能扩张血管，改善血液循环，解除瘀血或供血不足状态，使增生性病变软化或吸收。用活血化瘀法治疗肾病综合征，能改善其局部病灶的瘀滞，增加肾脏血流量，使病灶部位逐步得到充足的供血，改善其营养，从而促进肾小球和肾小管的修复与再生，消除炎症病变，恢复肾功能。

（三）继承创新增疗效

盛老师承全国名中医马莲湘教授。马老擅长内、儿科疾病的诊治，尤长于肾脏疾病的治疗，常以黄芪、山药、米仁、玉米须等治疗蛋白尿，以淡豆豉、地骨皮、紫草等治疗血尿。盛老在继承其学术精髓的前提下，在临床实践中结合辨病辨证及患儿体质，不断发扬创新。如治疗急性肾炎浮肿期的蛋白尿用玉米须配泽泻；治疗浮肿消退后的蛋白尿迁延不愈，用玉米须配白术、太子参；治疗素体脾虚湿困患儿用玉米须配干姜、苍术；治疗阴虚内热患儿用玉米须配乌梅、白芍、鳖甲等。血尿急性期用玉米须配生地、赤芍、山栀等；血尿迁延时，玉米须与白茅根同用，甘平益气清润养阴。肾病综合征激素减量至隔日 1mg/kg 时，用黄芪配绞股蓝、五味子、补骨脂、枸杞子、菟丝子，预防蛋白尿反复；若苔白腻加蔻仁、苍术、豨莶草、羌活燥湿祛风，消除蛋白尿。盛老经过 50 余年的临床实践，创立了验方固元汤，从脾入手，健脾升清，补土伏火来预防、降低儿童肾病综合征的频复发。

（王 艳 整理）

五、盛老治疗儿童反复呼吸道感染经验总结

反复呼吸道感染（RRTI）是指在单位时间内上、下呼吸道感染反复发作的一种临床综合征，是儿童时期的常见病、多发病。小儿免疫功能尚不成熟，诸多原因易继发免疫功能低下，导致反复呼吸道感染，而感染又使原发病反复或加重，从而形成恶性循环。RRTI 患儿又因反复发病，病程迁延，而易并发肺炎、哮喘、心肌炎、肾病等疾病。我们总结了盛老辨治小儿 RRTI 的学术思想和特色，现分享如下。

（一）病因病机

中医学中并没有与反复呼吸道感染完全对应的病名，但历代典籍中颇多相关论述。古代医籍的"虚人感冒""体虚感冒"与本病接近，亦有学者称 RRTI 患儿为"易感儿"。盛老师认为 RRTI 患儿的病因需从内外因方面考虑，即正气不足、营卫失和是内因，屡感外邪是外因。病机关键不在邪盛而在正虚，这与现代医学认为 RRTI 的发病机制与免疫功能低下有关之说相符。在本病发病过程中，肺、脾、肾三脏不足极为关键。肺主气，司呼吸，开窍于鼻，能外合布卫气于体表。然而肺之气又赖脾运化之精微以充养，即"土能生金"，而营卫之气源于中焦，宣发于上焦，卫气具有"温分肉，充皮肤，肥腠理，司开阖"的功能，故能抗御外邪入侵。本病患儿平素都有不同程度的汗出（自汗或盗汗），其病机为卫阳不足，固护失职，营阴外泄则伤正，正虚又易感邪，二者相互影响，导致本病迁延反复；患儿食欲不振，体质较弱，面色白或面黄少华等，皆为脾胃虚弱不能化生营卫之表征，因"胃为卫之本，脾为营之源也"。本病急性期以邪实为主；迁延期因风热痰积等余邪未尽，正气已伤，以本虚标实为主要。

（二）三期二法论治

盛老师临证将该病分三期二法论治，三期为急性期、迁延期和恢复期，

二法为扶正法和祛邪法。迁延期和恢复期是临床干预重点，其中尤要注重处理扶正与祛邪的关系。急性期为呼吸道急性感染期，按照相应的疾病进行辨证，如感冒、急性扁桃体炎、支气管炎、肺炎等。急性期的治疗以祛邪为主。迁延期主要指呼吸道感染急性期已过，但风热痰积等余邪未尽，正气已伤，临床表现为咳嗽反复不已，或鼻塞清涕，或咽痒干咳，或喉中痰鸣等；病程大于半个月者，可同时伴有不同程度的肺、脾、肾不足之象。迁延期的治疗以扶正为主，兼以祛邪，正复邪自退。恢复期无明显呼吸道感染症状，以本虚为主，有肺脾气虚、营卫不和、肺肾阴虚等不同证候，久病可累及肾，而学龄前儿童尤以肺脾气虚多见。

1. 扶正法

（1）肺脾气虚证：多见于后天失调，喂养不当，母乳早断的小儿。临床表现为屡受外邪，咳嗽反复不已，喉中有痰，自汗或盗汗，鼻常流涕，或倦怠乏力，胃纳欠佳，面色少华，大便偏溏，舌淡或淡红，苔薄白或白腻，脉无力。治拟益气健脾，培土生金，方选玉屏风散合六君子汤加减。

（2）营卫失和证：在病程的迁延期和恢复期，临床表现为反复感冒，咳嗽反复不已但又不甚，动则多汗，入睡易汗，遇风遇凉则鼻塞、流涕、喷嚏、咳嗽增多，舌淡或淡红，苔薄白或白腻，脉细滑。治以调和营卫，方选柴胡桂枝汤加减。

（3）肺肾阴虚：多因先天禀赋不足，或后天失调，素体内热或反复外感风温热毒之邪，或长期饮食肥甘，伤津耗液，临床表现为干咳少痰，咽喉干燥或疼痛，或觉咽痒不舒，大便偏干或正常，舌红或正常，舌苔薄净或花剥，脉细弦或无明显异常。治以养阴生津，方选生脉饮合养阴清肺汤加减。

2. 祛邪法

（1）风邪恋肺证：风邪日久恋肺则肺窍失宣，临床表现为咳嗽反复不已，鼻塞流清涕，或咽痒干咳，或频频清咽等。治疗可在扶正基础上酌情祛风、利咽、宣窍、润肺等，予苍耳子散、治咳六味汤（桔梗、甘草、蝉蜕、僵蚕、苦杏仁、浙贝母）、疏宣七味汤（桔梗、甘草、荆芥、防风、蝉蜕、僵蚕、薄荷）、养阴清肺汤等加减。

（2）痰阻气道证：痰有热痰和湿痰之分，热痰表现为咳嗽未净，痰稠或黄不易咯，舌偏红，苔黄腻，脉滑，药用浙贝母、苦杏仁、竹沥半夏等；湿痰表现为咳嗽痰多，喉中痰声辘辘，舌偏淡或正常，苔白腻，药用白芥子、姜半夏、陈皮、茯苓等。

（3）食积内滞证：小儿脾常不足，饮食不能自节，如平素嗜食肥甘厚味，食积体内，阻滞气机，积久化热，痰食互滞。临床可表现为咳嗽以前半夜为甚，睡眠不宁，或伴低热、手足心热，兼见胃纳欠佳或喜食肥甘，口臭，大便干燥或臭秽，舌偏红，苔白腻或黄腻，脉弦滑，药用莱菔子、鸡内金、神曲、山楂等；热象明显者药用连翘、黄芩等；大便秘结者药用槟榔、大黄等。

（4）气滞血瘀证：五脏六腑皆令人咳，痰阻气道，气机不畅，日久气滞血瘀，临床表现为咳嗽反复日久，肺部啰音持久不消，舌偏暗，指纹紫滞或脉细涩，药用丹参、桃仁、当归等。

（三）恢复期经验方介绍

恢复期是RTTI临床干预重点，盛老经过多年临床实践，总结出扶正颗粒、调和营卫颗粒，介绍于下。

（1）扶正颗粒：太子参6～9g，茯苓6～9g，麸炒白术6～9g，甘草3～6g，黄芪6～9g，防风3～6g，当归6～9g，石菖蒲3～6g。

扶正颗粒由《医宗金鉴·幼科心法》之扶元散化裁而来。该方重在治脾，执中央运四旁，以后天补先天，中焦之治可达事半功倍之效。黄芪、防风突出补益脾肺之气，尤以补脾为主，培土以生金；当归养血活血，调和气血；石菖蒲辛温芳香醒脾。

（2）调和营卫颗粒：桂枝3～6g，白芍6～9g，生姜3～6g，大枣10～15g，炙甘草3～6g，太子参6～9g，北柴胡3～6g，黄芩3～6g，姜半夏6～9g。

调和营卫颗粒为《伤寒论》之柴胡桂枝汤化裁而成，柴胡桂枝汤是小柴胡汤、桂枝汤各减其半量合方而成。桂枝汤为"群方之冠"，外证得之，解肌而和营卫；内证得之，化气而调阴阳。小柴胡汤为和解少阳的代表方剂。柴胡桂枝汤将二方合而为一，故可调和营卫，和解表里，燮理阴阳。小儿脏腑娇嫩，形气未充，阴阳两气均属不足，感邪后易寒易热，易虚易实，且往往寒热虚实相互转化或同时并存。通过调和疏解，使患儿表里寒热虚实的错杂证候、脏腑阴阳气血的偏盛偏衰归于平和，适合小儿稚阴稚阳之体。

（王其莉，洪建英 整理）

六、盛老治疗小儿毛细支气管炎经验总结

盛老从医数十载，兢兢业业，博采众长，经过多年的临床实践，积累了

丰富的经验,对很多儿童疾病的诊疗都有很深的造诣,如儿童哮喘、反复咳嗽、肾病综合征、过敏性紫癜,性早熟等多种疾病。其中对小儿毛细支气管炎的中医治疗颇有经验,疗效显著。

毛细支气管炎是2岁以下婴幼儿特有的呼吸道感染性疾病,以呼吸急促、喘鸣为主要临床表现。其主要为病毒感染,如呼吸道合胞病毒、腺病毒等,发病率男女相似,但男婴重症较多,发病高峰年龄为2～6个月,80%以上的病例在1岁以内。临床表现常在上呼吸道感染后2～3日出现持续性干咳和发作性喘憋,咳喘同时发生为本病特点。体格检查的突出特点是呼吸浅快、鼻煽明显、有三凹征、肺部听诊呼气相呼气音延长,可闻及呼气性喘鸣,严重者呼吸音减低。

中医学中无毛细支气管炎这一病名的记载,根据毛细支气管炎的临床表现,可将其归为"喘证""肺炎喘嗽"的范畴。《素问·通评虚实论》曰:"乳子中风热,喘鸣息肩者,脉何如?岐伯曰,喘鸣肩息者,脉实大也。缓则生,急则死。"张仲景的《金匮要略·肺痿肺痈咳嗽上气病脉证治》中有"上气,喘而躁者,属肺胀"的记载。巢元方在《诸病源候论·气病诸候》中指出:"肺主于气。邪乘于肺则肺胀,胀则肺管不利,不利则气道涩,故气上喘逆,鸣息不通。"其阐述的肺闭喘咳的发病机制与肺炎喘嗽的发病机制近似。对于其发病原因,主要有外因和内因两大类。外因责之于感受风寒风热之邪,或由其他疾病传变而来;内因责之于小儿形气未充,脏腑娇嫩,卫气虚弱,腠理不密;病机关键是肺气闭郁;主要症状为喘息气促,喉间痰鸣,咳嗽阵作。《幼科金针·肺风痰喘》指出:"小儿感冒风寒,入于肺经,遂发痰喘,喉间咳嗽不得舒畅,喘急不止……"根据感邪性质及体质之异,盛老依据自己多年的临床经验,将毛细支气管炎分为风寒闭肺、痰热闭肺、痰湿闭肺、外寒内饮四型,治疗以宣肺开闭,化痰止咳为大法,基本处方以三拗汤为主。

(一)风寒闭肺证

该证多见于素体痰多,外感风寒之患儿。肺主皮毛,风寒之邪外侵,由皮毛而入,寒邪束肺,肺气郁闭,失于宣降,其气上逆,卫阳为寒邪所遏,阳气不得敷布全身。中医辨证要点为恶寒发热而无汗,咳嗽气喘,痰白清稀,鼻塞流清涕,舌淡红,苔薄白或白润,脉浮紧。治以疏风解表,宣肺止咳,药用华盖散加减:麻黄3g,苦杏仁6g,炙甘草3g,桑白皮9g,炙苏子9g,茯苓9g,陈皮6g。鼻塞流涕明显者,加辛夷6g,白芷6g;咳嗽阵作者可酌加荆芥 6g，桔梗 6g，百部 9g；气促明显加蝉蜕 6g，地龙 9g。

（二）痰热闭肺证

该证多见于素体阳热患儿。肺为娇脏，肺主气，司呼吸，外合皮毛，开窍于鼻。外感风邪，由口鼻或皮毛而入，侵犯肺卫，致肺气郁闭；肺失宣降，闭郁不宣，患儿体热，从阳化热，灼津炼液成痰，痰阻气道，肃降无权，从而出现咳嗽、气喘、痰鸣等症。中医辨证要点为咳嗽气喘，喉间痰鸣，痰涕黄浊黏稠，大便偏干，舌红，苔黄腻，指纹偏紫或脉滑数。治以清肺化痰，宣肺开闭，处方以三拗三子汤为主：炙麻黄 3g，苦杏仁 6g，生甘草 3g，炙苏子 6g，炒莱菔子 6g，葶苈子 6g，竹沥半夏 6g，浙贝 6g，蝉蜕 3g，地龙 6g。若肺热明显者，可加黄芩 6g，桑白皮 6g 等；若大便干结者可酌加炒牛蒡子 6g，瓜蒌皮 6g 等；若伴有鼻塞流涕者，可加辛夷 6g，白芷 6g 等。

（三）痰湿闭肺证

该证多见于脾虚湿困患儿。其病机为患儿脾胃虚弱，脾主运化水液，脾阳不足，无以化气行水，散津归肺，水津停聚而为痰饮。中医辨证要点为咳吐白痰，大便溏烂，舌淡红或偏淡，苔白腻，指纹淡紫，或脉滑。治拟燥湿化痰，宣肺开闭，处方以三拗汤合二陈汤、三子养亲汤加减：炙麻黄 3g，苦杏仁 6g，炙甘草 3g，姜半夏 6g，陈皮 3g，茯苓 6g，炙苏子 6g，炒莱菔子 6g，白芥子 3g，蝉蜕 3g，地龙 6g。若以脾虚为主，可用六君子汤化裁以健脾化痰：太子参 6g，炒白术 6g，茯苓 6g，炙甘草 3g，姜半夏 6g，陈皮 3g。

（四）外寒内饮证

该证多见于素体脾阳虚损患儿，又外感寒邪。患儿脾虚不运，湿浊内蕴，脾阳不足，寒饮内生，上驻于肺，又外感风寒之邪，寒邪外束于肌表腠理，入里则引动内饮，阻于气道，肺气郁而不宣。中医辨证要点为咳嗽气喘，喉间痰鸣，痰白质稀，大便易溏，舌淡，苔白腻而滑，脉细滑或指纹淡滞。治以解表散寒，温肺化饮，药用小青龙汤为主方：炙麻黄 3g，苦杏仁 6g，炙甘草 3g，干姜 3g，细辛 3g，五味子 6g，桂枝 6g，姜半夏 9g，炒白芍 6g。若患儿外感症状明显，鼻塞流清涕者，可酌加辛夷 6g，桔梗 6g 等解表之品；若患儿脾阳虚弱之症明显，可加炒白术 9g 健脾化痰；若大便溏烂明显，可将干姜易为炮姜。

（陈银银 整理）

七、盛老运用温法治疗儿科各种疾病的经验总结

盛老尤以治疗小儿咳嗽、哮喘及肾脏疾病著名。我有幸跟随老师临床学习多年，其中感触最深的还是盛老运用温法治疗儿科各种疾病的经验。

温法，属于中医八大治法之一，是通过温中、驱寒、回阳、通脉等作用，使寒邪去，阳气复，经络通，血脉和，适用于脏腑经络因寒邪为病的一种治法。因为小儿"体属纯阳"，感邪后最易化热化火，加之某些时行病邪易犯小儿，所患热病为多，因此临床上治疗小儿疾病多以清法为主。看上去，温法对于治疗小儿疾病似乎背道而驰，反有火上浇油之势，其实不然，小儿脏腑娇嫩，形气未充，为稚阳未充之体，易寒易热，小儿所患风寒、里寒之证者，也为数不少，亦有妄加攻伐或延误而导致虚寒者，这时理应运用温法治疗才能获得满意疗效。因此更加要求医者在临证时应熟练掌握辨证论治原则，切中病机，万不可拘泥于儿科多阳证、热证的理论，每遇外感疾病即滥投苦寒辛凉之药物。

盛老恰恰就能在患儿纷繁复杂的症状、体征中抓住关键，合理灵活地运用温法，收效颇佳。现举盛老临床运用温法的病案4例，以示一斑。

（一）寒性哮喘

案例1 王某，男，8岁，2009年6月27日初诊。因反复鼻塞流涕近1个月，咳嗽气急3日就诊。

患儿既往有哮喘病史，鼻塞流清涕，咳嗽较剧，昼夜均咳，咳痰不爽，色白质稠，时有气急喘促，无发热，咽不红，肺部听诊有较多哮鸣音，舌淡苔薄白，脉滑。治拟温肺散寒，化痰平喘。方以小青龙汤加减。

处方：炙麻黄6g，姜半夏10g，北细辛3g，五味子6g，白芍12g，甘草6g，桂枝6g，杏仁9g，蝉蜕6g，蜂房9g，桔梗6g，辛夷10g，白芷9g。5剂，每日1剂，水煎分2～3次口服。

5剂后患儿咳嗽减少，喘息平，气急好转，肺部听诊呼吸音粗，未闻及哮鸣音。

按语 患儿素体阳虚，寒痰内伏，外邪引动伏痰壅阻肺气，宣降失职，气道受阻，则见咳嗽气喘，痰多色白。咽不红，舌淡苔薄白，脉滑等均为寒哮之外候。因此方用小青龙汤温肺散寒，化痰定喘，其中麻黄、桂枝宣肺散寒，细辛、姜半夏温肺化饮，白芍配桂枝，解表和营，缓急平喘，五味子与

浙江中医临床名家 · 盛丽先

细辛相伍，一酸一辛，一收一散，共达敛肺平喘之力，加辛夷、白芷散寒通窍，蝉蜕、蜂房祛风利咽。药后寒痰得温则化，肺气宣降功能恢复，则咳止喘平，正如《金匮要略·痰饮咳嗽病脉证治》所言："病痰饮者，当以温药和之"。本案因外邪引动内伏寒痰发为哮喘，因此仿痰饮病，治以温化，而见其效。

（二）中焦虚寒型泄泻

案例2 蒋某，男，20个月，2009年3月28日初诊。因腹泻2日就诊。

患儿近2日大便每日5～6次，质稀，不成形，色黄，无黏液脓血等，口渴喜饮，小便量无明显减少，时有腹痛，喜温喜按，胃纳欠佳，无发热，无咳嗽咳痰。舌淡苔稍腻，指纹淡红隐于风关。治拟温中健脾，化湿止泻。方以理中汤加减。

处方：太子参6g，白术6g，甘草3g，干姜3g，茯苓6g，葛根6g，木香6g，藿香6g，炒米仁10g，砂仁（后下）3g，芡实10g。5剂，每日1剂，水煎分2～3次口服。

5剂后患儿大便渐成形，呈糊状，每日1～2次，胃纳增加。

按语 此为中焦脾胃虚寒，升降失职导致泄泻，因此方用理中汤温运中阳，祛除里寒，补脾燥湿。加用茯苓、葛根、木香、藿香，又成七味白术散，以健脾益气，生津止渴。另加用炒米仁、砂仁、芡实健脾化湿温中止泻。诸药相合，中焦之寒得辛热而去，中焦之虚得甘温而复，清阳升而浊阴降，运化健而中焦治。故患儿腹泻止而纳转佳。

（三）脾肾气虚型鼻鼽

案例3 姜某，男，11岁6个月，2009年11月13日初诊。

过敏性鼻炎反复发作，鼻痒鼻塞严重，清水鼻涕较多，晨起症状明显，且时有打喷嚏，稍有咳嗽，扁桃体Ⅱ°肿大，易化脓，平时使用抗生素后易腹泻，舌淡胖，边有齿痕，脉沉。服用氯雷他定、酮替芬等抗过敏药物治疗，初有效，现不应。中医治拟温阳散寒，疏风解表。方以麻黄附子细辛汤加减。

处方：生麻黄6g，淡附片9g，细辛3g，射干6g，蝉蜕6g，僵蚕9g，桔梗6g，甘草6g，浙贝10g，黄柏9g，砂仁（后下）9g，黄芩9g。7剂，每日1剂，水煎分2次口服。

7剂后患儿诸症缓解，鼻塞流涕及打喷嚏显著减少，无咳嗽咳痰。

按语 患儿证属阳虚外感，肺窍失和，其病机关键在于少阴本病，外感寒邪。属太少两感之证，法当表里双解，主方选用麻黄附子细辛汤温阳散寒，疏风解表通窍，但患儿平素易发化脓性扁桃体炎，在选用附子、细辛等燥热药物时需配伍寒凉之品以制其性。因而加用封髓丹（黄柏、砂仁、甘草）以泻相火益肾水，射干、黄芩、蝉蜕、僵蚕清热利咽，桔梗、浙贝宣肺化痰利咽。全方寒温并用，补散兼施，顾护阳气，外解表寒，以达宣肺开窍之功。

（四）脾肾阳虚型肾病

案例4 陈某，男，4岁4个月，2010年3月15日初诊。

患儿颜面双下肢浮肿1周，呈凹陷性，按之难起，尿中泡沫较多，尿量减少，查尿常规示蛋白质（+++），血白蛋白为15g/L。西医诊断为肾病综合征，予口服泼尼松、呋塞米片、螺内酯片等治疗。来诊时，患儿双下肢仍有浮肿，肿退不明显，面色少华，精神略软，舌淡苔薄白腻，脉沉细。中医治拟温肾健脾，化气行水。方以真武汤加减。

处方：淡附片10g，茯苓皮10g，白术9g，白芍9g，生姜6g，泽泻9g，白茅根30g，黄芪15g，玉米须30g，川芎6g，大腹皮10g，甘草6g，陈皮6g。7剂，每日1剂，水煎服，每日2次口服（1次100ml）。

7剂后患儿尿量逐渐增多，颜面部及双下肢浮肿已消退，精神好转，继以中西医结合治疗。

按语 此为脾肾阳虚型水肿，属阴水。其制在脾，其本在肾，脾阳虚则湿积为水，肾阳虚则气不化水，小便不利，脾肾功能失调，则水道失畅，水湿聚而不化，外溢肌表，发为水肿，水为阴邪，当以温药制之。患儿证属脾肾阳虚型，方用真武汤加减以温阳化气，行水消肿。其中合用泽泻、白茅根、玉米须加强利水渗湿消肿的作用，加黄芪、陈皮、大腹皮以健脾益气，行气宽中，气行则水行，恢复脾脏运化水湿的生理功能，水停日久，必兼瘀血，甚则水瘀互结，导致顽固性水肿，因而少佐川芎活血祛瘀，行气利水。全方温阳化气，行气活血，利水消肿，稍加甘寒之品以免温燥太过，耗伤阴津，收效满意。

另外盛老还指出，临床上在使用温法时重在辨证，贵在配伍，需谨慎缓行，谨防温药燥烈之性耗伤阴血。另外若虚寒症状表现不明，真寒假热证及大实如羸状，则属禁忌之证，不可滥用，以免变证迭起。

（林　翔　整理）

第四节 馈盛师努力实践

医学理论必须要到临床实践中去检验，看它是否正确，是否需要完善修改，通过临床得到经验和教训，再去温习理论，会对理论有更深的理解，这时理论对临床实践确实具有指导意义。在盛老的精心培养、耐心指导下，在我们的努力实践下，我们取得了一定的临床诊治疾病的经验、心得，现与大家分享，望大家共同努力，不断传承发扬名老中医的学术思想及临证经验。

一、王海云临床实践经验分享

通过十余年临床实践，特别是近几年再次跟随盛老师学习，深感"用药须使邪有出路"之理，因势利导在治疗中有重要意义。

"用药须使邪有出路"，语出清代周学海的《读医随笔》。《素问·热论》说："其未满三日者，可汗而已；其满三日者，可泄而已。"《素问·阴阳应象大论》又说："其高者，因而越之；其下者，引而竭之。"尽管汗、吐、下之治法有异，但祛邪外出实则一也，皆为"使邪有出路"的具体体现。张仲景的《伤寒论》在外感热病治疗中广泛应用汗、吐、下诸法以祛除邪气，如麻黄汤之开腠发汗，桂枝汤之解肌散邪，承气汤之攻下，五苓散之渗利等，为后世应用祛邪法以使邪有出路树立了典范。张从正认为人体之所以发病，乃是邪气侵犯的结果。无论外感六淫、七情内伤、劳倦过度或是饮食失宜皆属不正之气，可引起人体气、血、阴、阳的偏胜偏衰，而发生疾病。故其认为驱邪外出在治疗疾病中占有很重要的地位，创"病由邪生，攻邪已病"之攻邪学说。至明代吴又可创温病学派，于治疫中着力于祛邪，强调"客邪贵乎早逐""邪不去则病不瘳"，重视放邪出路。中医治病祛除邪气，因势祛邪，给邪以出路，正是机体自身抗病能力抗邪外出趋势的表现，是"因势祛邪""主动祛邪"。

小儿脏腑娇嫩，形气未充，"肺常不足""脾常不足"，故小儿病因以外感、食伤居多。驱邪外出，因势利导在小儿疾病诊疗中显得尤为重要。

（一）小儿咳嗽

小儿咳嗽初起，主要以感受外邪为主，其中又以感受风邪为主，其核心病机为外邪犯肺，肺失宣肃，治疗宜用宣开，疏散外邪，宣通肺气，临床常用三拗汤、杏苏散或桑菊饮类加减，往往可以取得较好疗效，不易过早使用滋腻、收涩、镇咳之药，以免留邪，反致咳嗽反复不已。临床反复咳喘患儿，最初多伴有湿疹，若湿疹治疗不当，亦易引发反复咳喘不愈，其原因概与邪气内陷有关。

医案 患儿，男，6个月，反复咳喘半月余。

患儿半月余前因皮肤湿疹，当地医院予丁酸氢化可的松软膏外涂，湿疹消退。2日后无明显诱因出现咳嗽，渐加剧，伴气喘，阵咳剧烈，夜间为主，不发热，无喷嚏流涕，至当地省儿童医院就诊，查血常规及C反应蛋白无殊，胸部X线片提示两肺纹理增多。诊断为毛细支气管炎，先后予阿奇霉素、头孢类抗生素口服及雾化治疗10余日，未见好转，夜间阵咳剧，咳后呕吐白色痰涎。家长转诊中医，刻诊见流清涕，出汗较前减少，大便溏薄，日解6～7次，夹黏液，纳平，咽不红，两肺可闻及痰鸣音，舌淡红，苔根腻，指纹淡紫。中医辨证为外寒内饮。治以疏宣温化。

处方：蜜麻黄2g，杏仁3g，甘草2g，细辛1.5g，炮姜3g，桂枝3g，五味子2g，姜半夏5g，桔梗2g，茯苓2g，炒白术5g，地龙3g。颗粒剂2剂，1剂服2日。

二诊：患儿喘平，夜间阵咳好转，咳后未再呕吐，少许清涕，出汗较前增多，大便日解3次，夹少许黏液，纳平，咽不红，两肺呼吸音粗，舌淡红，苔根略腻，指纹淡紫。中医辨证为外寒未尽，痰湿内蕴。治以疏宣健脾。

处方：蜜麻黄2g，杏仁3g，甘草3g，桔梗2g，姜半夏5g，茯苓5g，陈皮3g，葶苈子3g，浙贝5g，干姜2g，炒白术5g。颗粒剂2剂，1剂服2日。

三诊：患儿偶咳，哭闹后有阵咳，无气喘，服药后汗增多，皮肤重新出现湿疹，面部前胸为主，大便溏薄，日解3次，夹少许黏液，纳平，咽不红，两肺未闻及啰音，舌淡红，苔薄，指纹淡紫。中医辨证为外寒已尽，痰湿未净，营卫失和。治以健脾肃肺和营。

处方：姜半夏3g，茯苓3g，陈皮2g，甘草2g，炒蒺藜3g，桂枝2g，炒白芍3g，红枣5g，厚朴2g，桔梗2g，炮姜2g，杏仁2g。颗粒剂，每日1剂。

7剂后痊愈。

按语 风寒湿邪外侵，与体内湿邪相合，郁于肌肤，发为湿疹。该患儿用激素后致邪气内陷，肺气郁闭，引发咳喘，加之患儿又外感风寒，治疗应因势祛邪，给邪以出路。初诊予小青龙汤合苓桂术甘汤解表散寒，温肺化饮，咳喘缓解，出汗较前增多，仍大便溏薄，少许清涕，外寒已去之八九，痰湿仍存，予三拗汤合二陈汤加减，外散风寒，健脾化湿，患儿湿疹重新透发，咳喘缓解，

浙江中医临床名家·盛丽先

此时外寒已尽，痰湿未净，营卫失和，予二陈汤合桂枝加厚朴杏子汤善后。

（二）小儿发热

小儿发热亦多为感受外邪所致，然小儿发病后传变迅速，如吴鞠通言："小儿肤薄神怯，经络脏腑嫩小，不奈三气发泄。邪之来也，势如奔马，其传变也，急如掣电。"感受外邪之后，邪气易迅速入里，往往表邪未解而里热已盛，或伤津伐正。故小儿发热多为表里同病，宜疏风解表清热同用。如化脓性扁桃体炎所致高热反复不退者，如外邪未尽，不宜单用清热解毒类，应适当配伍疏宣之品，往往取得更好疗效。临床常选用柴葛解肌汤加减。如单用清热解毒之类，常致患儿大便溏泄，发热却反复不退，而且易致患儿脾胃受损。

医案　李某，男，5岁，发热3日。

体温最高达39.5℃，恶寒无汗，无寒战，伴咳嗽，日间咳多，痰不易咳，鼻塞清涕，大便偏干。查体：体温37.7℃，咽红，双侧扁桃体Ⅱ°肿大，心肺无殊，舌红，苔薄腻，脉浮数。血常规、C反应蛋白检查无殊。治拟疏宣清解化痰。

处方：柴胡6g，黄芩6g，葛根15g，羌活6g，三叶青6g，桔梗6g，蒲公英15g，甘草6g，浙贝10g，杏仁9g，竹沥半夏9g，前胡9g，大力子9g。3剂。

二诊：热退，咳嗽减少，有痰不易咳，清晨咳多，纳平，大便偏干，咽红，扁桃体红肿，舌红，苔薄腻微黄，脉弦滑。拟清宣化痰。

处方：桔梗6g，甘草6g，浙贝10g，杏仁9g，竹沥半夏9g，前胡9g，大力子9g，蝉蜕6g，僵蚕6g，姜黄6g，陈皮6g。5剂愈。

按语　患儿感受外邪后入里化热，表邪未解，里热初盛，以柴葛解肌汤表里双解，解肌清热，浙贝、杏仁、大力子、三叶青、竹沥半夏清肺化痰。

（三）小儿过敏性紫癜

小儿过敏性紫癜多因风邪而起，与寒、湿、热郁蕴而致反复不已，日久因实致虚，呈虚实夹杂之候。初起急性期多为阳证、热证、实证。阳证、热证、实证总以宣透邪毒为先，兼以或继之清热解毒、清热利湿、凉血清热等。在清热凉血的基础上，宜适当配伍风药辛散升发，灵动善行，使水道不为壅滞，寒湿、湿热不致遏郁。盛老临床常配伍荆芥、防风、葛根、升麻等疏宣之品。

医案 患儿，女，4岁，反复双下肢皮疹1个月，2016年4月19日初诊。

患儿1个月前无明显诱因双下肢出现皮疹，量多，色鲜红，无明显瘙痒，伴踝关节痛，无腹痛，不发热，于当地医院就诊，诊断为过敏性紫癜，住院治疗后好转，出院后皮疹反复不已，尿常规检查正常，胃纳正常，口臭，大便干结。咽不红，双下肢紫癜，量多，对称分布，色鲜红，压之不褪色，舌偏红，苔薄腻，脉滑。查尿常规正常。西医诊断：过敏性紫癜。中医诊断：紫癜（热迫血行）。治法：凉血清热祛风。

处方：水牛角10g，生地10g，丹皮9g，赤芍9g，生石膏10g，知母9g，玄参9g，姜半夏9g，蝉蜕6g、独活9g，荆芥9g，防风6g。颗粒剂7剂。

二诊：紫癜偶发，量少，臀部为主，色鲜红，胃纳正常，大便转润，尿检正常，咽不红，舌红，苔薄腻，脉滑。

拟前方去荆芥、防风，加白芍9g。颗粒剂各1包，14剂愈。

按语 过敏性紫癜属中医"发斑"，发斑一证，由外而致者为阳斑，由内而致者为阴斑。患儿口气秽，大便干结，舌偏红乃胃火偏亢，胃为多气多血之腑，胃热每致血分亦热，热迫血行，而致紫癜反复出现，色鲜红。此为阳证发斑，法宜随其机而导之，拟化斑汤清气凉血，反复不已入血分合犀角地黄汤凉血散瘀，荆芥、防风、蝉蜕祛风，独活引药下行，姜半夏和胃，佐制凉药。全方寒温同用，气血两清，取得较好临床效果。

儿科其他常见疾病，亦应宗此原则。如麻疹、风疹、幼儿急疹、水痘等发疹性类疾病，邪郁肌表者，宜透达表邪，不可滥用凉血清热方药，使邪遏不发。如泄泻、呕吐，如因饮食积滞所致者，初起宜通下导滞。总之，只要邪气尚存，就要因势利导，驱邪外出，切不可闭门留寇，而致疾病反复不愈。

二、连俊兰临床经验心得分享

临床工作十余年，谨遵老师教诲，循着老师的足迹，勤求古训，博采众长，体察儿情，在成为一名如老师般优秀的中医儿科医生的路上践行，有几点临床体会，总结如下。

（一）读经典，梳理脾胃中土的重要性

"五脏六腑皆禀气于胃""人以胃气为本"，《黄帝内经》奠定了中医脾胃学说的理论基础。《伤寒论》为脾胃学说的发展起到了承前启后的作用，如解表发汗，不忘以中焦脾胃为化源的桂枝汤；清热攻下，以保存胃阴为根本的白虎汤；和解祛邪，以扶正养胃为基础的小柴胡汤；辛开苦降，以脾胃升降为枢纽的泻心汤类；烈药祛邪，以不伤胃气为原则的十枣汤；扶阳气，以补土保元为宗旨的理中汤；补火生土，脾肾同调的四逆辈等。张仲景在治疗学中重视脾胃是"正气存内，邪不可干"思想的体现和发展。在其著作中，辨证论治、治则制方、治法禁例、煎服调护、预后变化、病瘥调理无一不体现对脾胃的重视。

　　儿科鼻祖钱乙倡"脾胃虚衰，诸邪遂生"之说，强调脾胃在小儿发病、治疗上的重要意义。其治法往往采用先调理脾胃之法，使中气恢复后再治其本病，比如治伤风、吐泻、肺热咳嗽、腹胀等，都是如此。他提出"脾主困"，"脾主困，实则困睡、身热饮水，虚则吐泻生风"。"脾主困"作为病理特点，与"脾主运化"的生理特点是对应的。在临床上，脾胃失健有虚实两个方面，实证包括食滞内阻、脾为湿困、升降失常等；虚证包括脾胃虚弱、运化失司。故治脾（尤其是补脾）强调助运，强调气机的升运。立脾胃治法基于脾主困的观点，在治疗脾胃时其特别强调助其运化，即使脾胃虚弱者，也是注重运脾。其创制的补脾方剂有一共同的立意，即重视运脾，不一味壅补。比如益黄散，又名补脾散，虽曰补脾，但方中（陈皮、丁香、诃子、青皮、甘草）无一味补脾之品。钱乙调治脾胃宜乎中和，适乎寒温，告诫"脾虚不受寒温，服寒则生冷，服温则生热，当识此勿误"。

　　明代万全对小儿脾胃的生理病理有重大发现，提出了小儿五脏有余不足说，高度概括了小儿五脏的特点。他认为"脾常不足"，乃其"本脏之气"。小儿处于生长发育阶段，对水谷精微的需要迫切，但是脏腑娇嫩，脾胃亦尚未健全，小儿"脾常不足"即是指脾胃的这种生理状态，显然，它不是病理性的。然而，小儿这种"脾常不足"的状态又是造成脾胃失调、产生疾病的内在因素。

　　李东垣著《脾胃论》，进一步阐发"人以脾胃中元气为本"的观点，后天之本的强弱直接关系到其他脏器的强弱，关系到人整体的强弱，提出"内伤脾胃，百病由生"等学术思想。其所创立的补中益气汤为代表方剂，补充了《金匮要略》的不足，使内伤杂病的治疗方法日臻完善。其遵《黄帝内经》"劳者温之，损者益之"之义，大忌苦寒之药，选用甘温之品，升其阳以行春生之令。如补中升阳，甘温除热法之补中益气汤；升阳除湿，重用风药之升阳除湿汤；

升阳散火，配以甘寒养阴之升阳散火汤。后世广为效法。

清代著名医家叶天士继承和发展了张仲景脾胃分治、顾护胃气、脾胃之气资助营卫的思想。在继承仲景白虎汤清热救阴、承气汤急下存阴的同时，以麦门冬汤为基础方发展演变出清养胃阴与甘凉濡润通腑的治疗方法，以大半夏汤为基础方发展演变出通补阳明法，通过补胃气、温胃阳、建中气等手段以治疗胃失和降，达到通降胃气的目的。叶天士在《临证指南医案》中充分展现了其对仲景学术思想的继承和发展，形成了完整的中医脾胃学说理论体系。

（二）选方用药，实践鼓舞中州大法

脾胃学说在儿科临证中无论是对小儿疾病诊治，还是健康保育等方面均有举足轻重的作用。时时顾护脾胃，鼓舞中州，治病之本为儿科医生选方用药之大则。

脾常不足是小儿的生理病理特点，饮食所伤是小儿疾病的重要发病机制。《小儿药证直诀》云："爱惜过当，往往三两岁未与饮食。"又脾常不足，胃肠薄弱，故极易造成胃肠损伤，影响小儿的消化吸收，进而影响其生长发育。《景岳全书·小儿则》云："非外感风寒，即内伤饮食。"伤于饮食，经久不消，积于胃肠，迁延失治，脾虚胃弱，运化失权，影响水谷精微的吸收敷布。正如《小儿药证直诀》云："疳皆脾胃病，亡津液之所作也。"万全在《幼科发挥·原病论》有论："胃者主受纳，脾者主运化，脾胃壮实，四肢安宁，脾胃虚弱，百病蜂起。故调理脾胃者，医中之王道也。节戒饮食者，却病之良方也。"可见小儿不仅易生脾胃疾患还可由此转生他疾。《育婴家秘·鞠养以防其疾四》云："小儿宜吃七分饱者，谓节之也。"强调乳贵有时，食贵有节。《素问·痹论》云："饮食自倍，肠胃乃伤。"强调饮食失节是脾胃病的常见病因。

1. 实践治疗小儿脾系病

"小儿病，非外感风寒，即内伤饮食"，指出小儿病最多见的两系疾病为肺系病和脾系病。治疗脾系本证，调和脾胃，鼓舞中州是大法，如健脾益气、理气和胃、温中化湿、疏肝和胃、消导积滞等。如厌食病，临证多见脾胃虚弱、脾胃阴虚或夹滞夹湿虚实夹杂证，治疗以四君子汤类、七味白术散等健脾益气，补土生津，对虚实夹杂证可酌情加入焦山楂、炒鸡内金、焦六神曲等。又如功能性腹痛病，多见寒凝气滞，脾胃虚寒，升降失调，肝气犯脾胃，肝胃不和证，治疗以温中补土、理气健脾、疏肝和胃为大法，常用理中汤类、四逆散,酌情加入理气止痛,活血散瘀之品。再如小儿便秘,除肠胃积热实证外,脾胃虚弱,推动无力,脾虚胃亏,气阴不足者也不少见,治疗无论是消导除滞还是养阴润燥,都离不开健脾益气通便之根本。

医案 1 厌食

李某,男,6 岁,胃纳欠振半年,2015 年 12 月 20 日初诊。

半年来患儿食欲不振,不思饮食,时泛恶心,大便先干后溏,日解 1～2 次,偶尔多食后则腹胀,夜寐欠宁,精神尚可,体重为 18kg,面色欠华,舌淡红,苔薄腻,脉细。既往史:平素体健,1 个月前患支气管炎。中医辨证为脾胃虚弱。治拟益气健脾,行气和胃。

处方:太子参 9g,炒白术 9g,白茯苓 9g,炙甘草 6g,陈皮 6g,石菖蒲 9g,山药 10g,桔梗 6g,生麦芽 10g,焦神曲 10g,炒枳壳 6g。7 剂。

此方加减服 1 个月,患儿胃纳正常,体重渐增。

按语 患儿胃纳欠振日久,面色欠华,大便不调,根据舌脉,诊断为厌食(脾胃虚弱)。选用四君子汤健脾益气,加陈皮、石菖蒲行气化滞,醒脾助运,有补而不滞的优点,更有桔梗、枳壳配伍,一升一降,畅通气机。本病治疗应适合小儿生理特点,不宜峻补蛮补,宜运而不宜滞。

医案 2 腹泻

赵某,女,16 个月,2016 年 7 月 22 日初诊。

腹泻 10 日余,日解 6～7 次,大便呈糊状,夹不消化食物,无黏液脓血,无恶心呕吐,精神可,面色萎黄,夜寐安,胃纳一般,小便正常,腹软,咽不红,舌淡红,苔白。辨证为脾虚湿困。治拟健脾化湿止泻。

处方:太子参 6g,炒白术 9g,白茯苓 9g,炙甘草 3g,煨葛根 10g,藿香 6g,煨木香 3g,砂仁(后下)3g,诃子 3g,车前子 6g,怀山药 10g,石榴皮 6g。3 剂。

二诊:患儿药后腹泻缓解,大便日解 2 次,基本成形,胃纳可,一般情况可,咽不红,舌淡红,苔白。治拟原法出入,以上方加减巩固治疗。

处方:太子参 6g,炒白术 9g,白茯苓 9g,炙甘草 3g,煨葛根 10g,藿香 6g,木香 3g,砂仁(后下)3g,诃子 3g,怀山药 10g。3 剂而愈。

按语 患儿泄泻 10 日余,无外感之症,舌淡红,苔白,证属脾虚湿盛,故以七味白术散加味健脾涩肠止泻。方中以四君健脾益气,木香理气止泻,藿香化湿和中,二药芳香悦脾而健胃,葛根生津止渴,并有升阳作用,鼓舞胃气上行,七味白术散全方融补、运、升、降为一体,补而不滞,健脾益气的同时，不忘化湿生津，药证相符，故疗效甚好。

医案 3　腹痛

患儿，詹某，女，6 岁。反复腹痛半个月。

患儿半个月前始腹痛，脐周为主，时作时止，时轻时重，胃纳欠振，夜寐不安，无呕吐、腹泻，无发热，无咳嗽流涕，曾在当地医院就诊，查 B 超后诊断为肠系膜淋巴结炎，予"肠胃康"口服，未见好转。于 2014 年 9 月就诊于我处。患儿就诊时精神可，年龄 6 岁，体重 21kg，身高 117cm，咽不红，腹软，无压痛，平素大便正常，舌淡红，苔白腻，脉弦。辅助检查：腹部 B 超示肠系膜淋巴结增大，最大者为 1.11cm×0.67cm。西医诊断为肠系膜淋巴结炎。中医辨证属肝脾失和，气滞湿阻。治宜疏肝理气，健脾燥湿，予疏肝理脾汤加减。

处方：柴胡 6g，炒白芍 10g，枳壳 6g，炙甘草 6g，姜半夏 9g，茯苓 10g，陈皮 6g，白术 10g，桔梗 6g，蝉蜕 6g，生麦芽 10g，鸡内金 6g。7 剂。

二诊：1 周后复诊，患儿腹痛明显好转，胃纳增加，夜寐转安，大便正常，舌淡红，苔薄白，脉弦。前方去鸡内金、蝉蜕，加山药 10g，继服 1 周。随访 3 个月，腹痛未发，胃纳正常。

按语　患儿反复腹痛，无发热呕吐，舌淡红，苔白腻，脉弦，辨证属肝脾失和，气滞湿阻，以疏肝理脾汤疏肝理气，健脾燥湿。方由四逆散和二陈汤加白术、桔梗而成，四逆散是疏肝理气的基本方，为君药，二陈汤健脾燥湿，加白术助其健脾之力，为臣药，佐以桔梗与枳壳，一升一降，宣通上下，顺应脾升胃降之势，气机通畅，脾胃健运，湿、食、痰、积随之而消，诸症即除。

2. 实践治疗小儿肺系病

肺系病发病率居小儿病之首位。肺脾两脏关系密切，在肺系病证中，从病机到治法，二者都难以分开，尤其在小儿哮喘、反复呼吸道感染、慢性咳嗽病中。运脾健脾益气之法常常用之，治疗当遵循"扶正不留邪，祛邪不伤正"的原则，以扶正祛邪为治疗大法。

临床观察到哮喘患儿常有脾胃功能失调，婴幼儿患者多有肌肉松弛、湿疹、喉中漉漉有痰等脾气虚的征象，说明小儿哮喘与脾的关系密切，脾虚证的哮喘患儿消化功能减低，吸收不好，抵抗力差，不耐风寒，容易复发，如哮喘经常发作，又会使消化、吸收功能减弱以致形成恶性循环，所以对小儿哮喘的治疗应特别注意调理脾胃。"肺为贮痰之器，脾为生痰之源"，治痰的关键不能只宣发肺气，更应注意脾气，尤其是哮喘缓解期的治疗。常用方如参苓白术散、六君子汤、玉屏风散等。脾气健旺，输化有权，以杜生痰之源。肺脾两旺，则内无痰饮留伏，外御诱因干扰，可望达到哮喘的根治。

小儿反复呼吸道感染多因正气不足，卫外不固，造成屡感外邪，邪毒久恋，稍愈又作，往复不已。反复呼吸道感染临床可分为3个时期辨治：急性期、迁延期和恢复期。迁延期和恢复期往往累及肺脾肾三脏，见肺脾气虚证，临床表现为屡受外邪，或咳嗽反复不已，喉中有痰，自汗或盗汗，鼻常流涕，或倦怠乏力，胃纳欠振，面色少华，大便偏溏，舌淡或淡红，苔薄白或白腻，脉无力。治疗时以扶正为主，益气健脾，培土生金为要则，常选小柴胡汤、柴胡桂枝汤、玉屏风散、六君子汤加减。

医案1 赵某，男，6岁，2016年2月21日初诊。反复咳嗽喘息3年余。

目前哮喘缓解，易感，喉中有痰，偶有咳嗽，多汗，易鼻塞，胃口欠佳，面色欠华，大便偏干，夜寐安。舌淡红，苔薄腻，脉细滑。中医辨证为肺脾气两虚，痰湿内蕴。治拟健脾益肺化痰，调和营卫。

处方：姜半夏10g，茯苓10g，陈皮6g，甘草6g，太子参9g，黄芪12g，防风6g，炒白术10g，桂枝6g，炒白芍9g，大枣6g，桔梗6g。7剂。

按语 患儿反复咳喘，多汗，面色少华，淡红，苔薄腻，脉细滑，辨证为脾胃虚弱，痰湿久恋。方以四君子汤益气，方中人参（易为太子参）为君，甘温补气健脾，白术为臣，苦温燥湿健脾，佐以茯苓，甘淡渗湿健脾，苓、术合用，健脾除湿之功更强，促其运化。加陈皮、半夏，一上一下，陈皮理气上散，半夏行气下行，气畅痰消，合为六君子汤。玉屏风散益气固表，桂枝汤调和营卫。突出补益脾肺之气，重在治脾，执中央运四旁，中焦之治可达事半功倍之效。桔梗为手太阴肺经之引经药，配入本方如舟楫载药上行，使脾气散精上归于肺，肺气充实则宣肃如常。脾土健运，生痰之源则绝，不治痰而痰自除。全方补而不壅，以补为主，标本兼顾，共奏健脾益肺化痰、调和营卫之功。

医案2 胡某，男，5岁6个月，反复呼吸道感染近半年，咳嗽近2个月，2016年10月19日初诊。

近半年来反复上呼吸道感染，均表现为发热、咳嗽，当地医院治疗后可缓解，近2个月反复咳嗽，呈阵发性，白天多，有痰，色白，无气急发绀，无犬吠样咳，无发热，无呕吐腹泻，当地医院予抗生素及止咳药治疗，已无阵咳，但咳嗽未净，有痰。平素昼夜多汗，面色欠华，胃纳正常，大便调。舌偏淡，苔薄白，脉细滑。西医诊断：反复呼吸道感染。中医诊断：虚体感冒（正虚邪恋，枢机不利，营卫失和）。治法：调和营卫，健脾益肺。

处方：柴胡 6g，黄芩 6g，桂枝 6g，甘草 3g，白芍 10g，大枣 15g，姜半夏 10g，太子参 6g，黄芪 10g，桔梗 6g，浙贝母 6g，杏仁 6g。7 剂。

2016 年 10 月 24 日复诊，咳嗽明显减少，晨起偶咳，喷嚏，出汗减少，胃纳正常，大便调，面色欠华，舌偏淡，苔薄白，脉细。前方加减治疗。

处方：柴胡 6g，黄芩 6g，桂枝 6g，白芍 10g，太子参 10g，甘草 6g，大枣 15g，姜半夏 10g，黄芪 12g，防风 6g，炒白术 10g，煅龙牡各 15g。7 剂。

半年后回访，感冒 2 次，中医治疗后即好转。

按语 该患儿反复呼吸道感染，反复咳嗽，平时汗多，本属肺脾不足，又加之外感，虚实夹杂，既有表气不足，营卫失调，又有邪正相争，此为少阳枢机不利之证。柴胡桂枝汤可谓紧扣病机，方中柴胡、黄芩、半夏，从少阳之枢达太阳之表，逐在外之邪，桂枝汤调和营卫，太子参、甘草、红枣补益中焦脾土，培土生金，再加桔梗、浙贝、杏仁清肺化痰，全方扶正祛邪，消补兼施，表里同治。故取得较好临床疗效。

其他疾病应用健脾益气，鼓舞中州治法也很多，如小儿贫血辨证为脾胃虚弱者，以归脾汤加减；紫癜性肾炎证属脾胃虚弱，清阳不升，湿邪留恋或湿蕴化热者，以升阳益胃汤；小儿水肿属脾气虚弱者，以参苓白术散加减。在儿童保健、治未病方面也有应用，如冬令膏方健脾膏以四君子汤、玉屏风散、二陈汤、桂枝汤等小方调制而成，加入麦芽糖，口感好，易服用，深受小朋友和家长的喜爱。

鼓舞中土，不忘后天之本，是盛师的用药治法经验。我在跟师学习后，临证更有深刻体会，一点粗浅总结，馈盛师，必当不断努力实践。读书、实践、领悟、传承是我们每一个学子继承和发扬中医的桥梁，中医之路永不言弃！

三、王艳临床实践经验分享

读书期间跟盛师临床抄方两年有余，工作后又利用空闲时间间断抄方，对盛师一些临床疗效确切的验方早已熟记于心，但当初只是单纯地记住了方剂的药味，却不能将病人的症状、病机与所记方剂有机串联，灵活应用。研究生毕业至今，工作已 10 年有余，一边临证，一边读书，一边参悟，一边问师，当年熟记于脑的那些盛师验方现如今有几张也能辨证活学活用了，甚是高兴，也甚是感谢恩师！现将自己的一些浅薄的临证心得分享于下。

（一）三拗三子汤合苍耳子散

三拗三子汤是盛师的一个验方。全方由炙麻黄、苦杏仁、炙甘草、炒苏子、炒葶苈子、炒莱菔子、桔梗、枳壳组成。它化裁于三拗汤和三子养亲汤。将三子养亲汤中的白芥子换成了泻肺平喘的葶苈子。全方有宣肺药，有降气药，有消食化痰药，有泻肺达痰药，通畅气机，共奏宣肺降逆，涤痰平喘之功。苍耳子散出自宋代严用和的《济生方》。全方由苍耳子、辛夷、白芷、薄荷组成，具有祛风通窍，开宣肺气的作用。临床上我常将两方合用加减用于西医诊断为支气管哮喘合并过敏性鼻炎、咳嗽变异型哮喘合并过敏性鼻炎，中医辨病属哮喘，辨证属外寒里热、寒热夹杂型患儿。临床辨证应用每每获良效。

医案　陈某，男，9 岁，咳嗽气促 2 日，2016 年 9 月 28 日初诊。

患儿 2 日前开始咳嗽，呈阵发性，昼夜均咳，伴气促，少痰，无发热，鼻塞重，流清涕，晨起喷嚏多，鼻痒，胃纳减少，大便偏干。查体：气稍促，咽红而肿，两肺呼吸音粗，可闻及哮鸣音，舌淡红，苔薄白，脉浮数。既往有支气管哮喘、过敏性鼻炎病史。治拟疏风开窍，宣肃化痰。

处方：炙麻黄 9g，苦杏仁 9g，甘草 6g，炒苏子 6g，炒葶苈子（包）6g，炒莱菔子 9g，桔梗 6g，枳壳 6g，浙贝 9g，地龙 6g，炒苍耳子 9g，辛夷 9g，白芷 9g，薄荷（后下）5g。5 剂。

复诊：气已平，咳嗽明显较少，仅晨起时咳嗽，有痰能咯出，鼻塞缓解，无流涕，喷嚏少，胃纳增，大便调，舌淡红，苔薄腻，脉滑数。继拟清肃化痰治疗。

按语　患儿咳嗽，气促，咽红而肿，大便偏干，提示患儿体内蕴热；鼻塞重，流清涕，舌淡红，苔薄白，提示外感风寒，此次发病乃寒热夹杂。故选用三拗三子汤合苍耳子散疏风散寒，开窍，宣肃平喘，使表解里清，咳嗽自平。

（二）升降散结汤合养阴清肺汤

升降散结汤是盛师的一个验方。全方由僵蚕、蝉蜕、片姜黄、大黄、桔梗、甘草、浙贝母、三叶青组成。它化裁于清代杨栗山的《伤寒瘟疫条辨》中的升降散。方以僵蚕为君，蝉蜕为臣，一升一降，加浙贝、三叶青清热解毒，散结化痰，桔梗加甘草合桔梗汤之义宣肺利咽。养阴清肺汤出自清代郑梅涧的《重楼玉钥》。全方由生地、麦冬、玄参、甘草、薄荷、贝母、丹皮、炒白芍组成，具有养阴清肺，解毒利咽的作用。临床上我常将两方合用加减用于西医诊断为慢性咽炎，中医辨病属咽喉源性咳嗽，辨证属阴虚内热，感受风热或燥热之邪的患儿。临床辨证应用每获奇效。

医案 张某，女，5 岁 8 个月，反复咳嗽 1 年，加剧 5 日，2018 年 3 月 15 日初诊。

患儿近 1 年来反复咳嗽，呈清嗓咳，伴咽干，时有咽痛，近 5 日感冒后咳嗽加剧，咽痒后即咳，胃纳可，大便干，2～3 日一解。查体：咽红而肿，咽后壁可见滤泡增生，舌红，苔少，脉细数。治拟疏风清宣，养阴濡咽。

处方：炒僵蚕 6g，蝉蜕 6g，片姜黄 6g，生大黄 3g，桔梗 6g，甘草 6g，浙贝母 6g，三叶青 6g，生地 6g，麦冬 6g，玄参 6g，丹皮 9g，炒白芍 9g。7 剂。

复诊：咳嗽少许，咽部不适感消失，大便变软，1～2 日一解。舌淡红，苔薄，脉细数。继拟养阴利咽治疗。

按语 患儿长期咳嗽，咽干、咽痛，大便干，提示患儿素体阴虚内热，此次感受风热之邪感冒后咳嗽加重。故选用升降散结汤合养阴清肺汤疏风、散结、宣清、养阴、利咽，使邪去阴增，咳嗽自平。

（三）消食化痰汤合小柴胡汤

消食化痰汤是盛师的一个验方。全方由姜半夏、陈皮、茯苓、甘草、神曲、山楂、杏仁、浙贝、炒莱菔子组成。它化裁于元代朱丹溪的《丹溪心法》中的保和丸。方中用莱菔子、神曲、山楂消积导滞，二陈汤健脾化痰，合杏仁、浙贝清降化痰散结。小柴胡汤出自东汉张仲景的《伤寒论》。全方由柴胡、半夏、人参、甘草、黄芩、生姜、大枣组成，具有和解少阳之功效。临床上我常将两方合用加减用于西医诊断为慢性咳嗽中的胃食管反流或呼吸道感染后咳嗽，中医辨病属咳嗽，辨证为积咳者。临床辨证应用屡试不爽。

医案 赵某，女，3 岁 5 个月，反复咳嗽 2 个月，加剧 3 日，2017 年 10 月 2 日初诊。

患儿近 2 个月来反复咳嗽，主要在前半夜，有痰，黄黏痰，近 3 日感冒后咳嗽加重，昼夜均咳，仍以前半夜为多，痰色黄，无发热，无鼻塞流涕。患儿平素挑食，喜肉，口中酸臭，磨牙，夜卧欠宁，大便干、酸臭，1～2 日一解。查体：咽红而肿，两肺呼吸音粗，唇红，舌红，苔黄稍腻，脉滑数。治拟消食导滞，理气化痰。

处方：柴胡 6g，黄芩 6g，姜半夏 6g，陈皮 6g，茯苓 9g，甘草 6g，焦神曲 9g，生山楂 9g，杏仁 6g，浙贝 9g，炒苏子 6g，炒葶苈子（包）6g，炒莱菔子 9g。7 剂。

复诊：咳嗽基本消失，咯痰少，口臭减轻，仍时有磨牙，大便变软，1～2 日一解，舌红，苔薄腻，脉数。继拟肃肺健脾化痰治疗。

按语　患儿长期饮食不节，多食荤菜，日久积滞内停，胃失和降，上逆犯胃而咳。治当以消食化痰汤消积导滞，健脾化痰。小儿脾常不足，长期饮食失节，更伤脾胃，水谷不化精微反聚湿生痰，生痰之源不澄洁，贮痰之器岂清虚，合小柴胡汤，旋转少阳枢机，外达太阳之气，而引邪外出，内解阳明之热，而导积下行。积去痰化咳嗽自平。

（四）固元汤合甘露饮

固元汤是盛师的一个验方。全方由黄芪、太子参、炒白术、茯苓、防风、甘草、黄柏、砂仁、玉米须组成。它化裁于李东垣从脾治肾的升阳益胃汤和董宿补土伏火之封髓丹。全方健脾升清降浊，补土伏火制水，使五脏六腑之精气纳归于肾，水火相济，肾中精气方可固摄有度不致外泄。甘露饮源于宋代《太平惠民和剂局方》。全方由生地、熟地、天冬、麦冬、石斛、黄芩、茵陈蒿、甘草、枇杷叶、枳壳组成，主治阴虚湿热，具有清利湿热而不伤阴的特点。临床上我常将两方合用加减用于西医诊断为肾病综合征，尤其是频复发肾病综合征，中医辨病属阴水，辨证为脾肾气虚兼湿热未净者。临床辨证应用常出奇制胜。

医案　冯某，男，8 岁，反复蛋白尿近 5 年，2014 年 5 月 4 日初诊。

患儿约 5 年前因浮肿、少尿就诊于当地医院，诊断为肾病综合征，予口服足量激素治疗，10 日左右尿蛋白转阴，后激素逐渐减量，共服用激素 1 年左右，于 2010 年 6 月停用。2010 年 10 月因感冒出现尿蛋白（+++），又重新使用足量激素，治疗后尿蛋白转阴。此后在激素减量过程中又因感冒多次出现复发，又相应调整激素用量后尿蛋白为阴性。西医诊断为频复发性肾病综合征。现口服甲泼尼龙片 24mg，每日 1 次，测体重为 25kg。今查尿蛋白（+）。患儿平素胃纳欠振，多汗，大便干，3～4 日一解。舌红，苔黄腻，脉细弦。

处方：生黄芪 10g，太子参 10g，炒白术 10g，生甘草 6g，防风 6g，茯苓 10g，黄柏 6g，砂仁（后下）3g，玉米须 30g，白茅根 30g，生、熟地各 9g，天、麦冬各 9g，石斛 9g，黄芩 6g，茵陈蒿 6g。14 剂。

复诊：患儿胃纳增，汗出少，大便转润，2日一解，尿蛋白阴性，舌红，苔薄腻，脉细。继拟健脾固肾治疗。

按语 患儿属典型的频复发性肾病综合征。病机特点为患病日久且久用激素后脾肾气虚；多汗，大便干，舌红，苔黄腻又示内有湿热。固元汤从脾入手健脾升清，补土伏火；甘露饮滋养阴液而不助湿，清利湿热而不伤阴。两方合用标本兼治，蛋白得消。

四、朱永琴临床实践经验分享

学医的主要目的是医治病人，因此医学理论必须要付诸临床实践。十几年来边学习边临证，慢慢地将所学的中医理论知识运用于临床诊治疾病中，尤其近几年在盛老的指导下，能将盛老的一些经验方用于临床实践，并取得了良好的临床疗效，深感欣慰。现将一点临证体会与大家分享。

（一）缩泉汤的临床运用

缩泉汤是盛老临床运用的一个经验方。全方由益智仁、台乌药、炒山药、补骨脂、枸杞子、桑螵蛸、石菖蒲、太子参、黄芪、升麻、炒白术、通草组成，具有温补脾肾、固涩小便之功效。临床我常辨证加减用于治疗小儿虚证遗尿和神经性尿频，每每能取得良好的临床疗效。

小儿神经性尿频是儿科门诊的常见病。此病好发于学龄前期儿童，尤其多见于3～5岁的小儿，主要表现为每日排尿次数增加，而无尿量的增加，排尿次数可以从正常的每日6～8次，增加到每日20～30次，甚至每日40～50次，每小时可达10余次，每次排尿量不多，有时仅几滴，睡眠后则无尿频症状，常在上床睡觉前、吃饭时、上课时加重。尿常规、中段尿培养等检查均正常。神经性尿频属中医学"淋证"范畴，其病位在膀胱，病机是气虚下陷，气化失司，下元不固。小儿先天不足，素体虚弱，脾肾气虚。肾为先天之本，生命之根，主封藏，与膀胱互为表里，职司小便的调控，肾虚则下元不固，则不能化气行水，固摄无权，膀胱开合失度，故见尿频。脾主升提，主运化水分，输布精液，脾虚则中气不足，气虚下陷，运化失常，水失制约，故见尿频。脾肾气虚者常见小便频数，点滴而出，不能自控，精神不振，面色淡白，饮食不振，大便稀薄，故治宜补肾健脾为主。

医案1 张某，女，5岁，因尿频2周就诊。

患儿近2周来白天尿频明显，每日20次左右，尤以入睡前明显，小便频数，尿液清，尿量不多，无尿痛，无腹痛，无发热，精神不振，面色淡白，饮食欠振，大便每日1次。外院查尿常规、洁尿培养无异常，查双肾、输尿管、膀胱B超，未见明显异常。舌淡红，苔薄白，脉沉缓。治宜温补脾肾，固涩小便。

处方：益智仁6g，炒山药9g，补骨脂6g，枸杞子6g，桑螵蛸6g，石菖蒲6g，太子参9g，炒白术9g，黄芪9g，台乌药5g，升麻3g，通草3g，麦芽10g，山楂10g。7剂。

复诊：患儿尿频基本消失，胃纳增，夜寐安，舌淡红，苔薄白，脉平。以原方加减巩固治疗2周，病愈。

按语 患儿属神经性尿频之脾肾虚弱型。故治宜补肾健脾为主。方中益智仁、台乌药、炒山药温脾固肾；桑螵蛸益肾固摄；补骨脂温补肾阳；枸杞子滋肾养阴，以阴中求阳；黄芪、太子参、白术补益脾胃，以后天补先天；升麻升阳举陷；石菖蒲、通草利水通淋，开窍醒神，具有通因通用之意；麦芽、山楂健胃消食。诸药合用，共奏补肾健脾之功效。

遗尿症（enuresis）又称非器质性遗尿症或功能性遗尿症，通常系指儿童5岁后仍不自主地排尿而尿湿了裤子或床铺，但无明显的器质性病因。其病因病机多数为下元虚寒，肾气不足；脾肺气虚，膀胱失约。小儿因先天禀赋不足，病后失调，素体虚弱，导致肾气不足，下元虚冷，则膀胱失其温养，膀胱气化与制约功能失常，而见睡中自遗。部分患儿因大病久病之后，失于调养，或素体脾肺不足，导致脾肺气虚，则下不能制水，水道约束无权导致睡中遗尿。故治宜温肾固涩、益气收摄为主。

医案2 范某，男，7岁5个月，因身材矮小、夜间遗尿5年余就诊。

患儿夜间遗尿，几乎每晚1～2次，身高增长缓慢，胃纳差，大便每日1次，偏溏，夜间汗出偏多。查体：身高115cm，体重20kg，精神可，身材匀称，面色欠华，心肺腹查体无殊，舌淡红，苔白腻，脉细数。辅助检查：血常规、尿常规、生化、甲状腺功能、乙肝五项等均无殊。诊断：矮小症、遗尿，属肺脾气虚型。治拟益气健脾固肾。

处方：益智仁6g，炒山药9g，补骨脂6g，枸杞子6g，桑螵蛸6g，石菖蒲6g，太子参9g，炒白术9g，黄芪9g，姜半夏6g，陈皮6g，茯苓9g，麦芽10g，山楂10g。7剂。

复诊：患儿胃纳增，夜间遗尿明显好转，一周发生2次，夜间出汗减少。舌淡红，苔薄白，脉平。以原方巩固治疗2周，遗尿愈，随访3个月未见复发。

按语 患儿遗尿多年，胃纳不振，面色欠华，舌淡红，苔白腻，脉细数，属肺脾气虚证，以缩泉汤加减益气收摄合二陈汤健脾化湿治疗，疗效明显。

（二）性早熟治疗体会

近年来，由于生活环境、饮食结构和生活方式的改变，儿童青春期发育提前启动，使得性早熟和青春期早发育儿童数量不断增多。性早熟已成为临床较为常见的疾病，据不完全抽样统计调查，女童的发病率高于男童，肥胖儿童的发病率也高于正常儿童。如果发育年龄过早，骨骼成熟的速度加快，使得骨骺提前闭合，则患儿的最终成年身高将低于遗传靶身高；且由于患儿性发育启动提前，心理发育未能同步，往往对患儿产生不良心理影响。

性早熟是指女童在8岁前，男童在9岁前，呈现第二性征，或女童10岁前出现月经初潮，是一种生长发育异常，表现为青春期特征提早出现。

现代中医研究认为，性早熟的发生多因环境因素和进食某些滋补品、含激素饲料喂养的禽畜类食物或误服某些药物使阴阳平衡失调，阴虚火旺，相火妄动，肝郁化火，致天癸早至。中医理论认为肾与人体的生长、发育及生殖功能的成熟密切相关，相对应于机体的神经内分泌调节系统，包括下丘脑 - 垂体 - 性腺轴、下丘脑 - 垂体 - 肾上腺皮质轴等。肾的生理和病理表现可从肾阴和肾阳两方面概括。肾阳起推动、促进作用，而肾阴起滋养、宁静作用。肾的阴阳失调则出现生长发育的失常。而肝肾同居下焦，肝肾同源，乳房、睾丸皆属于肝经循行之处，故本病主要从肝肾论治。盛老认为性早熟的内因主要是体质的异常：患儿大多属于阴虚内热体质，本身潜在容易出现阴虚火旺、阴虚阳亢的病理倾向，并且此类体质对相应的病邪即致病因素（饮食、环境、药物、精神刺激等）存在明显的易感性而出现阴虚火旺证。故治疗应始终以滋阴降火为主贯穿全程。有研究证实滋阴降火药可使下丘脑 - 垂体 - 性腺轴功能亢进得到缓解，使血清卵泡刺激素（FSH）、黄体生成素（LH）水平下降，子宫卵巢回缩，骨骼增长减慢，临床症状缓解。

阴虚内热体质加外界致病因素使机体出现肾阴虚火旺而导致第二性征提前出现。外周性性早熟、单纯乳房早发育为一时性的肾阴虚火旺，随着机体自我调节或药物干预，可使阴阳恢复相对平衡，则第二性征可消退。如肾阴虚火旺持续存在，则可发展为特发性中枢性性早熟。肾阴不足不能制约肝木，肝气郁结，气滞血瘀，日久肝气郁而化火，湿热内蕴，肾阴更虚而相火亢盛，则发育进入快速进展期。因此盛老拟定了"早熟1号方"。全方主要组成为生地、黄柏、知母、萸肉、丹皮、茯苓、泽泻、元参、鳖甲、柴胡、郁金、炒白芍。其主要功效为滋养肾阴，清降相火，主治外周性性早熟或特发性中枢性性早熟早期。本人将此方运用于临床实践，疗效颇佳。

医案 1 患儿，女，5 岁 7 个月，因左乳房增大伴疼痛 1 周就诊。

患儿 1 周前诉左乳房处疼痛，家长检查发现左乳房增大，无发热、头痛、腹痛等不适，胃纳佳，大便每日 1 次，成形。查体：身高 115cm，体重 19kg，一般情况可，精神佳，身材匀称，无畸形，心肺听诊无殊，腹软，无压痛，未及包块，肝脾未及肿大，左乳房为 B_2 期，有硬结，右乳房为 B_1 期，外阴无增大，无阴毛。舌尖红，苔薄白，脉弦数。辅助检查：子宫卵巢 B 超示未见增大；肾上腺 B 超示未见明显异常。血性激素检查示 FSH 3.12 U/L，LH 0.05 U/L，E_2 < 36pmol/ml。骨龄：5.5Y。西医初步诊断：外周性性早熟。中医诊断：性早熟（阴虚火旺型）。治宜滋阴降火。

方药：生地 9g，黄柏 6g，知母 9g，萸肉 6g，丹皮 6g，茯苓 9g，泽泻 6g，鳖甲 9g，柴胡 6g，郁金 6g，炒白芍 9g，夏枯草 6g，炒枳壳 6g，桔核 6g，山楂 9g。颗粒剂 7 剂。每日 1 剂，分 2 次开水冲服。

复诊：患儿左乳房疼痛消失，左乳核硬结缩小，胃纳可，大便无殊。以原方巩固治疗 2 周。

三诊：患儿左乳房硬结消退，无特殊不适，胃纳、大便正常，舌红，苔薄白，脉平数。以原方加减（生地 9g，黄柏 6g，知母 9g，丹皮 6g，茯苓 9g，鳖甲 9g，柴胡 6g，炒白芍 9g，炒枳壳 6g，橘核 6g，山楂 9g）治疗 2 周。病情控制，停药观察。

按语 患儿是典型的外周性性早熟，属阴虚火旺型，主要从肝肾论治，治宜滋阴降火，以早熟 1 号方加减治疗，疗效明显。

医案 2 患儿，女，8 岁 5 个月，因乳房增大 1 个月余就诊。

患儿 1 个月余前出现双乳房增大，时有胀痛，无发热，无头痛，无腹痛等不适，胃纳佳，大便 1 ～ 2 日一次，偏干。查体：身高 130.5cm，体重 24kg，一般情况可，精神佳，身材匀称，无畸形，心肺听诊无殊，腹软，无压痛，未及包块，肝脾未及肿大，双乳房为 B_2 期，有硬结，外阴无增大，无阴毛。舌尖红，苔薄，脉弦数。辅助检查：子宫卵巢 B 超示子宫大小为 2.1cm×1.5cm×1.3cm，左侧卵巢大小为 1.9cm×1.7cm×1.4cm，内可见 2 ～ 3 个直径 > 4mm 的卵泡，右侧卵巢大小为 2.1cm×1.4cm×1.5cm，内可见多个直径 > 4mm 的卵泡；肾上腺 B 超示未示明显异常。血性激素检查示 FSH 5.22 U/L，LH 0.32 U/L，

$E_2 < 36pmol/ml$。骨龄：9Y。西医诊断：青春期发育过早。中医诊断：青春期发育过早（阴虚火旺型）。治宜滋阴降火。

处方：生地 10g，黄柏 6g，知母 9g，黄肉 6g，丹皮 9g，茯苓 9g，泽泻 9g，鳖甲 9g，柴胡 9g，郁金 9g，炒白芍 9g，玄参 9g，夏枯草 9g，炒枳壳 6g，橘核 6g，山楂 9g。颗粒剂 14 剂，每日 1 剂，分两次开水冲服。

复诊：患儿乳房疼痛消失，乳房硬结缩小，胃纳可，大便无殊。以原方加减巩固治疗 2 周。

三诊：患儿乳房硬结消退，无特殊不适，胃纳、大便正常，舌红，苔薄，脉弦数。以原方加减治疗 2 个月。病情控制，停药观察。

按语 患儿为青春期发育早期，属阴虚火旺型，治宜滋阴降火，以早熟 1 号方加减治疗，疗效明显。

早熟 1 号方中基本方知柏地黄丸是滋阴降火的代表方。方中元参、鳖甲、柴胡、郁金、炒白芍消除乳房硬结；柴胡疏肝经之气滞；郁金、白芍通肝经血络；肝经气血舒畅则硬结可消，疼痛可止。加夏枯草、橘核以软坚散结；加枳壳以理气止痛。

医案 3 赵某，女，7岁，2013 年 9 月 15 日初诊。

乳房增大隆起伴疼痛半个月。查体：双侧乳房增大，约为 B_2 期，乳晕发育明显，左侧约 1.5cm×1.5cm，无硬块压痛，右侧乳晕为 1.5cm×2cm，有肿块质硬且压痛明显，其余生长发育与同龄人无异，B 超检查未发现子宫和卵巢体积增大。其家人述其最近情绪波动较大，较以往易激动，夜晚入睡较困难，常闻其叹息，舌红，苔薄黄，脉弦细数。西医诊断：性早熟。治拟疏肝健脾，软坚散结。

处方：炒柴胡 10g，炒白芍 10g，当归 10g，甘草 6g，茯苓 10g，浙贝 10g，荔枝核 10g，焦山楂 9g，焦山栀 10g，炒麦芽 10g，川楝子 10g，广郁金 10g。7 剂，水煎服，每日 1 剂，分 2 次服用。

二诊：患儿乳房发育未进展，疼痛减轻，睡眠改善，情绪稳定，继进上方 2 周，肿块疼痛消失。

三诊：患儿病情已稳，继予成药逍遥丸缓进 1 个月以巩固疗效。随访 1 年，生长发育与同龄儿童无异。

按语 小儿有"心常有余，肝常有余，阴常不足，阳常有余"之生理特点，临床常表现为肝气郁结、肝火旺盛、肝风内动。三者在临床上每每错综互见。肝气郁结，不独本经自病，表现为肝气自郁，且能累及他脏，出现肝气乘脾，肝气上犯心肺等。肝气自郁常表现为胸闷、两胁胀痛、经常抑郁不乐、有时少腹作痛、舌苔如常、脉小弦。治疗以疏肝为主，本《黄帝内经》"木郁达之"之义，肝为刚脏，性喜条达，不宜抑郁，故肝气郁于本经者，宜以疏肝理气，所以疏肝治法"以散为补"，散者，有升发、条达之意，凡肝气郁结，胸胁胀痛者，宜用疏肝法。逍遥散为肝郁血虚，脾失健运之证而设。肝为藏血之脏，性喜条达而主疏泄，体阴用阳。若七情郁结，肝失条达，或阴血暗耗，或生化之源不足，肝体失养，皆可使肝气横逆，胁痛、寒热、头痛、目眩等症随之而起。《灵枢·平人绝谷》云："神者，水谷之精气也。"神疲食少，是脾虚运化无力之故。脾虚气弱则统血无权，肝郁血虚则疏泄不利，所以月经不调，乳房胀痛。此时疏肝解郁，固然是当务之急，而养血柔肝，亦是不可偏废之法。本方既有柴胡疏肝解郁，又有当归、白芍养血柔肝。尤其当归之芳香可以行气，味甘可以缓急，更是肝郁血虚之要药。白术、茯苓健脾祛湿，使运化有权，气血有源。炙甘草益气补中，缓肝之急，虽为佐使之品，却有襄赞之功。生姜烧过，温胃和中之力益专，薄荷少许，助柴胡疏肝郁而生之热。如此配伍既补肝体，又助肝用，气血兼顾，肝脾并治，立法全面，用药周到，故为调和肝脾之名方。诸药相配，体现了肝脾同治，重在治肝之法。

五、王其莉临床心得体会分享

盛老师学术上一直与时俱进、兼容并蓄，特别是在慢性疾病、疑难疾病的诊治上提倡中西结合、相辅相成，教导我们也要学会运用现代医学手段提高中医临床疗效。

学生期间跟师抄方，我发现盛老师喜用风药治疗儿童上呼吸道咳嗽综合征（UACS）。故设计了一个研究课题，收集了59例盛老师门诊诊断为上呼吸道咳嗽综合征患儿入组。其中男31例，女28例，男∶女=1.1∶1。其中1～3岁2例，3～6岁36例，6～9岁10例，9～13岁11例，最小年龄为23个月，最大年龄为12周岁，平均年龄5岁5个月。就诊时咳嗽时间最短为4周，最长为2年。治疗上以中医治疗为主，基本方为疏宣七味汤、苍耳子散、玉屏风散加减。常用药物有荆芥、防风、大力子、浙贝、杏仁、桔梗、甘草、蝉蜕、僵蚕、薄荷、苍耳子、辛夷、白芷、黄芪、白术、防风等。以咽炎症状为突出者，如咽喉不舒、咽痒咳嗽、痰少难咯等用疏宣七味汤加减；以鼻炎症状为突出者，如鼻塞流涕、鼻痒喷嚏等用苍耳子散、玉屏风散加减。

上述药物剂量及服用药量随年龄增减，每日 1 剂，水煎服，分 2 次服用。中药汤剂连续服用 7 日为 1 个疗程，治疗结束后评定疗效，若治疗大于 4 个疗程仍未显效者按无效处理。结果：59 例患儿中，达到临床控制 40 例（67.8%），显效 12 例（20.3%），无效 7 例（11.9%），总有效率为 88.1%。通过这次科学研究，宏观上加深了我对中医疗效的信心，细节上对盛老师治疗小儿 UACS 从风论治的学术思想也有了深刻理解。

小儿 UACS 病初常因触冒风邪，正如《灵枢·五变》云："肉不坚，腠理疏，则善病风。"小儿形气未充，藩篱疏松，易于感触风邪。"伤于风者，上先受之"，肺为五脏华盖，位居高位，鼻为肺之外窍，咽喉为肺气升降之通道，故风邪为患，肺所络属的鼻窍咽喉首当其冲，鼻窍闭喉窍启而发为本病。小儿"肺常不足"，肺卫祛邪无力而致风邪稽留，病程迁延。风邪内伤于肺，气阴渐耗而咳嗽难平；外结于鼻窍咽喉，气道不利，肺气壅塞而邪无出路，故见长期鼻塞鼻涕，鼻痒喷嚏，咽痒咽干，咽喉异物感，或伴清嗓子声等。

风邪是小儿 UACS 的主要病因，并贯穿始末，故盛老师临证从风论治本病，并根据疾病不同表现，灵活运用疏风、祛风、御风三法。疏风以宣肺通窍，方自拟疏宣七味汤。方用荆芥、防风辛微温与蝉蜕、薄荷辛微凉配伍，佐以桔梗、甘草、僵蚕；祛风以润燥化痰，常在养阴清肺的基础上酌加薄荷、蝉蜕、僵蚕等辛散祛风而不燥之品，并有清润燥热，消除痰结之功，对于咽后壁有滤泡样增生者更为合适；御风以固表实卫，以玉屏风散加味，重用黄芪，因黄芪为补益肺气之要药，本经谓其"主大风"，实为补剂中之风药，与防风相伍，相畏而相使，则风邪去而不复来，为正本清源之用。疏风、祛风、御风三法配合使用，俾使肺气宣畅、气道通利、腠理致密，不独止咳而咳平，不独通窍而窍安，不独扶正而表固。

随着跟师程度的加深，我发现风药在盛老师处方中出现频度很高，不只是治疗上呼吸道咳嗽的处方，还有治疗肾病综合征、紫癜性肾炎、过敏性鼻炎等的处方。浙江省立同德医院的王海云师姐对此作了系统整理和详细阐述，在此略过。

工作后，担任盛老师工作室秘书使我能继续跟盛老师学习。反复呼吸道感染是工作室的优势病种之一，在盛老原汁原味的临证经验启迪下，我主持申报了"盛丽先教授防治小儿反复呼吸道感染的学术传承及扶正颗粒临床疗效评价"的课题，用科学的方法记录、整理并归纳了老师的经验方药、辨证思路，验证扶正颗粒的临床疗效。

扶正颗粒是盛老治疗小儿反复呼吸道感染的有效验方，本课题研究设立研究组和对照组，研究组予扶正颗粒为基础方口服治疗，对照组予广谱免疫增强剂匹多莫德（芙露饮）口服治疗，两组均治疗 12 周，随访 12 个月。最终从两组治疗前后呼吸道感染次数、病情特征（平均病程及病种），中医单项症状积分，外周血 $CD3^+$、$CD4^+$、$CD8^+$（T 淋巴细胞亚群）、免疫球蛋白（IgA、IgM、IgG）及唾液 IgA（SIgA）含量的变化深入评价扶正颗粒的临床疗效。通过临床研究发现，扶正颗粒可减少反复呼吸道感染患儿的发作次数，提高患儿细胞及体液免疫功能。目前该课题正在进一步总结中。

六、陈银银临床实践经验分享

学习跟师时，看的是老师的看诊思路，学的是老师的临床经验，但对于真正的临床体会总归是欠缺了些。自毕业后至今 8 年多的时间，一直致力于中医儿科的门诊工作，在不断的临床实践中，反复实践体会，以老师的经验为基础，结合自己的这么多年的心得体会，虽说没有什么大的成就，却也是给自己积累了一定的临床体会。

儿科又被称为"哑科"，因患儿幼小，尤其是婴幼儿，往往不能自主、准确地描述疾病状态，医者只能在家长描述的基础上，通过自己的详细检查，最终得出结论，给予正确的治疗方案。即便是同一疾病，四诊不一，辨证不同，施治亦截然不同。例如，以儿童最常见的发热为例，根据临床辨证的不同，有风寒、风热、湿热、暑热等证的区别，治疗也相应地有所区别。下面分享几个典型医案。

医案 1 焦某，男，3 岁，发热 2 日，2018 年 1 月 4 日就诊。

患儿 2 日前出现发热，不咳，无鼻塞流涕，偶有鼻衄，期间家长予以口服 2 次退热药，体温未退至正常，维持在 38℃左右，精神稍软，胃纳可，二便无殊，舌红苔薄腻。时值寒冬之际，患儿外感风寒，卫阳被束，邪正相争，故而发热。患儿近日饮食不节，脾不运化，湿浊内生，发热 2 日，寒邪入里，从阳化热，湿热焦灼不化，故发热不退。中医诊断为湿热内蕴证，治以清热化湿，解肌退热。

处方：苦杏仁 6g，豆蔻 3g，生薏苡仁 15g，厚朴 6g，姜半夏 9g，滑石 6g，生甘草 3g，柴胡 9g，黄芩 9g，葛根 12g，羌活 9g，白芷 6g，芦根 20g。

服药 1 剂后，患儿身热全退，精神好转，诸症皆除。

按语 患儿年幼，脾常不足，平素喜食荤腥油腻，脾不运化，饮食阻于肠胃，滞而不化，痰浊内生，困于中焦，郁久化热，湿热内蕴，又外感风寒，引动内邪，内外焦灼，因湿性黏腻，故发热不退或退而不全。舌红苔薄腻均为湿热内蕴之象。方中以三仁汤清利湿热，又加柴胡、黄芩、葛根、羌活、白芷，含柴葛解肌汤之意。三仁汤出自吴鞠通的《温病条辨》，由杏仁、豆蔻仁、薏苡仁、滑石、通草、淡竹叶、半夏、厚朴组成。其病因是感受暑温之气；病机是湿温初起，邪在气分，卫阳郁而不宣，湿性重浊，其性黏腻，易阻气机，湿遏热伏，以致发热反复不退。此例患儿虽病在隆冬时节，并非感受暑温之邪，但寒邪入里化热，与体内之湿气相互焦灼，产生湿热内蕴之象，病机亦是湿热相搏之证，与感受暑邪有相似之处，故而采用三仁汤清热化湿。

医案 2 王某，男，4 岁，咳嗽 1 周，发热 1 日，2018 年 1 月 24 日就诊。

患儿 1 周前出现咳嗽，咳嗽不剧，喉间有痰，余无不适主诉，1 日前出现发热，体温最高为 40℃，伴鼻塞流涕，涕清，无恶心呕吐，精神尚可，胃纳较前减少，大便呈糊状，咽稍红，舌红苔薄腻。患儿内有痰湿，咳嗽有痰，又外感风寒，故见发热，鼻塞流涕，寒入大肠则大便溏薄。中医诊断为外感风寒证，治以解表散寒，解肌退热。

处方：柴胡 9g，黄芩 9g，党参 6g，姜半夏 9g，炙甘草 6g，红枣 6g，桂枝 6g，炒白芍 9g，葛根 10g，生麻黄 3g，生姜 3 片。

患儿服药 1 剂后，身上微汗出，体温逐渐下降，至次日清晨，家长回报体温降至正常，再服 1 剂，咳嗽明显好转，鼻塞流涕诸症亦除。

按语 患儿外感风寒，寒邪束表，邪正相争，肺卫不宣，故出现发热咳嗽，鼻塞流清涕；患儿素体脾虚，内有痰湿，又肺与大肠相表里，风寒之邪下入大肠，寒湿相搏，则患儿出现大便偏溏之症。方中以葛根汤疏风散寒，并加小柴胡汤解肌退热。葛根汤出自医圣张仲景的《伤寒杂病论》，由葛根、麻黄、桂枝、芍药、炙甘草、生姜、大枣组成。《伤寒论》第 32 条言："太阳与阳明合病，必自下利，葛根汤主之。"其病因为太阳与阳明经同时感受风寒邪气；病机为太阳与阳明合病，太阳表邪不解，阳明里气抗邪于表，不能顾护于里，致里气升降紊乱出现下利。此案患儿发热咳嗽，鼻塞流清涕，大便溏薄，皆符合此条病因病机，故而用葛根汤解表散寒，升发清阳。

口腔溃疡、舌炎，尤其是反复发作的溃疡，是生活中我们经常遇到的问题，在儿童中随着学习压力的增大，发病率也越来越高，但因其对学习生活

浙江中医临床名家 · 盛丽先

没有太大的影响，家长往往容易忽略，同时西医药也没有特效药，也很容易复发。中医治病，不离阴阳。疾病的发生，其实就是阴阳失调，若阴平阳密，则身体康健无病。所以治病的根本就在于调节阴阳。口腔溃疡发于口内黏膜，与心肝脾胃等脏相关，多为热证，但又有实热证、虚热证、上热下寒证的不同。临床上根据辨证之不同治疗亦有不同。但现代人多认为溃疡乃是热证，故而多喜用清热解毒之品。然不知过用寒凉之品，致使中阳受损，甚则损及肾阳，虚火上浮，导致上热下寒之证，故临床上反复发作的口腔溃疡、舌炎较多为上热下寒、寒热夹杂之证，治疗以降阳和阴，平调阴阳为主，方可选用甘草泻心汤。

医案3 潘某，男，10岁，舌炎反复发作半年余，再发1周，2018年4月26日就诊。

患儿自2017年8月以来舌炎反复发作，平均每月发作1次，1周前无明显诱因舌炎又作，无发热，舌边疼痛，面色欠华，胃纳欠振，无腹痛腹泻，无恶心呕吐，夜寐安，大便偏干，腹平软，咽稍红，舌尖稍红，苔薄腻，舌边可见一处破溃，脉弦滑。患儿心胃热炽，胃火上炎，则舌体破溃糜烂反复发作，发作日久，患儿长久多次使用寒热之品，致使脾阳受损，运化受阻，则胃纳不振，面色萎黄不华。中医辨证为上热下寒证，治以清上温下，调节阴阳。

处方：炙甘草10g，姜半夏9g，黄芩9g，黄连3g，党参6g，干姜5g，大枣6g，生石膏（先煎）15g。

患儿服药2剂后，上症明显好转，服药5剂后舌体破溃发炎之处已缓解愈合，疼痛缓解，胃纳较前增加，大便转润，巩固用药1周后患儿舌炎无反复，至今未发作。

按语 患儿平素中焦有热，胃火炽盛，上蒸于口中，则口舌糜烂破溃；又因过用寒凉，伐伤脾阳，脾土不振，则胃不受纳，脾不运化，胃肠蠕动无力，故而纳呆，大便偏干。方中以甘草泻心汤和解阴阳，酌加石膏清泻胃火。甘草泻心汤出自张仲景的《伤寒杂病论》，由炙甘草、半夏、黄芩、黄连、人参、干姜、大枣组成。《伤寒论》第158条言："伤寒中风，医反下之，其人下利日数十行，谷不化，腹中雷鸣，心下痞硬而满，干呕，心烦不得安；医见心下痞，谓病不尽，复下之，其痞益甚，此非热结，但以胃中虚，客气上结，故使硬也，甘草泻心汤主之。"《金匮要略》云："狐惑之为病，状如伤寒，默默欲眠，目不得闭，卧起不安，蚀于喉为惑，蚀于阴为狐，不欲饮食，恶闻食臭，其面目乍赤、乍黑、乍白。蚀于上部则声喝，甘草泻心汤主之。"其病因病机为胃中空虚，客热上炎。此患儿自发病以来的表现皆符合此病因病机。蚀于上部为惑，胡希恕胡老认为口腔这一带的炎性疾病皆可归在此范畴，故而用甘草泻心汤调和阴阳，因初诊时胃热偏重，故又加石膏清泻胃火。

七、傅大治临床实践经验分享

本人临床工作近20年，遵循盛师的教诲，临证实践，继承发扬老师的学术思想和经验，造福于广大儿童患者。临床上对诊治儿童上呼吸道咳嗽综合征几点体会如下。

（一）对儿童上呼吸道咳嗽综合征的认识

儿童上呼吸道咳嗽综合征是由各种鼻炎（过敏性及非过敏性）、鼻窦炎、慢性咽炎、慢性扁桃体炎、鼻息肉、腺样体肥大等上呼吸道疾病引起的小儿慢性咳嗽（咳嗽症状持续时间＞4周）。该病目前在国内明显存在着发病率高、误诊率高、病程长等特点。对此类慢性咳嗽患儿，儿科医师较易忽视鼻、咽部疾患，而五官科医师又只注重鼻咽喉局部病变，导致误诊误治现象普遍存在。本病治疗方法欠缺、副作用较多，且病情易反复。

祖国医学无儿童上呼吸道咳嗽综合征的对应病名记载，但有类似的症状描述，属于"鼻性咳嗽""久咳""久嗽""鼻渊""鼻鼽""鼻窒""风热喉痹""慢喉痹""咽痒"等范畴，临床上可以是这几个病症的集中表现，症见久咳不愈、鼻塞鼻涕、鼻痒喷嚏、咽痒咽干、喉间有异物感或伴清嗓声等。

久咳，是很多疾病的一个症状，也可以作为一个单独的证候。早在《黄帝内经》一书中，有关咳嗽的病因已有论述，《素问·宣明五气》就认为肺是咳嗽的原因，《医学三字经·咳嗽》也认为肺气上逆是咳嗽的病因，所以咳嗽发生的主要脏腑是肺。《素问·咳论》指出咳嗽的病变不仅在肺而且涉及五脏六腑，认为脏腑功能失调，影响及肺均可以导致久咳。《河间六书·咳嗽论》认为六淫之邪都可以令人咳嗽。《景岳全书》中把咳嗽明确分为外感、内伤两大类。《杂病源流犀烛·咳嗽哮喘源流》明确指出了脾胃功能损伤是导致久咳的根本病因。

鼻渊，《黄帝内经》中对本病即有所认识。如《素问·五常政大论》《素问·气厥论》就有对鼻渊病因的描述，《医学摘粹·杂证要法·七窍病类》中有对鼻渊的症候的介绍，《秘传证治要诀及类方》可见其病因病机，上述文献均说明了外感内伤均可以导致本病的发生、发展。《灵枢·本神》中认为鼻渊的病机可能与肺气虚有关。心肺不利，鼻有可能生病，反之鼻部不利亦可导致肺气升降失常，出现咳嗽。《类证治裁》中可见鼻渊与咽喉有密切关系。指出本病虽为局部病变，但是和五脏六腑联系都较密切。因此祖国医学认为鼻肺相关，鼻病及肺作咳，《黄帝内经》指出肺气贯通于鼻，痰浊瘀滞则肺气郁闭，肺失宣肃则上逆作咳。《济生方·鼻门》认为鼻是肺的门户，朱丹溪也指出肺开窍于鼻。《医学心悟》则认为肺开窍于鼻和咽喉。故鼻病日久不愈，邪郁于内，肺气宣降失常，则咳嗽反复发作，迁延难愈。

（二）对儿童上呼吸道咳嗽综合征的辨证论治

1. 风痰恋肺，肺卫失固

辨证要点：清晨发作性咳嗽，鼻塞流涕或鼻痒多喷嚏，平时多汗，遇风遇寒则咳嗽加剧，舌偏淡或如常，苔薄腻，脉细滑。

治法：疏风宣窍，固表化痰。

代表方：苍耳子散加味。

临床应用：本方由宋代严用和的《济生方》之苍耳子散（苍耳子、辛夷、白芷、薄荷）加桔梗、甘草、杏仁、浙贝组成。苍耳子散具有祛风通窍，开宣肺气的作用，呼吸道畅通则咳嗽可好其大半。加桔梗、甘草助其升阳又能排脓，杏仁、浙贝清降肺气以化痰浊，全方不寒不热，宣降并施，以除风邪痰浊之久恋，达到开门逐盗，祛邪扶正的目的。无论属寒属热之病证均可在此方基础上进行辨证论治。

2. 痰气互滞，肝脾失和

辨证要点：咳嗽似有痰梗阻，吐之不出，咽之不下，或痰声辘辘，清晨或刷牙时有恶心感或可咳出少量黏痰色白，舌淡或淡红，苔白腻，脉滑。

治法：化痰散结，行气降逆。

代表方：半夏厚朴汤加味。

临床应用：本方出自《金匮要略》，由姜半夏、厚朴、茯苓、生姜、苏叶组成。姜半夏燥湿化痰，散结降气为君药，厚朴除满下气，茯苓渗湿健脾为臣药，生姜散浊气，苏叶疏肺肝之气，为佐使药，共奏化痰散结，行气降逆之功。其适合的病机是痰气交阻偏于寒湿，临床所见为年长儿、素体脾虚痰湿内滞体质者适用。

3. 风燥伤肺，咽失濡养

辨证要点：咽喉干燥不舒或有异物感，单声干咳或清嗓子声，常咽痒即咳，入睡后不咳，遇感冒则咳嗽加剧，舌偏红或如常，舌苔薄净或花剥，脉细弦或无明显异常。

治法：祛风润燥，养阴濡咽。

代表方：养阴清肺汤加味。

临床应用：本方出自清代郑梅涧的《重楼玉钥》，由生地、元参、麦冬、白芍、甘草、丹皮、浙贝、薄荷组成。原是治疗阴虚白喉之方，养阴生津之力较强，常用于咽源性咳嗽，临床表现为干咳少痰或无痰，咽喉干燥或疼痛，自觉咽痒不舒后频频清嗓子，大便偏干或正常，舌红绛或偏红，舌苔薄或花剥，脉细或细弦。其主要病机为风燥伤津液，咽喉失濡养，咽部干燥是因为液不养咽，津不濡喉所致。故养阴清肺汤中有增液汤（生地、元参、麦冬）润肺又滋肾，俾金水相生，泉源不竭；又包含芍药甘草汤滋养脾阴，使脾气散精，上归于肺，洒陈于咽，咽喉得津液濡养则不燥；丹皮凉营清郁热，浙贝清热化痰；薄荷辛凉散结。全方养阴生津，祛风润燥，切中病机，不治咳而咳自愈。

4. 风邪久恋，肺气失宣

辨证要点：咽痒而咳，干咳少痰，痰不易咯出或咳久有少量黏痰，或因复受风邪而咳嗽加剧，舌淡红，苔薄白，脉浮。

治法：疏散外邪，宣畅肺气。

代表方：六味汤加味。

临床应用：本方出自清代张宗良的《喉科指掌》，由荆芥、防风、桔梗、甘草、僵蚕、薄荷组成。六味汤原治喉证初起，喉科大师干祖望先生常用此方加减治疗急慢性咽炎、喉炎。全方药性平和，不寒不热，能疏风祛痰，散结利咽，故不论风寒、风热、风燥之咽炎咳嗽皆可加减应用。所以在治疗中须疏散表邪，使肺气通畅后咳嗽才可缓解。

5. 营卫失和，虚实夹杂

辨证要点：咳嗽反复不已但又不甚，动则多汗，入睡易汗，遇风遇凉则鼻塞流涕，喷嚏、咳嗽增多，舌偏淡或淡红，苔薄白或白腻，脉细滑。

治法：调和营卫，扶正祛邪。

代表方：柴胡桂枝汤加味。

临床应用：柴胡桂枝汤出自《伤寒论》，为小柴胡汤和桂枝汤的合方，由太子参、甘草、大枣、柴胡、黄芩、半夏、桂枝、白芍、生姜组成。方中太子参、甘草、大枣补益脾土，化生气血以扶助正气；柴胡、黄芩、半夏、桂枝、白芍、生姜从少阳之枢，以达太阳之气，逐未尽之余邪，全方解肌和营卫，化气调阴阳，适合上呼吸道咳嗽综合征正气不足、余邪未净、虚实夹杂之患儿。

6. 脾胃虚弱，痰湿久恋

辨证要点：咳嗽反复不已，痰多，喉中有痰，鼻常流涕，胃纳欠振，面色少华，大便偏溏，舌偏淡，苔薄腻，脉细。

治法：益气升清，健脾化痰。

代表方：七味白术散加味。

临床应用：七味白术散源于宋代钱乙的《小儿药证直诀》，全方由太子参、白术、茯苓、甘草、藿香、木香、葛根组成，内寓四君子汤补脾气，藿香、广木香降泄浊阴，葛根升腾清气。原用于脾虚久泻。在上呼吸道咳嗽综合征中用于脾胃虚弱、痰湿久恋患儿。

（三）对儿童上呼吸道咳嗽综合征治疗的临床实践

盛老治疗儿童上呼吸道咳嗽综合征临床辨证论治经验丰富，特选择其中临床最常见风痰恋肺、痰气互滞、阴虚肺燥3个证型的典型病案介绍。

医案1　风痰恋肺证

王某，男，5岁，2014年9月13日初诊。

患儿咳嗽2个月余，白天多，有痰不易咯出，鼻干，张口呼吸，鼻塞浊涕，喷嚏时作，胃纳欠振，大便秘结，2～3日一行，口臭，唇咽偏红，舌淡红，苔白根厚腻，脉浮有力。辨证为风痰久恋，痰食互滞，治以疏风宣窍，消积化痰。

处方：辛夷9g，白芷9g，苍耳子9g，薄荷（后下）5g，桔梗6g，甘草6g，浙贝9g，杏仁10g，蝉蜕6g，僵蚕6g，枳壳6g，炒莱菔子6g。

患儿服7剂后，诸症好转，大便通畅，平时汗多，动则易汗，胃纳欠振，舌淡红，苔薄腻，脉细滑。予柴胡桂枝汤加减，续服7剂后，诸症愈。

按语　患儿鼻源性慢性咳嗽夹食积痰热，故以苍耳子为主方，杏仁、浙贝、蝉蜕、僵蚕清宣化痰，炒莱菔子、枳壳消积导滞，大便通则肺气宣，咳嗽好转。

医案2　痰气互滞证

经某，女，12岁，2016年3月17日初诊。

患儿咳嗽 1 个月余，喉中有痰，似有物梗阻感，痰不易咯，怕冷，全身有干、湿疹，胃纳正常，大便正常，舌淡红，苔白腻，脉细弦。治拟化痰散结，通阳化气。

处方：制半夏 9g，厚朴 9g，苏叶 9g，茯苓 10g，炒白术 10g，柴胡 6g，黄芩 9g，桔梗 6g，生甘草 6g，桂枝 6g，猪苓 10g，泽泻 10g。

服用 7 剂后，诸症减轻，原方再进 7 剂，诸症而愈。

按语 患儿素体脾虚痰湿内滞，痰气交阻而咳，以半夏厚朴汤方燥湿化痰，散结降气，五苓散通阳化气，使气机升降出入正常，则气行而痰除，咳愈。

医案 3 阴虚肺燥证

李某，男，4 岁，2015 年 12 月 18 日初诊。

患儿反复咳嗽 3 个月余，咽干而咳，干咳少痰，白天多，夜间少，咽痒，鼻干，胃纳欠振，大便干燥如羊屎，2～3 日一行，唇咽偏红，舌偏红，苔花剥，脉细弦。治以祛风润燥，养阴利咽。

处方：桔梗 6g，甘草 6g，浙贝 9g，丹皮 6g，北沙参 10g，麦冬 6g，玄参 6g，生地 10g，白芍 10g，僵蚕 5g，防风 6g，五味子 3g。

诸症减轻，原方再进 7 剂，诸症而愈。

按语 患儿素体阴虚内热日久风燥伤肺，咽失濡养，运用养阴清肺汤养阴生津，祛风润燥，酌加僵蚕、防风增强祛风化痰之力，五味子敛肺。不治咳而咳自愈。

八、林翔临床实践经验分享

毕业后，我一直从事中医儿科的临床工作，至今已经有 7 个年头了，随着接诊病人的日益增多，对于书本理论、老师经验和临床实践之间有了越来越多的体会。最初跟随盛老师出诊学习的 3 年，所学到的不少经验，仅仅是停留在笔记本上的，没有经过自己亲身实践的，说实话，不能很好地融会贯通，针对某一具体的病人，可能就不能精准辨证，精准用药。"实践是检验真理的唯一标准"，要把所思所学运用到临床实践中去，反复验证推敲，才能更上一层楼。

经过的多年临证，自己对于中医学上同病异治、异病同治的治疗思想尤其深有体会，这是一种神奇的治疗理念，是建立在辨证论治的基础上，这在临床上也是很常见的，比如小柴胡汤在临床上的应用范围很广，通过加减化裁可用于治疗不同种的疾病。

医案1 吴某，女，8个月，发现肝功能异常1个月。

患儿1个月前体检发现肝功能异常，AST 87U/L，ALT 117U/L，于当地医院就诊，查肝炎类及巨细胞病毒、EB病毒抗体，肝胆B超等均未见明显异常，予还原型谷胱甘肽静脉滴注，护肝片口服等治疗，未见明显好转，遂来就诊。患儿无皮肤黄染，纳乳稍减，二便无殊，夜寐安稳，无明显哭吵，体重无明显减轻，舌淡红，苔薄白，指纹淡紫，隐于风关。予以小柴胡汤加减。

处方：柴胡5g，黄芩5g，太子参9g，姜半夏5g，生甘草3g，大枣6g，垂盆草15g，荷包草15g，炒白芍6g，炒麦芽9g。7剂，水煎服，每日2次。

复诊：患儿复查肝功能示AST 34U/L，ALT 37U/L，较前明显下降，纳乳增加，二便无殊，舌淡红，苔薄白，指纹淡紫，隐于风关。继予小柴胡汤加减。

处方：柴胡5g，黄芩5g，太子参9g，姜半夏5g，生甘草3g，大枣6g，垂盆草10g，荷包草10g，炒白芍6g，炒麦芽9g，炒白术6g，山药6g。7剂，水煎服，每日2次。

按语 小儿肝常有余，脾常不足，肝失条达，导致肝酶升高，脾失健运，故纳乳欠佳，因此，患儿证属肝脾不和。故而治当以和解之法，调和肝脾，予以小柴胡汤加用清热利湿解毒之荷包草、垂盆草，加强疏肝利胆和解之功。而且现代药理学实验证明，柴胡、甘草、芍药等能使肝脏细胞的变性和坏死明显减轻，血清谷丙转氨酶值显著下降，说明了和解之法在临床治疗肝脾疾病的重要性。

医案2 刘某，女，8岁，发热伴咳嗽5日就诊。

患儿5日前无明显诱因出现发热，体温为39℃左右，伴咳嗽咳痰，经口服抗生素及对症治疗后，现患儿发热未退，体温为38℃左右，咳嗽仍多，咳剧时有呕吐，无口唇青紫，无心悸，胃纳差，大便偏干，舌边偏红，苔薄白腻，脉弦偏数。予以三拗汤合小柴胡汤加减。

处方：炙麻黄5g，杏仁6g，甘草3g，浙贝母9g，柴胡9g，黄芩6g，姜半夏6g，苏子6g，葶苈子9g，莱菔子9g，桔梗5g，枳壳5g。3剂，水煎服，每日3次。

复诊：患儿热退，体温正常，咳嗽咳痰较前明显减少，无恶心呕吐，胃纳一般，自觉口苦，舌淡红，苔薄白。继续予小柴胡汤加减。

处方：柴胡 6g，黄芩 6g，姜半夏 5g，甘草 3g，太子参 9g，大枣 6g，炒谷麦芽各 10g，枇杷叶 10g，杏仁 6g，浙贝母 9g。5 剂，水煎服，每日 2 次。

按语 患儿初诊，发热 5 日反复未退，病在半表半里，枢机不利，属少阳证，又有痰湿内蕴，阻碍肺部气机，致使肺气宣发肃降失调，肺气上逆而咳嗽咳痰。因此用小柴胡汤去人参、红枣和解少阳，三拗汤化痰止咳，宣降肺气，加用苏子、葶苈子、莱菔子增强降气化痰之功，另桔梗、枳壳一升一降，调畅肺部气机，病情好转。二诊时，患儿仍有胃纳欠佳、口苦等症，因此继予小柴胡汤加减使邪出表而解，杏仁、浙贝母、枇杷叶降气化痰，并加用炒谷麦芽顾护中州，消食开胃，以防邪入。

病案 3 张某，男，6 岁，右耳痛 1 周就诊。

患儿 1 周前右耳进水后出现耳痛耳胀，伴有听力下降，无发热，无耳朵流脓，无恶心呕吐，至我院耳鼻喉科就诊，诊断为中耳炎，予以抗生素口服及滴耳 1 周后，未见明显好转，故来我处就诊，患儿病来胃纳差，偶有头晕目眩，鼻塞流清涕，二便调，舌淡红苔薄白腻，脉偏弦。予以小柴胡汤合苍耳子散加减。

处方：柴胡 6g，黄芩 9g，姜半夏 6g，生甘草 5g，苍耳子 6g，白芷 9g，辛夷 9g，石菖蒲 9g，丝瓜络 9g，桔梗 6g，枳壳 6g，通草 6g，忍冬藤 15g。4 剂，水煎服，每日 2 次。

4 日后复诊：患儿耳痛耳胀已无，胃纳增加，无明显不适，舌淡红，苔薄白，患儿病情好转，未予中药继续服用。

按语 患儿病在耳窍，耳痛耳胀为邪之郁闭，不得通畅之证，而耳窍为少阳胆经的循行部位，因此用小柴胡汤加减通利枢机，患儿又有鼻塞流清涕等鼻窍不通的症状，故加用苍耳子散加减通鼻窍，两方合用，使邪有出路，则耳窍鼻窍通畅，诸症悉除。

以上 3 个病案是我在临床上治疗的完全不同的疾病，但最终却均用了小柴胡汤为主方，收到了满意的疗效，这就充分体现了中医治疗体系的精髓，辨"证"论治，有是"证"用是方，完全依托于"证"，来分析病因病机，而不拘泥于疾病本身。这对我们来说恰恰是难点，要求我们根据患者的本身体质入手，结合患者的疾病表现和症状体征，化繁为简，去伪存真，分清主次，分析疾病处于哪一阶段，最终得出结论——病机、证型，以此来对"证"下药。

九、陈梅临床实践经验分享——小青龙汤临证应用新解

小青龙汤出自于医圣张仲景的《伤寒论·辨太阳病脉证并治》第40、41条:"伤寒表不解,心下有水气,干呕,发热而咳,或渴,或利,或噎,或小便不利,少腹满,或喘者,小青龙汤主之";"伤寒,心下有水气,咳而微喘,发热不渴,服汤已,渴者,此寒去欲解也。小青龙汤主之"。历代医家多认为小青龙汤主治外有风寒表实,内有宿痰水饮之证。临床主证为恶寒,发热,无汗,头痛,身痛,干呕,咳嗽,喘息,痰多稀薄,苔薄白而滑,脉浮或弦紧;副证为或渴,或利,或噎,或小便不利,少腹满,或脉弦细、细滑。历代医家多认为小青龙汤是治疗外寒内饮的方剂,其辛温解表,温肺化饮,为麻黄汤类方,故而当归属于解表剂。方以麻黄、桂枝为君,共奏发汗解表之功;干姜、细辛、姜半夏温中化饮;芍药、五味子皆为酸收之品,芍药酸敛以护肝阴,五味子酸甘以护肾阴,防止诸药性辛燥烈而耗伤正气;炙甘草补益中气,亦为调和之用。

但是我们认为小青龙汤是温阳方,以温里阳为主,兼以温表,当为补剂。方中以细辛、干姜、五味子为核心药物,如陈修园的《医学三字经·卷三》云:"方中干姜司肺之辟,五味子司肺之阖,细辛以发动其阖辟活动之机,小青龙汤中,当以此三味为主,故他药皆可加减,此三味则缺一不可。"指出了干姜、细辛、五味子三味药在方中的重要作用。方中被认为具有解表药的只是麻黄、桂枝,桂枝本就可以看成温里阳的药物,而针对麻黄,在《伤寒论·太阳病脉证并治》中第40条下列举了小青龙汤5种常见的加减方法:"若渴,去半夏,加栝楼根三两;若微利,去麻黄,加荛花,如一鸡子,熬令赤色;若噎者,去麻黄,加附子一枚,炮;若小便不利,少腹满者,去麻黄,加茯苓四两;若喘,去麻黄,加杏仁半升,去皮尖。"五个加减变化中四个去麻黄,由此可见,小青龙汤中麻黄非主药。小青龙汤减麻黄后,整个方剂,外调营卫,内补阳气,完全变成了一张温补方剂。

医案 陈某,男,5岁7个月,2018年10月5日就诊。

患儿平素体质差,易于咳喘,患病后迁延难愈,有痰难以痊愈,经常使用抗生素及清热解毒类中成药(家长述每月不超过10日在幼儿园,其余时间都是生病请假在家)。平素穿衣明显多于同龄儿童,且秋冬季节手足冰凉。患儿咳嗽5日,先为偶发单声咳嗽,鼻塞,流清涕,手足凉,无汗,家长予

以复方鱼腥草颗粒口服，症状未缓解，昨日起咳嗽加重，为阵发性连声咳，喉间有痰，晨起、活动后阵发性喘息，偶有面红，咳甚呕吐胃内容物及较多水样物，或有泡沫，伴有低热。胃纳欠佳，大便不成形，每日一行，较臭，偶有口臭，夜寐可。查体：神清，精神可，咽不红，两肺呼吸音粗，可闻及少许哮鸣音。舌淡苔白，脉浮。

辨证思路：患儿反复咳喘，多用寒凉药，损伤人体正气，尤其是阳气，故而表现为平素怕冷的阳虚疾病本质。因有阳虚为本，外不能补充卫阳温煦肌表和抵御外邪，故而怕冷和反复患病；内不能输布津液，形成水饮。卫阳不足，感受风寒之邪，太阳伤寒，故而患者可有恶寒，无汗，发热，鼻塞，流清涕，咽不红，舌淡，脉浮；阳气不足，水饮内生，变动不居，随三焦气机升降出入，水寒射肺，肺失宣降则咳嗽、气喘、咯吐水样物。正所谓"正气存内，邪不可干""邪之所凑，其气必虚"，故而本病的病机根本不是外寒内饮，而是阳虚。阳虚是生成内饮的直接因素，阳虚是感受外寒的内在病因。

该患儿证属阳虚为本，内生水饮，外感风寒。治以温里阳以化饮，助表阳以祛邪。方选小青龙汤加减。

处方：桂枝9g，炒白芍6g，姜半夏4.5g，干姜3g，细辛3g，炙甘草6g，厚朴6g，苦杏仁4.5g，葶苈子6g，紫苏子4.5g，炒莱菔子4.5g，茯苓6g，陈皮6g，生麻黄3g。2剂。

复诊：当日服1剂后汗出热退，夜间咳喘大减，偶有连声咳，喉间痰涎较多。原方去葶苈子、麻黄，加五味子6g。继服3剂，无气喘，白日偶有单声咳嗽，有痰。

处方：桂枝9g，炒白芍6g，干姜3g，细辛3g，姜半夏3g，炙甘草6g，炒山楂9g，党参6g，茯苓6g，陈皮6g，五味子6g，炙紫菀6g。7剂。

复诊：服药后无咳嗽喘息，无明显痰鸣。手足仍凉，胃纳欠佳，大便稀溏且臭，口臭。去炙紫菀、姜半夏，加肉豆蔻6g，附子3g，黄芪6g，辨证加减治疗1个半月后停药，随访至今。自服中药起，胃纳渐恢复正常，手足温，中间感冒1次，无喘息，近3个月均能入园学习，未再请病假。

按语 患儿为阳虚之体，病变脏腑涉及肺脾肾。肺阳不足，不能卫外，易于被外邪所侵，导致反复咳喘；脾阳不足，水谷不能正常运化，则纳差，大便稀溏且臭，口臭；水谷津液不能转化成精微，内生成痰饮，即所谓"脾为生痰之源，肺为贮痰之器"，壅塞气道导致反复咳喘、痰多难愈；肾阳不足，一身阳气不得充养，故而身冷。故而疾病缓解期以温阳治疗为本进行调理。该患儿证属肺脾肾三脏阳气不足，治疗当以温阳益肾，补肺健脾为法，方选小青龙汤加减。小青龙汤中的干姜和细辛两味药是方中主药。干姜味辛，性热，归脾、胃、肾、心、肺经，能温中回阳，回阳通脉，温肺化饮，张元素的《珍珠囊》谓："干姜其用有四：通心阳，一也；去脏腑沉寒痼冷，二也；发诸经之寒气，三也；治感寒腹痛，四也。"干姜对祛除在内之肺寒具有重要的作用。细辛味辛，性温，性善走窜，归肺、肾、心经，能达表入里，散寒止痛，通窍，温肺化饮，对表里的寒邪都有祛除作用，《神农本草经》载："细辛，味辛，温。主咳逆，头痛脑动，百节拘挛，风湿痹痛，死肌。久服明目，利九窍。"其与干姜相伍可温散肺寒。"脾为生痰之源，肺为贮痰之器"，脾肺受寒，则脾阳虚无以运化水液，肺气虚无以通调水道，水饮聚生。故以温热之细辛、干姜温肺化饮。从整个方剂的药物组成中不难发现，小青龙汤并没有明确的化饮药物，恰恰是大量使用了温阳药物，通过温补的方式达到化饮的目的，正如《金匮要略》云："病痰饮者，当以温药和之。"若患儿以肺阳虚为主，当培土以生金，加党参、黄芪；若患儿以脾阳虚为主，可以加大干姜用量，或加用肉豆蔻、补骨脂等；若患儿以肾阳虚为主，可加肉桂、附子等。

疾病过程中，小儿尤当注重脾胃，除了使用调理脾胃的药物以外，对患儿及家长进行科学喂养的教育更为重要。合理的饮食不但可以使患儿缩短病程、巩固疗效，对于一般儿童还可以达到未病先防的目的，有较大的临床应用价值。

（朱永琴　整理）

大 事 概 览

1944 年 11 月　浙江省杭州市出生

1956 年 9 月至 1962 年 7 月　杭州市第五中学就读初中、高中

1962 年 9 月至 1968 年 7 月　浙江中医学院就读本科

1968 年 7 月至 1973 年 5 月　浙江东阳盘山卫生院任中医师

1973 年 5 月至 1975 年 5 月　浙江鄞县工农技校任教师、校医

1975 年 5 月至 1979 年 8 月　浙江宁波卫生学校任教师

1979 年 9 月至 1982 年 7 月　浙江中医学院就读儿科研究生（师从马莲湘、詹起荪）

1982 年 9 月至今　浙江中医药大学、浙江省中医院任教师、中医师

1998 年　被浙江省人民政府授予"浙江省名中医"称号

2000 年　被浙江省卫生厅授予"浙江省中医药先进工作者"称号

2002 年　获联邦医学教育奖

2003 年　获浙江中医学院优秀授课教师奖及浙江省优秀教师奖

2012 年　被国家中医药管理局选定为第五批全国老中医药专家学术经验继承工作指导老师

2012 年　浙江省中医药管理局批准成立盛丽先名老中医专家传承工作室

2014 年　国家中医药管理局批准成立盛丽先全国名老中医药专家传承工作室

学术传承脉络

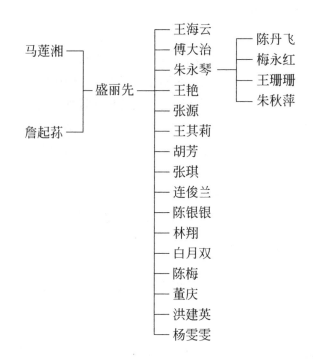

马莲湘 ┐
          ├── 盛丽先 ┬── 王海云
詹起荪 ┘   ├── 傅大治
                          ├── 朱永琴 ┬── 陈丹飞
                          ├── 王艳   ├── 梅永红
                          ├── 张源   ├── 王珊珊
                          ├── 王其莉   └── 朱秋萍
                          ├── 胡芳
                          ├── 张琪
                          ├── 连俊兰
                          ├── 陈银银
                          ├── 林翔
                          ├── 白月双
                          ├── 陈梅
                          ├── 董庆
                          ├── 洪建英
                          └── 杨雯雯